U0165927

圖解系列

# 圖解

三大特色
- 一讀就懂的社工倫理入門知識
- 文字敘述淺顯易懂、提綱挈領
- 圖表形式快速理解、加強記憶

# 社會工作倫理

陳思緯 著

閱讀文字

理解內容

觀看圖表

五南圖書出版公司 印行

# 本書目錄

# 本書目錄

## 第 3 章　社會工作專業倫理

## 第 4 章　倫理抉擇原則

## 第 5 章　倫理抉擇模式

# 本書目録

# 本書目錄

第 **1** 章

# 社會工作哲學與價值

●●●●●●●●●●●●●●●●●● 章節體系架構 ▼

# Unit 1-1
# 社會工作哲學

圖解社會工作倫理

002

Siporin 認為社會工作哲學（social work philosophy），指對專業工作之意義提供了基礎原理和理想，能測量適當行為之基本模式和標準，使之成為道德評價（moral evaluation）的判斷依據，以做為社會工作專業服務上的基本信念與方法上的指導原則。社會工作專業服務所關心即是社會正義、福利及社會各個角色職責的實踐，而且在整個助人過程中，除了要運用科學知識與技巧來幫助案主處遇問題外，在幫助案主處理問題上，常會面臨道德規範和價值的選擇，以及倫理困境的抉擇。

社會工作運用哲學來探究知識與工作方法至少有三個層面（曾華源等，2021）：

## 一、分析的層面

運用分析的方法來討論有關社會工作專業本體和認識的問題。例如：哲學的經典方法就是歸納推理，是對演繹推理的補全。所以運用在社會工作專業服務分析時，從中確立社會工作專業的性質；或分析社會工作知識系統中的重要概念，以釐清其意義和突顯其本質或對社會工作中現存的思想系統進行分析，找出其中論證的結構和檢查其推論之過程。其目的在求得概念清晰和推論嚴謹。這對社會工作建構知識系統和運用在認識問題（邏輯分析和整合性思辨現象或問題，以找出其間之因果關係）上很有幫助。不同哲學思潮各有不同的哲學方法特色與演變，但無論哪種方法論都是期望建立整體性的概念，成為溝通的有效工具，且在不同的專業領域互融與合作。所以社會工作者若能了解與運用這些哲學方法，相信在生活及職場上定能有所幫助。

## 二、批判的層面

主要在檢驗社會工作知識系統各種基本假設和其成立的理論依據。首先，在社會工作的基本假設中，強調實務活動中的某種基本信念和價值系統，如對人性觀的基本看法，會影響專業服務理念和行為。其次，反省社會工作各理論知識系統中，是否能找到一套普遍有效的工作原則，有否因為不同文化而有不同的服務模式等。此乃是本體化所關注的論題。最後，檢驗各種社會工作理論的基本假設，其根據何在？如精神分析理論運用在社會工作個案服務的理論根據為何？生態論運用在分析案主生活需求與反應有何效果？這種批判性論述對提升社會工作專業服務有效性很有幫助。

## 三、規範的層面

在專業奠基和維繫的基礎上，最受注意和關心的議題，除了專業文化和信念之外，也涵蓋探討應然的做法與原則，它以遵守「規則——理解規則——反思規則」為關鍵。亦即，處遇任何個案必須關注「規範性」的哲學思辨。例如專業倫理守則；探討應該「怎樣幫助案主才是適當的」？「我們為什麼給予案主這種處遇」？「還有沒有其他處遇的可能性」？「給予這種處遇還會衍生其他什麼問題」？總而言之，社會工作者在處理任何問題不能只是秉持事實與價值、描述性與規範性、實然與應然的截然二分，而是力求理解性、闡釋性、創造性的反思原則，進而充分地理解人的實踐活動及其能力。

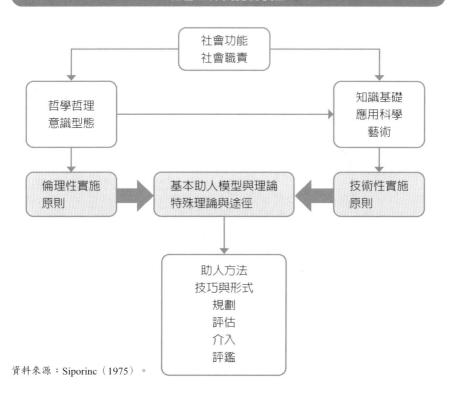

資料來源：Siporinc（1975）。

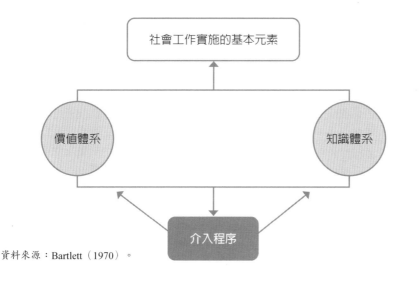

資料來源：Bartlett（1970）。

003

# Unit 1-2
## 價值的基本概念

價值（value）在日常生活中，常指一種或所有宗教、道德、文化、政治或意識型態，並且代表法則、態度、意見或喜好。「價值」為人們對珍貴事務所抱持的特定信念。「信念」（belief）反映出價值的概念，比起意見或喜好強多了。在文獻中，專業價值常指的是原則，尤其是教導人們處世，以及什麼想法或行動值不值得、好不好或對不對的倫理原則。

越來越多人將「價值」與「原則」區分開來。他們認為價值是關於良好社會與其中社會與其中的角色之信念（對人類尊嚴與價值，還有社會工作實務中的正直之信念）；而原則是促進這些價值（尊重待人，以服務使用者的需求為先）的表達方式。Banks 將「價值」定義為「可被視為人們對待珍貴事物之特定信念」，並將「社會工作價值」定義為「社會工作內容中關於珍貴事物之若干信念——關於良好社會的本質、為此目標所應採取的策略，以及專業從業人員所應具有的人格特質之概略信念。」

「價值」具有之特點，說明如下（曾華源等，2021）：

### 一、價值具有持久性

當個人生活經驗內化而成為價值之後，即具有相當程度的持久性。另一方面，人隨著生活經驗的增加，價值的認知內涵與評價，將使價值產生轉變。因此，價值也並非完全不能改變，不過這種轉變不會太快。

### 二、價值是一種信念

一般說來，信念可以分為三種類型：1. 描述或存在的信念；2. 評價的信念：可將對象做「善惡」或「好壞」的判斷；3. 規定或禁止的信念：對於行動的方法與目的具有相當的約束力。價值之為信念，屬於第三種，而且呈現出態度傾向，包含認知、情感及行為三種成分。

### 三、價值在「行為的表現方式」或從「存在的目標狀態」中反映出來

雖然價值是抽象的概念，卻可以轉化成為動機或欲求，而在人類的行動中顯現出來。人類之行動包含目的和方法，而價值反映行為的方式或目標，或兼有二者。但價值不是行動目標，只是行動目標選擇上的判斷依據。

### 四、價值是個人或社會的「偏好」

當個人或社會面臨一種必須有所抉擇的情境時，其內心就要在各個選項（alternatives）中做分析思辨與判斷，然後從中排列優先順序。此種「拒此就彼」的行為表現，乃是個人或社會所具有之價值觀念的作用，所以價值是一種偏好，具有方向性。要注意的是，價值屬社會性偏好時，具有文化脈絡因素，並非只是個人單純的情緒反應或需求，是個人實際生活經驗體會而構成的抽象概念。

## 不同學者對「價值」的定義

### Reamer

價值是某一概念或行為變為評價的對象，持某一通用標準，以評估此對象，或是用來做為行為選擇的一般導引或標準。

### Rokeach

價值乃是一種持久的信念，在此信念影響下，個人或團體偏愛某種特定的行為方式。

### Williams

認為價值有一些重要的特徵與功能：他們是概括性的、對所期望的事物是帶有情感因素在裡面的、有其歷史的起源與經驗的基礎、被一群體所共同認定、同時也模塑群體中的行為規範。

### Meinert

價值在拉丁文的意思，其意指有力的、超越的、有價值的。「價值」這概念，指的是一個規範性的標準，以影響人們就其所察覺到的不同選項進行選擇，社會工作從一開始，就已經對於指引其專業的價值抱持高度的興趣。

## 個人價值觀的形成過程

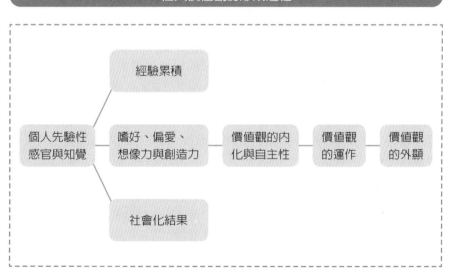

資料來源：陳秉璋、陳信木（1990）。

# Unit 1-3
## 價值的基本概念（續）

Aptekar指出，「社會工作的基本架構就是一套價值觀所組成。」社會工作的價值一直都是專業最重要的部分。Levy 指出：「社會工作的價值，並不是一套隨機或是容易變更的規範，也不是外在社會價值觀的反映。而是一種對集體責任的思考，隱含了社會工作在社會的角色。」Perlman曾說：「我們需要有意識的覺察到價值觀的存在，這些價值既影響到我們實務工作的每一個層面。不只是個案或團體工作者會受到一些主觀或未被察覺的價值觀所影響，社區規劃者與研究者也是常常受到各種隱藏的價值觀所影響。唯有我們持續地、有意識地檢視這些價值觀念對我們的影響，我們才能真正的運用它們。」

社會工作者面對最具挑戰性的任務之一，是將抽象的價值觀轉化為實際的行動方針，以提供每天實務工作的指引。正如Williams所說：「價值是行動選擇的標準，當價值的界定是明確的、完整的，則其會成為判斷、偏好與選擇的標準。」

社會工作者必須清楚專業的價值，因為最終實務工作者需面對專業職責的衝突（倫理兩難），要在不同的價值中做選擇，其又會影響到倫理抉擇的決定。

價值抉擇屬於哲學範疇，這是一個「對象」與其生活目標和方式關係的探討，所以人的行為目標與人內在價值取向息息相關。過去社會工作專業訓練要求提供服務過程應避免價值介入，必須保持價值中立。但是，實際服務過程中，不僅無法避免個人內在價值對處置過程之影響，反而是社會工作者越清楚自己的生活哲學和價值取向，在意識上越能夠探索、覺知和敏察自己的價值，就越能了解他的專業服務行為和掌握服務品質（曾華源等，2021）。

不論價值是主觀或客觀、內在或外在，價值理論和道德理論密切相關。例如：義務論和目的論這兩個重要的規範理論，其主要的差別就是根源於價值觀的差異，義務論認為道德上正當的行為本身就具有價值，其正當性不是建立在行為能產生好的結果；而目的論則將一個行為的對錯以其能實現多少非道德價值作為定義。無論如何，價值是道德判斷和推理的重要依據，道德判斷或道德規定和要求，往往是以人類所重視的價值作為基礎。此外，在道德領域中最常碰到的難題就是道德衝突，也就是說，在某些特殊的情境下，我們會處於道德兩難的困境，因為不論採取哪一種行動，都會違反某一個道德原則或要求。道德衝突往往是由價值衝突所衍生，如果我們能明確知道價值的高低或優劣，則道德的衝突性或兩難的處境就會降低；如果我們無法決定價值的優劣，價值的無法取捨就轉換成道德判斷的不確定性。因此價值判斷是道德理論的核心，價值的增減似乎可以決定行為該依據什麼樣的道德原則，而道德爭議和價值爭議往往是事物一體的兩面，所以也許我們可以說：任何一種道德理論都預設了某種特殊的價值理論（林火旺，2018）。

## 影響個人價值的四個因素

**1** 文化傳承

**2** 個人的經驗

**3** 個人所從屬的團體的價值

**4** 對人類的看法，和所處人群的情境的本質

## Reamer提出「價值」影響社會工作專業的四個面向／「價值」在社會工作扮演關鍵角色的面向

### 01 價值影響該專業的本質與社會使命

社會工作的基本目標和使命是幫助生活遭遇困難的人。

### 02 價值影響社工與個案、同事，以及社會成員之間的關係

社會工作者的價值會影響到與案主、同僚、社會成員的關係。社會工作者會選擇他們要為哪一類的人服務。例如：受虐兒、身障者、低收入戶、受家庭暴力者。這些選擇部分原因是受到社會工作者的價值的影響。

### 03 價值影響專業工作處遇的方法

社會工作者的價值也影響到其對服務方法的選擇。例如：有些社會工作者偏向使用案主自決、充權、優勢觀點、倡導、面質等。

### 04 價值影響對於實務中的倫理兩難的解決之道

倫理兩難通常涉及了價值間的衝突。社會工作者在兩難中的決定是取決於其對社會工作價值的信念，尤其是有關特定的專業責任與義務，端視其認為何種價值應優先考量。

# Unit 1-4
# 價值的類型

價值泛指特定存在的信念。每一位專業工作者身上都可發現六種價值，構成其持有的價值組（a set of values），社會工作者必須加以區分，否則很容易混淆，茲說明如下（林萬億，2021）：

## 一、倫理價值

倫理價值指出一個行動的對錯，或美好生活的追求：是一種規範倫理（normative ethics），藉以判斷行動的道德性。亦即，是一種責任、義務或規則，這也就是哲學上的義務論（Deontology）所討論的。它幫助人們辨別不同價值之高低，例如：對的行為與好的生活是價值高的，或是好的；反之，錯的行為與差的生活則是價值低的，或是壞的。

## 二、美學價值

美學價值是針對藝術、自然、建築、文學、品味等的善與美的評價，或是對文化、藝術、自然等的批判性反思。這是感官—情緒的價值，有時稱為心境與品味的判準。例如：建築住的外觀、色調、氣氛等，可能會對不同人有不同的評價，端視其覺得對自己有益或有害。

## 三、專業價值

專業的價值是從專業教育中學來，進而內化成為一種行為的準繩。例如：醫學、護理的專業價值是健康，法律的專業價值是正義。專業價值有顯性的與隱性的。顯性的專業價值是指明言或明訂於專業倫理守則上的行為準則，隱性的則是指雖未明講或明訂，但卻在專業社群的日常行動中被約定俗成地實踐。亦即，一般行業所謂的「潛規則」或「內規」。

## 四、個人價值

每一個人有自己的價值觀，稱為個人價值取向。個人的價值有時很難清楚說明白或與人分享。但是，每一個人都會有其所屬的家庭、團體、宗教、社區或部落、政黨，而會彼此共享某些價值。

## 五、機構價值（agency values）

機構價值是指機構對實施與行動的偏愛。例如：主張預防取向，或是先發制人的工作模式？或者主張效率重於一切，還是品質重要。主張服務使用者導向的評估，還是機構導向？機構價值受到政府、董事會、社區的影響甚深。有時機構價值表現在其書面的機構宗旨與工作原則、程序上，有時則沒有明講。

## 六、社會價值（societal values）

一個社會中大多數人所共享的價值偏好，稱為社會價值。社會價值也會因年齡、種族、性別、地理區域、職業、階級等而有差異。各個群體各自形成一種有別於他群體的價值。常見的社會價值包括：對性行為、體罰、兒童、婚姻、家庭、同性戀、外人等的態度。

## 價值兩極性與選擇性、價值的層級性

**價值兩極性與選擇性**

價值往往以正、反對立兩面來呈現，所以具有兩極性。兩極性不容許所謂的中立態度，換言之，一旦價值附著於價值對象之上，不論是喜歡或不喜歡，或是接受或是拒絕，總是二者要選擇其一或偏向一邊，即為選擇性

**價值的層級性**

不論價值本身或價值對象，均可依重要性的順序或等級來排列。在個人做喜好的順序選擇時，層級性就會顯示出來。價值之中有優劣等級的存在，能在優越或正面價值的不斷刺激，產生創造性行動並提升道德。

## 因果面向的價值表達方式

### 價值承諾

指的是有意或無意地投入在某些特別的評價概念、原則或者概要方法。

### 價值蘊涵

涉及的是基於世界觀的一組關於重要的、真實的或實在的事物的評價意義，或者涉及人關於世界、人性等信念所蘊涵的事物。這些型塑了人對於實在界的態度和觀感，並指引人應該如何生活。

### 價值結果

與某個理論、實務或研究規劃之可預見的或未知的結果有關。這些結果能指引進行中的社會行動，並因而是值得讚許的，或者應受譴責的。

# Unit 1-5
## 價值的類型（續）

對於價值的分類方式，另可從價值的內容、價值的意向、價值的相對性等面向加以分類，說明如下（曾華源等，2021）：

### 一、價值的內容

Spreanger將價值的內容，區分為理論的價值、經濟價值、審美價值、社會價值，及宗教價值等。若就價值的普遍性來看，可分為「普同性價值」（universal values）、「選替性價值」（alternative values）和「變異性價值」（variable values）等三類。

「普同性價值」是與人類之生命、生存直接關聯，故不受時空之限制，亦不因團體、階級而有差異，是放諸四海而皆準的價值，例如：「公正」的價值。「選替性價值」存在於次文化中，如少年獨特的價值觀。「變異性價值」，是指價值可以因地制宜、因時而變、因俗而異，具有區域性、時間性與習慣性者，都屬於變異性價值，如消費價值。

### 二、價值的意向

就價值的意向（intention）探討，認為價值可以採取目的與手段的區分，劃分為內在性價值和工具性價值（instrumental value）兩種，說明如下：

#### （一）內在性價值／終極性價值

「內在性價值」指的是事物自身的價值，它存在於價值本身，是最抽象的。例如：自由、人類的價值與尊嚴、進步、正義等。內在性價值又被視為終極性價值（terminal value），而這又可再分為「個人的價值」和「社會的價值」兩種。「個

人的價值」是以自我為中心，強調個人內在（intrapersonal）的目的狀態，例如：「心靈的解放」、「健康」。「社會的價值」是指社會普遍認同的價值，如「社會成就」、「功名」等。

#### （二）工具性價值

「工具性價值」是指根據目的而特定化之所欲的手段；是行為方式或達成目標之手段者。工具性價值是產生或朝向達成內在價值的手段或方法、原因或工具。例如：自決與保密即是工具性價值。工具性價值是將「個人價值與尊嚴」操作化的手段，希望藉此達成實踐尊重個人價值之目的。工具性價值可再分為「道德價值」與「能力價值」（competence value）二種。「道德價值」表示行為的方式，比較重視人與人之間的關係，使個人覺得若違反此種價值所強調的行為規範時，便有做錯事情的「內疚」心理：如「禮」、「義」、「廉」、「恥」等。「能力價值」則是一種自我實現的價值，比較重視個人內在的條件，使個人覺得若缺乏或違反此種價值時，便有「不適當」（inadequacy）的羞恥感，例如：勤儉、負責、細心等價值。

#### （三）價值的相對性

價值可分為「絕對的價值」與「相對的價值」。「絕對的價值」指不受時空限制且受任何條件約束者。「相對的價值」指會因人、地、時等條件而異者，可再分為以下兩種分類：1.普遍性價值和排他性價值（exclusive value）；2.價值經驗的時間性。

## 價值相關名詞

### 工具價值
### （instrumental value）

一個東西具有工具價值，是指可以透過它，得到具有內在價值的東西。例如：鑰匙。一個人上班累了，要回家休息，但如果回到家裡發現鑰匙弄丟了，他顯然失去立即享受愉悅睡眠的機會，所以鑰匙的價值就是實現回家休息必備工具。

### 貢獻價值
### （contributory value）

貢獻價值是指部分和有機整體之間的關係。例如：機車的火星塞，是對一個整體的價值有所貢獻，火星塞本身並沒有用途，但是一部機車如果沒有火星塞則不能發動，所以火星塞對機車這個整體而言是有價值的。

### 本有價值
### （inherent value）

本有價值是指潛在於某物之中，而能產生內在價值者，如貝多芬的樂譜，當沒有人演奏時，樂譜本身無法顯現價值，但是它並不會因為沒人演奏就失去價值，因為其價值內化於音符之中，因此貝多芬的樂譜本來就具有價值。

### 普遍性價值（universal value）
### 和排他性價值（exclusive value）

普遍性價值和排他性價值，是一組相對性的概念。一般而言，「普遍性價值」可說是永久性價值。任何人均可獲得此種價值，也不會因為有人獲得，導致阻礙他人無法持有該價值，如「真」、「誠」。所謂「排他性價值」，是指某些價值一旦為某些人所獨據，則他人享有該價值的機會就會被剝奪。此種價值尤其是一些以物質為價值客體者，例如「成功」、「贏」、限量商品。

### 價值經驗的時間性

價值經驗的時間性也是一組相對性的價值概念，這是就價值經驗的時間性而作的區分：「永久性價值」與「暫時性價值」。某些價值是暫時性的，而有些價值則是永久性的(或是較長久存在的價值)。例如：「健康」、「和平」、「自由」、「信任」等是永久性價值，這些價值是在大多數人的行為長期實踐下，所表現出的規律性和共同傾向，指涉具體事物與情境，並非是超越於行為與實踐之外的先驗標準。

# Unit 1-6
# 社會工作專業價值

　　社會工作專業價值（social work professional value）是指一套為社會工作者共同認定且遵守的價值標準，藉此提供專業使命的指引，以及社會工作專業服務應遵循的方向。國際社會工作人員聯盟（International Federation of Social Workers, IFSW, 2000）對社會工作價值的陳述為：「社會工作發展自人道與民主的理想，其價值是基於對所有人平等、價值與尊嚴的尊重。社會工作於一個多世紀以前肇始初期，即著眼於處理人類需求和發展人類潛能的實務工作，並以人權及社會正義作為社會工作行動的動機與理由，與弱勢者團結一致，致力於減緩貧窮的痛苦、使被壓迫者獲得解放，以促進社會的接納與包容。而專業倫理守則，即社會工作價值的具體表現。」

　　Gordon指出，社會工作專業價值必須有符合一些標準，才可說是有一套獨立的價值體系，包括：

1. 專業的大多數成員相信其對社會工作而言是正確的，並且要求實務工作者毫無保留的接受；

2. 這一特定價值在經歷一段相當長的時期之後仍能顯示其對專業有助益，可以提供專業使命的指引，以及提示較特定的實務工作遵循的方向。故此，社會工作專業價值是指一套為社會工作者共同認定且遵守的價值標準，藉此提供專業使命的指引及實務工作遵循的方向。

　　Levy認為社會工作的價值的藍圖應包含三大項（潘淑滿、林怡欣，1999）：

## 一、對服務對象的偏好

　　個體的尊嚴、價值、能力、動機、責任特質和歸屬等。

## 二、對服務結果的偏好

　　社會有提供個人成長和發展的義務、提供資源和服務來滿足個體的需求，和提供平等參與民主社會的機會。

## 三、對服務工具的偏好

　　相信個體都應該受到尊重、自我抉擇，及被視為是獨特的個體。

　　Bartlett（巴雷特）在定義社會工作時，認為普遍被社會工作界所接受的價值有以下六項：

1. 個人應受到社會的關懷。
2. 個人與社會是互賴的。
3. 個人對他人負有社會責任。
4. 每個人有共同的人類需求。但是，個人都是獨特而異於他人的個體。
5. 民主社會的實質表現於使每一個人的潛能得以充分發揮，並透過社會參與的行動來履行社會職責。
6. 一個理想的社會應有其職責與能力，提供社會中每一個個人有充分的機會來解決問題、預防問題發生，以及促進自我能力的實現。

　　以上這六項社會工作的價值包括對人價值偏好；對社會的價值偏好、對社會工作的工具價值等三組價值（詳右頁說明）。

| 社會工作的價值的三組價值 | |
|---|---|
| **價值組別** | **價值內涵** |
| **01**<br><br>對人<br>的價值偏好 | ▶ 社會工作者相信人是生來就有價值（worth）與尊嚴（dignity）的。<br>▶ 每個人生來就有能力與動機去追求改變，以使生活更美滿。<br>▶ 每個人對自己與他人（包括社會）均負有責任。<br>▶ 人的需求歸屬。<br>▶ 每個人有共同的人類需求，但是每個人都是獨特而異於他人的個體。 |
| **02**<br><br>對社會<br>的價值偏好 | ▶ 社會必須提供機會讓每個人成長與發展，以實現其最大的潛能。<br>▶ 社會必須提供資源與服務以協助人們滿足其需求，以及避免饑餓、文盲、歧視、疾病無良醫、居無片瓦等問題。<br>▶ 每個人必有均等機會參與社會的型塑過程。 |
| **03**<br><br>對社會工作<br>的工具價值 | ▶ 人應被尊重與尊嚴地對待。<br>▶ 人應有最大的機會決定自己的生活方向。<br>▶ 人應被激勵與協助與他人互動，以建立一個對每一個人的需求有感應的社會。<br>▶ 由於某些特性或生活體驗不同，個人應被認定為獨特的個體，而非刻板化的類型。 |

資料來源：林萬億（2021）。

# Unit 1-7
## 社會工作實務中價值的類型

圖解社會工作倫理

014

Gordon於1965年在所撰的〈知識與價值：釐清兩者在社工實務中的差別與關係〉一文中，提出的建構社會工作實務基礎的六種價值觀：

一、社會中最基本的關注對象是個人。

二、社會中的每個人是相互依賴的。

三、社會中的每個人對他人負有社會責任。

四、社會中的每個人都有相同的需要，但是每個人也有其獨特之處。

五、民主社會的重要特徵是每一個社會成員的潛能都能發揮，同時經由積極的社會參與以盡社會的責任。

六、社會有責任協助每一個成員去克服或預防各種阻礙，使其能自我實現。

Pumphrey於1959年提出社會工作的價值分類，其依照專業關係將社會工作價值分為三類：

### 一、第一類：「專業與其所處的文化環境之關係」

此部分關切專業使命，例如：社會正義、社會改革、滿足人類的共同需求等與社會價值之間的相容性。這類的討論包括了檢視社會工作價值與社會普遍價值觀相衝突的情況。

### 二、第二類：「專業人員之間的關係」

例如：專業如何解釋與執行專業的價值，與鼓勵符合倫理的行為。此類包含了社會工作者透過專業人員的溝通與政策的制定，以致力於釐清基本的價值與倫理的原則。

### 三、第三類：「與服務案主或團體的關係」

亦即根據社會工作的價值去了解與回應案主需求。這包括了影響專業人員與案主建立關係的價值觀。例如：尊重個人的價值與尊嚴、重視個人改變的潛能、自我決定權、賦予案主權利等。

Levy於1973年提出二種社會工作價值的分類架構：

#### （一）第一種分類架構

Levy將社會工作的價值，依照對人偏好的觀念、期望可達到的境界、期望待人的方法，而分為三組概念，說明如下：

1. 第一組是對人偏好的觀念：例如：相信個人的價值與尊嚴、有朝著建設性方向改變的能力與動力、彼此責任感、需要有歸屬感、獨特性、人類有共同的需求。

2. 第二組是期望可達到的境界：例如：社會有責任去提供個人成長與發展的機會、提供資源與服務以協助個人滿足其基本需求、避免饑餓、失學、居住問題、疾病等歧視等問題、提供個人參與社會的平等機會。

3. 第三組是期望待人的方法：例如：相信人應該受到尊重、有權利自我作決定、被鼓勵參與社會改革、被視為是獨立的個體。社會工作者不會先預設立場，例如：不帶有批判色彩的。

#### （二）第二種分類架構

Levy主張核心價值必須起源於四個價值類別，包括社會價值、組織與制度價值、專業價值、人群服務實務的價值等。

## Levy主張的核心價值類別之內涵

| 價值類別 | 內涵 |
|---|---|
| 社會價值 | ▶ 健康包含身體的、情感的以及心理的三方面。<br>▶ 公民的權利與法律的權利。<br>▶ 社會的福祉。<br>▶ 利他主義——幫助他人但不求回報。當他人有需要時，是出於一種真正的關懷與熱心來幫助他。<br>▶ 每個人有其獨特性、其所屬團體亦是：他們也有共同的特質。<br>▶ 人性的尊嚴。<br>▶ 擁有健康與安全生活的機會。<br>▶ 提供個人能運用發揮其潛力的各種機會。<br>▶ 配合個人的能力、興趣與期望來提供平等的教育機會。<br>▶ 配合個人的能力來提供平等的良好就業機會。<br>▶ 個人的隱私權。<br>▶ 配合個人的需要與偏好，提供個人能與其家人或他人維繫良好關係的各種機會。<br>▶ 提供個人在物質、文化與藝術方面的提升與發展。<br>▶ 提供機會給個人參與公共和社會政策制定與執行的機會，並協助發展相關的技巧。 |
| 組織與制度的價值 | ▶ 組織與制度所發揮的法定功能是適時的、充分的、無偏見的、無歧視的、民主的。<br>▶ 所有人及團體都可獲得有關組織與制度提供服務的資訊、方案與機會的相關資訊。<br>▶ 所有人及團體都可獲得服務、方案與機會。<br>▶ 組織與制度能因變遷的需求而調整。<br>▶ 組織與制度的權力、資源與機會能夠公平地、慎重地、適切地並具創造力地使用。<br>▶ 每個人都能被周到地、尊敬地對待。<br>▶ 擴大在組織與制度中的參與和自我決定的機會。<br>▶ 提供良好的機會使人民能參與社區事務。<br>▶ 組織與制度的法定功能能夠是運作良好的、符合倫理的。 |
| 專業的價值 | ▶ 以服務人群為重而非獲取金錢或較高的社會地位。<br>▶ 公平地、周全地、適當地與有創造性地運用專業權威與機會。<br>▶ 專業發揮的功能是有水準的、周全的、符合倫理的。<br>▶ 對與案主有關的或影響到案主生活的公共與社會政策進行倡導與辯護。 |
| 人群服務實務的價值 | ▶ 發揮充分的、公正的、有水準的、符合倫理的專業功能。<br>▶ 避免虐待、剝削案主。<br>▶ 重視案主的個人尊嚴。<br>▶ 重視案主的隱私權。<br>▶ 誠實且可信賴。<br>▶ 提供機會使案主參與和決定自身的需要、問題、利益與期待。<br>▶ 對與案主有關的公共的、社會的、組織與制度的政策倡導辯護。 |

資料來源：整理自Levy（1984）。

# Unit 1-8
# 社會工作實務中價值的類型（續）

Rokeach認為「價值是一種持續的信念，相信某一種方式或最終的狀態是比另一種相反的方式或狀態要來的好」。Rokeach在《人類價值觀的本質》提出三組價值，將價值區分為終極的（ultimate）價值、中介的（proximate）價值、工具性的（instrumental）價值等三類，說明如下（包承恩、王永慈譯，2009）：

## 一、終極的（ultimate）價值

終極的價值是具廣泛性的、對團體目標提供一個概括性的指引。終極的價值表示理想化終極狀態和結果，是一個人希望長期努力以求實現的目標，又可分為「個人價值」（personal values）和「社會價值」（social values）。社會工作價值中的尊重個人、平等、無歧視都是屬於終極價值。Pumphrey提出「終極的社會工作價值」應包含的內容：

(一) 每一個人都應該被視為是極有價值的，都應該享有基本有的尊嚴與免於困苦的情況。

(二) 人類擁有很大的與未知的潛能以發展追求內在心靈的和諧與滿足；同時也有能力幫助其他的人去發展追求。

(三) 為了解個人的潛能，每一個人都需要與他人建立一種施與受的關係，而且都享有同等的機會去建立這種關係。

(四) 追求人類更美好的境界是有可能的。改變、成長、進步等名詞常見於社會工作價值陳述中；其意謂著社會工作者相信人類，無論個別的或集體的，

有能力去改變；以達到專業所認定的個人或社會的理想境界。

(五) 對個人、團體或社會而言，可藉由他人的幫助與鼓勵來促進其朝向一種積極方向的改變。而他人的協助介入也可減緩或阻止其在消極面的改變。

(六) 無法強迫人去做最有效的改變。因為人有掌握自己人生方向的能力；除非是缺乏能力或能力嚴重不足，否則這樣的能力應受到尊重。

(七) 人類是可知的；我們需要持續的探究對人類需求與潛能有更多認識。而對於已知的部分，我們也需要將之應用於與提升個人與社會理想的實現。

(八) 社會工作專業是一個對上述價值賦予承諾並予以執行的團隊。

## 二、中介的（proximate）價值

中介的價值則是較特定的。例如：精神病患有權利拒絕某些形式的治療、領取福利給付者有權利得到某一水準的給付標準，或是少數族群獲得良好醫療照顧的權利。

## 三、工具性的（instrumental）價值

工具性的價值是對欲達到目標的手段予以說明。工具價值係表示達到理想化終極狀態所採用的行為方式或手段。包括「能力價值」（competence values）與「道德價值」（moral values）。例如：保密、自我決定、告知後的同意等。

## Rokeach 的價值理論

### 對人類價值觀的本質的基本假設

1. 個人所擁有的價值觀數目是有限的。
2. 每個人雖然擁有相同的價值觀，但其所偏好的程度不同。
3. 價值觀可組成為一個價值系統。
4. 形成價值觀的先決條件包括文化、社會、社會制度，及個人人格特質等。
5. 價值觀所造成的影響或後果，會呈現在社會學家認為值得探討的一切現象中。

### 價值的本質

1. 價值觀是恆久的。
2. 價值觀是一種信念。
3. 價值觀可視為一種指導模式跟生存的最終狀態。
4. 價值觀是一種偏好的觀念。
5. 價值觀是一種個人或社會偏好的概念。

### 價值觀的功能

1. 價值觀可作為標準：價值觀可以告訴我們如何合理化我們的想法、信念、態度和行為，使我們的行為能被個人和社會所接受，讓我們感到我們的行為符合道德標準，或是有成就感，並且維持或增強我們的自尊。
2. 價值系統可做為解決衝突和決策的通則：個體在解決衝突和做決策時必須從可能的替代方案中做選擇，而價值系統是由一些原則和常規組成的，可以幫助個體作為選擇這些替代方案時的通則。
3. 激勵功能：可以幫助個體建立要努力的最終目標，有激勵效果。
4. 高低階價值觀：價值觀是由低至高的連續面，像是馬斯洛的需求層級理論，將需求分成五層，價值觀也有層級的觀念。

# Unit 1-9
# 社會工作的價值衝突

Levy指出，社會工作所處理的案主問題常隱含有社會價值規範衝突，例如：離婚是否正確、街友是否可以躺在人行道上、不寫完功課就不可以吃晚飯的管教行為是屬於管教過當或虐待等（Levy, 1976）。

Reamer認為，社會工作專業服務要做什麼和如何做都有很強的價值基礎包含在內；亦即在提供服務過程中，一方面如何斷定何者是問題或需要被幫助，並有責任去衡量哪些活動是應該的，或哪些處置方式及政策取向是不公正的（Reamer, 1983）。

Mcleod & Meyer（麥克里德和梅耶）歸納之十組價值衝突，茲分為2個單元說明之（李增祿，2012）：

## 一、個人價值vs.體系目標

社會工作重視個人的價值與尊嚴，往往會偏向於某些有特殊需要者的問題；但是，社會上其他健康者或正常者之福祉，或社會團體的體系目標也不能忽視，有時上述兩者無法兼顧，社會工作者要站在哪一邊是不易取決的。例如：同性戀的問題，以尊重個人價值與尊重而言，社會應接納他們，讓他們自然存在生活；但站在整個社會團體的立場，許多社會體系尚無法接受這些同性戀者。

## 二、個人自由vs.社會控制

社會工作重視案主自決，尊重個人的自由；另一方面，為社會功能的運作，社會本身需要某種程度的控制力，有時會限制個人的自由。例如：學生上課要不要點名，最好不要點名，讓學生有上不上課的自由；但學校會規定要查課或點名，以提高學生參與度，發揮教育的功能。

## 三、團體責任vs.個人責任

社會工作強調社會團體對個人的福利有其職責，其實每一個人也必須貢獻其心力於社會，雙方之職責有時也會衝突。例如：貧民救濟係社會團體的責任，大家要救濟貧困者；但有人認為每一個人都要刻苦奮鬥，不要靠救濟，成為社會的負擔。

## 四、安全滿足vs.刻苦奮鬥

一般的社會工作強調國家社會要給個人各種安全保障，滿足其基本需求，才能發揮潛能，但另有認為刻苦、掙扎、奮鬥也是促使人們自立自強的途徑，這是一個見仁見智的問題。例如：對子女養育的問題，要選擇完全保護好，還是讓小孩受一點苦較好等類似問題。

## 五、相對論、實用論vs.絕對論、神聖論

真理是絕對的還是相對的，社會工作在求真、善、美，但實際上許多事物是相對的，有個別的差異性，社會工作會有不同的信仰，不同的方法與技巧。例如：對於婚前性行為看法或墮胎應不應合法化，有不同觀點的爭議。

## McLeod和Meyer歸納的社會工作的價值衝突

**1** 個人價值
vs. 體系目標

**2** 個人自由
vs. 社會控制

**3** 團體責任
vs. 個人責任

**4** 安全滿足
vs. 刻苦奮鬥

**5** 相對論／實用論
vs. 絕對論／神聖論

**6** 革新變遷
vs. 傳統主義

**7** 異質性
vs. 同質性

**8** 文化決定論
vs. 個人本能論

**9** 相互依賴
vs. 個人自治

**10** 個別化
vs. 刻板化

## Holland 和Kilpatrick歸納之社會工作價值的三個爭論層面

**01** 層面

重於決定個人抉擇可能偏重於目的或目標取向，也可能是偏重於方法或原則；在行為評價方面是重視過程或強調結果。

**02** 層面

個人傾向自主性或獨立性，或是相互性或共同一致性；或偏重案主個人的自治及自由權，或不惜犧牲某些人的自由也要達成相互共利的取向。

**03** 層面

牽涉抉擇權威的所在及來源，其可由依照個人內在價值判斷，或順從外在的規則、規範或法律；在權威所在方面是內在化權威或外在化權威。

# Unit **1-10**
# 社會工作的價值衝突（續）

本單元接續前一單元說明Mcleod & Meyer（麥克里德和梅耶）歸納之十組衝突價值之第6至第10組價值衝突如下：

## 六、革新變遷vs.傳統主義

為了增進人類的幸福，到底不改變革新較好，還是維持傳統、在安定中求進步比較好，很難有一個定論。例如：住宅改善問題，是發動居民去爭取，全部拆掉重建好，還是運用社區內外人力、物力資源，加以整修好。

## 七、異質性vs.同質性

社會工作強調個別差異，但是社會環境的類屬及文化的同質性也不能忽視。到底強調異質性比較能幫助人成長，還是應用同質性來增進人們的福利，也是價值上的一項衝突。例如：大一新生全體住校時，是同一系的住在一起好，還是打散系別混住好。

## 八、文化決定論vs.個人本能論

行為科學的種種理論中，對人類行為解釋，各有不同。有強調社會影響者；有偏重潛意識的探討者；也有只重外在行為的研究者，到底何者為優，莫衷一是。社會工作者在助人過程中，會因為所採取理論的不同，而在處遇上大有迴異，此亦為其衝突。文化決定論者認為人類行為受社會環境之影響較大，但個人本能論者強調人類生理的本能重要，例如：影響一個人有多大成就的因素，到底是先天的遺傳因素重要，還是後天的環境因素重要。

## 九、相互依賴vs.個人自治

社會工作相當重視個別差異，強調這是人的基本權利。但以社會環境本身或以整個文化背景來分析，人有同質性也是顯而易見的事實。社會工作相信理想的社會是一個彼此互相依賴、互相幫助的社會，所以社會工作者自然比較傾向相互性或共同性，考慮保護並維持團體或社區的生存，及有義務代表社區或團體去使用資源及技術。社會工作相信人是群居的，應互助互賴，但也尊重個人的獨立性及自主性。於是在某些情境要注重集體行為的責任，某些時候要兼顧個人自主的權利，這是社會工作者要慎重的。例如：在大學宿舍區能否養狗的問題，有人強調社區整理的環境衛生，主張不准養狗；有人主張要尊重個人的自主權，認為可以養狗。

## 十、個別化vs.刻板化

社會工作尊重人的獨特性、人的尊嚴與人的價值，認為每個人都有其異於別人的個別性，但社會研究或概念的整合過程中，難免把人加以類型化、分類化，對人有刻板的印象。是在社會研究與概念的整合過程中，不論使用何種名詞，卻很難避免把人歸類為某一特別類型的傾向。如此一來，稍有不慎，就可能會對人產生刻板化的印象，甚至因為負向新聞而很有可能造成負面的偏見，這是社會工作的一種價值衝突。例如：將社會上的人分為男生與女生，男生短頭髮穿褲子，女生長頭髮穿裙子；但有認為應尊重個人差異，男生可以留長髮穿裙子，女生也可以剪短髮穿褲子。

Levy對「取得個人與專業價值之間的協調」之評論

## Levy 之評論

社會工作者也有釐清自己價值取向的責任。部分實務工作中的兩難是發生於實務工作者的價值觀與案主的價值觀一致與否。其解決的方法,則要看實務工作者採取何種價值觀來提供服務,以及案主對於服務回應的價值觀。

Perlman對「由價值到行動」之評論

## Perlman 之評論

若無法將價值由信念變為實際行為,由口頭的肯定轉化為行動,則價值就沒有什麼重要了。價值是一種受到珍視的信念,有情感的偏好在其中,若缺乏某種形式或方向的行為表現,則價值就沒有什麼重要的。價值的力量來自於其對行動的控制與指引。社會工作特別之處是在於其有工具性的價值。價值可經由我們所發展出來的知識、技術與資源而追求與實現出來。

# Unit 1-11
# 社會工作價值的取向／趨勢

在社會工作的歷史發展中，社會工作的價值觀不斷地轉變，包括了早期關切貧窮者的道德觀念，再來是關注社會改革與社會正義，以及後來數個階段是關注臨床心理治療工作。綜言之，已有六個不同的社會工作價值取向被發展出來，其存在的時間長短也各不同。雖然以下六個取向在概念上是不同的，但是他們並不一定互斥；亦即，他們可能同時存在於實務工作者的價值觀中，以及同時存在於社會工作歷史發展的不同階段。茲將社會工作價值的六個取向（趨勢），分二個單元說明如下（包承恩、王永慈譯，2009；田秀蘭、彭孟堯譯，2011）：

## 一、父權主義取向（the paternalistic orientation）

此觀點主要是存在於十九世紀末與二十世紀初，當親善訪問與慈善組織會社開始興起之時。其假設是專業使命是為了提升案主的正直品格，使他們能過一種有德性的、完整的、豐富的生活，而不依賴政府或民間的財源幫助。主要的目的是幫助饑餓的、無家可歸的、失業的、貧窮的人（以及有些時候是無神論者），運用自己的內在能力去過有意義的生活。協助那些偏離人生正道的人回頭。

## 二、社會正義取向（the social justice orientation）

根據此觀點：基本上是因為最弱勢的人口群其文化與經濟生活中存在著社會結構的問題，而使得他們無法自立。貧窮、失業、犯罪以及一些精神疾病只

是道德喪失文化中的副產物。根據這個取向，許多困難的社會問題，例如：貧窮、青少年犯罪、失業，甚至某些心理疾病，都與劣質的社會結構以及資本主義的宰制有關聯。因此，社會必須經歷一種基本的變革，包括對於財富、社會福利服務以及各種利益的分配進行矯正。資本主義的缺失以及種族主義與其他形式的壓迫已產生了受剝奪的低下階層，這樣的狀況必須經由基本的社會改革，例如：對婦女與弱勢團體的補償政策、機會平等、財富再分配、人道的社會福利給付與服務等。累退稅制、自由企業、無道義的企業家等都必須由公平、道德與慈悲等的價值觀來替代。睦鄰組織運動、新政、對貧窮作戰、大社會等的政策都可反映出此觀點。

## 三、宗教取向（the religious orientation）

宗教取向包含了父權主義與社會正義取向的特質。此觀點主張專業的中心任務，是起源於與教會有關的社會工作發展歷史，即是將自己的宗教信仰轉變成有意義的社會服務。因此，這趨勢發展出的服務是用以平緩窮人的痛苦，例如：免費提供熱食給有需要的人、在冬天提供暖厚的衣服、提供醫療器具租借給家居身障人士等，即使到了今天，將慈善當作一種宗教價值和義務，仍然是這個趨勢的象徵。例如：慈善是呈現人與神之間的愛、與鄰居之間的愛。這未必是根植於父權主義的思想，但是卻與宗教責任感有關。

# 01

## 父權主義取向

是基於預設社會工作者應該影響個案，以做道德的矯正，並使得個案能夠過著適當而道德的生活，不再依賴社會的慈善。

# 02

## 社會正義取向

是用以矯正社會不正義，以及因為社會資源分配不平等或不正義所造成的依賴。

# 03

## 宗教取向

認為社會工作專業的社會使命，就是將宗教裡關於社會正義的誡諭加以轉化。

# 04

## 臨床取向

著重在實務工作者對於個案的倫理行為。

# 05

## 專業自我保衛（防護）取向

強調的是保護社會工作者免於不當執業的指控及法律訴訟。

# 06

## 不道德（無道德）取向

處理的是「價值」在社會工作倫理學中的地位。

023

# Unit 1-12
## 社會工作價值的取向／趨勢（續）

本單元接續前一單元說明社會工作價值的六個取向中第4至6個取向如下：

### 四、臨床取向（the clinical orientation）

近年來在個案工作中倫理兩難的議題已逐漸受到重視，這也可反映出臨床取向對於社會工作價值的觀點。此現象自1970年代末期開始，已成為當代專業倫理潮流的一部分。這個取向主要是著重在實務工作者對於個案的倫理行為。這個趨勢關心的主要議題包括：案主保密（例如：保護案主以外的相關人物的責任、資料釋出、案主閱讀紀錄）、對話內容只有會談者與被會談者知道的溝通（或稱為溝通特權）、告知後的同意、父權主義、告知事實真相、利益的衝突、揭發機構或專業團體內部不當的行為、守法與遵守機構的規章等。部分因為社會工作者價值觀的關係，故此派取向強調價值衝突與倫理兩難的議題。

### 五、專業自我保衛（防護）取向（the defensive orientation）

此派是現階段社會工作倫理與價值中重要的一部分。專業自我防護近來在專業領域裡愈來愈流行，強調的是保護社會工作者免於不當執業的指控及法律訴訟。這個趨勢的出現是因為對於社會工作者的疏失、違反守密，以及怠職等引起的抱怨，逐漸對這專業形成威脅。若與臨床取向相比，臨床取向著重於案主利益（包括個人、家庭、社區以及社會）的社會工作倫理，而此防護的趨勢關切對實務工作者的保護。其基本的關切議題是有關各種類型的過失或不當治療的辯述；以及有關專業人員應負責任的議題與逐漸升高的法律訴訟風險等。

### 六、不道德（無道德）取向（the amoralistic orientation）

不道德取向處理的是「價值」在社會工作倫理學中的地位，這個取向否認這專業有所謂的核心價值。此取向的特徵是不涉及價值或規範性的概念，將實務工作視為純技術性。例如：在1920年代「精神醫學」洪流時期的實務工作者，他們避免運用有關價值或倫理的觀念，而運用心理動力的專用術語來釐清人類行為的奧秘。然而，這個取向並非價值中立的，因為其包含了心理動力方面與其他理論的概念，是有其預設的價值基礎的。此派取向並未受到傳統社會工作價值所支配，而現今社會工作者基於所謂的價值中立考量來選擇某些工作方法，例如：心理治療技術、方案評估、成本效益分析等的情形，也是歸類於此種取向。

## 社會工作價值的取向對應之簡要概念

| 父權主義取向 | ----➤ | 英雄式照顧、糾正、改善 |
|---|---|---|
| 社會正義取向 | ----➤ | 結構改革、重組 |
| 宗教取向 | ----➤ | 喜愛近人、為弱小者服務 |
| 臨床取向 | ----➤ | 保密、知後同意、告知真相、利益衝突 |
| 專業自我保衛（防護）取向 | --➤ | 避免訴訟及不當指控 |
| 不道德（無道德）取向 | ----➤ | 不涉及價值、規範性概念 |

## 父權主義（Paternalism）

▶ 在政治學，「父權主義」是指統治者以「父親」的方式照顧人民的原則與實務，認為人民應該感激國家，據以限制民主與公民生活。

▶ 「父權主義」的定義隨著不同的哲學家與哲學態度之不一而不同，不過這些定義共同之處，是對於個人基本自由或自我生活決定權之干預，或者強迫違背其意願的事。父權主義總是以照顧他人福祉來「包裝」自己。從專業審慎角度與專業照顧來看，父權主義只有在個案的心理狀態不適合，或是真的有危險可能傷害個案的情況下，才是有證立的，但是這種情況非常稀少而有限。現代社會工作已採取法律步驟，以盡可能避免父權主義。

▶ 父權主義的三種形式（方式）

1. 當社會工作者認為為了病人好，不讓個案知道實情乃是合理的，因為說出實情或許反而會危害病人的生命。

2. 當社會工作者為了個案好而說謊，並延遲說明實情或是提供不實資訊，以防止個案傷害自己時。

3. 當社會工作者強迫個案做些違背他們意願的事時，例如：讓受虐婦女住進庇護中心，或是要獨居老人住進老人之家等。

第 **2** 章

# 倫理學

● ● ● ● ● ● ● ● ● ● ● ● ● ● ● ● 章節體系架構 ▼

# Unit 2-1
# 倫理學的基本概念

圖解社會工作倫理

028

倫理學（ethics），或稱道德哲學（moral philosophy），係哲學裡的一個學門。倫理學源自於古希臘ethicos，意思是與道德有關的習性或風俗，倫理學是以哲學的方法研究道德的一門學問。倫理學是有關道德的學說和理論體系，是研究道德的起源、本質、作用及其發展規律的科學；也是探討人生理想和規定此理想之正當行為的科學；更是研究人類行為準則，人與人之間，以及個人對社會國家相關義務的學說。亦即，倫理學是用哲學方法處理倫理道德問題所形成的一門學問。

「倫理」和「道德」兩者的區別，在於倫理包括兩組基本語詞：(1)對的（right）或錯的（wrong）：對錯這組字用來描述行為；(2)好的（good）或壞的（bad or evil）：好壞這組字則用來描述動機、品格或事務狀態（states of affairs）。狹義的道德只涉及行為的對錯，而倫理則包含對錯、好壞的評價。一般倫理學上的用法並不區分倫理和道德，所以違反職業倫理，也可以說違反職業道德。

倫理學是形式地、系統地以及批判地探討有關人之品格之對與錯的課題。倫理學研究什麼是善與惡、什麼是對與錯，包括價值、原則和理論。倫理學跟其他一些科學學門也有關聯，例如：人類學、心理學和社會學，但在實際應用方面更為廣泛。倫理學考量的是價值和德行，而不是事實。倫理學不僅包括道德的議題，也涵蓋人的品格和精神層面上能夠使得個體成為良善的種種性質，使得人的發展能達到道德的層次，能了解到什麼對自己和他人才是善的，並且能實際信守。倫理學也涉及道德選擇的自律反省，它要處理用以支持道德判斷和規則的原理原則。倫理學有它自己的內容、方法論和研究文獻。

Pellegrino將倫理學分為分析性、描述性，以及規範性等三個功能面向，他主張倫理學起於我們能夠為道德判斷提供理由，而且這些理由應該立基於某些倫理理論，或是一套原則和價值，而不是立基於宗教或者未曾解釋的道德訓示（田秀蘭、彭孟瑤，2011）。

對於信奉倫理學原則和規則的人來說，倫理學指導他們如何做出決策。倫理學的體系，乃是一個行動的體系，而且是由行動而不是沉思來判別優劣的。因此，倫理學本質上就是一門應用的學科。

現今，助人專業的實務工作者，都已認知到倫理學的重要，及其在專業工作上的必要性。且涉及倫理學的議題，必須面臨要從各種選項中做出選擇。倫理選擇與行動是相關聯的。即使每個專業都有其範圍和實務上的要求，倫理選擇都必須立基於有關道德對錯的知識。因此，所有社會工作的專業都必須學習倫理學。

## Pellegrino提出倫理學分析的三個面向

**01**
**分析性功能**
此面向處理所做出的倫理決定,是可批判地和系統性地加以檢驗的,它描繪做出這些決定的過程,並且對於這些倫理決定提供理性基礎和哲學上的證立(「證立」是指「提出恰當理由以支持」的意思)。

**02**
**描述性功能**
是要如實去考量實在界。這項功能乃是要描述個人和社會在做出道德選擇時,所呈現之各種不同的行動。

**03**
**規範性功能**
所處理的是如何推導或定義那些能夠引向良善生活的規範,以及應該用以型塑倫理行為的原則、規則和義務。

## Levy提出倫理學三個必要的範疇

| 第1個 範疇 | 第2個 範疇 | 第3個 範疇 |
| --- | --- | --- |
| 處理的是介於個人與團體之間,例如:父母與子女之間的「道德承諾」。 | 是要將普遍存在於各個組織的行為規則加以連結,例如:工人和經理之間關係的規則,或者組織及其成員之間關係的規則。此範疇稱為「組織倫理學」。 | 此範疇為「專業倫理學」,係針對協助者領域的專業行為和道德行為,包括個案、角色、同儕、雇主,以及該專業本身等五個領域。 |

# Unit 2-2
## 倫理學的分類

倫理（ethics）的使用廣泛，為釐清倫理的基本概念，可從二大基礎面向對倫理加以分類如下（周采薇譯，2014）：

### 一、「道德哲學」中的倫理

它是不可屬名詞，用來形容一連串關於「道德性質、道德問題與道德判斷」之哲學思考，這是多數道德哲學家在提及倫理時所用的定義。通常哲學家將倫理分為下列三類：

#### （一）後設倫理學（Meta-ethics）

包含批判性及分析性思維，討論道德詞彙，如「正確」、「好」或「責任」之意涵及用法，以及討論道德判斷是否可供辯護，或道德本質究竟為何等。

#### （二）規範倫理學（Nonnative ethics）

試著為道德難題解答，如在某特定情況下，什麼才是道德上正確的事情？某人是否是德性良好的人？或說謊是否絕對是錯的？規範倫理學主要的可以分為三類理論：

1. 目的論（teleologlcal theory）：主張一個行為的對錯，完全決定在該行為所實現的目的或結果。
2. 義務論（deontological theory）：認為評估行為的對錯，不是完全由行為所造成的結果決定，而是由行為本身所具有的特點決定。
3. 德行倫理學（virture ethics）：認為目的論和義務論評估行為的方向都是不正確的，因為它們都是孤立地探討行為的對錯，而事實上最重要的問題

不是「我應該做什麼」，而是「我應該要成為什麼樣的人」，基於我要成就的人格，必須培養相對應的氣質傾向，由此自然會表現在行為之中。

#### （三）描述倫理學（Descriptive ethics）

研究人們的道德選擇信仰為何及其所衍生出來的行為。例如：社會工作者的道德取向為何，及他們該如何執業；探討英國民眾是否認為協助自殺、安樂死或墮胎是道德錯誤的事。

### 二、「道德準則」中的倫理

㈠ 是一種複數形式，意指人們對認為的好或壞、對或錯、善或惡等人格特質所延伸而來的行為規範或標準，其解釋會因人們的看法而有所不同。倫理可以是一種規範、標準、原則、定律或人格，也可以是一種內在培養或外在迫使的力量。這類用法常以「倫理守則」來展現，也就是一套在倫理實務工作上應具備的法則、標準、做法或有時是指人格特質。

㈡ 道德本質論分為「絕對論」和「相對論」兩種不同對立的存在。相對論主張標準必然是主觀的內在判斷，任何定出來的倫理原則，都是反應個人的偏誤和偏好，標準根本沒有普遍性。相反的，絕對論相信能夠找出客觀標準。立論基礎是服務提供者在進行倫理抉擇前的思考，例如：對未婚生子、同性戀婚姻等，隨著時代變遷，漸漸從歧視轉變成尊重。

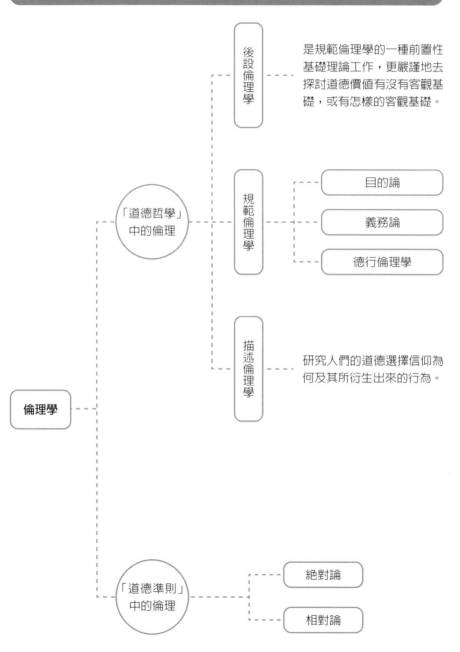

## Sarah Banks對倫理學的分類

倫理學

- 「道德哲學」中的倫理
  - 後設倫理學
    是規範倫理學的一種前置性基礎理論工作,更嚴謹地去探討道德價值有沒有客觀基礎,或有怎樣的客觀基礎。
  - 規範倫理學
    - 目的論
    - 義務論
    - 德行倫理學
  - 描述倫理學
    研究人們的道德選擇信仰為何及其所衍生出來的行為。
- 「道德準則」中的倫理
  - 絕對論
  - 相對論

# Unit 2-3
## 倫理學的分類（續）

圖解社會工作倫理

032

倫理學所關心的主題，主要並不是有關事實（fact）的問題，而是屬於價值（value）或價值判斷。倫理學嘗試將其概念與原則建立在一個普遍的基礎之上，但不願意接受任何獨斷教條作為解決之道。我們可以發現，引領專業的原則和規則構成醫師和社會工作者專業行為的基礎，這些都是立基於試圖促進理性行為的倫理理論。

倫理理論試圖解釋倫理行為的原因，以及我們藉以決定行為對錯的標準。不同的倫理理論，主要是對於如何過良善生活的方法，以及人努力獲得最有價值生活的最終目的，有不同的意見。所有倫理理論共通的一點則是它們都試圖建立原則，以使得我們能夠接受或拒絕各種行為。在每個倫理學的理論取向中占有核心地位的，是這個問題：什麼標準可以幫助我們決定一項行為是道德的還是不道德的，或者簡單說，是善的還是惡的？「善」與「惡」都是有相當爭議的概念。在我們決定一個難題是否需要倫理層面的解決之前，我們必須要知道跟這難題有關的事實，並釐清相關的概念。依賴社會既有的規則和指引而做出的行為，並不必然就是道德的，因為這些規則可能是惡的、不道德的、不公義的，甚至可能會傷害公眾的福祉。倫理理論裡確實有相對立的取向。在這「光譜」的一端，我們可以找到非常極端的取向，否認我們有可能知道什麼是善或惡。（田秀蘭、彭孟堯譯，2011）。

在規範倫理學中，可區分為「基本倫理學」（fundamental ethics）和應用倫理學（applied ethics），說明如下（林火旺，2018）：

## 一、基本倫理學

意指人類追求的價值有層級、高低分別，最基本的本質是以良善為出發點。隨著環境變遷，社會問題範圍也就越來越廣，探討人性價值衝突的解決方法，以回歸生活基本原則。基本倫理學主要目的在於提出一個架構，以便回答為何是正當或應該做什麼、是什麼的問題。規範倫理學的理論通常分為義務論（deontological theories）、目的論（teleological theories）等兩個部分。

## 二、應用倫理學

係指出基本倫理學所探討的原則，是運用在人生的不同實踐領域中。應用倫理學是嘗試運用倫理規範與理論於所界定的問題與情境中，例如：專業、組織與公共政策。應用倫理學是將基本倫理學所探討的道德原則運用在人生不同的實踐領域中。例如：各種專業服務工作之倫理問題與倫理決策原則之探討，都屬於應用倫理學。社會工作專業服務是和規範倫理有較直接的關係。例如：墮胎、代理孕母，或特定專業領域如醫療、社工、律師，也就是指能應用於實務工作操作。

## 價值、倫理、道德概念之比較

### 價值與倫理概念之比較

| 比較項目 | 價值 | 倫理 |
|---|---|---|
| 基礎來源 | 生活經驗的情感認同 | 價值演繹而來 |
| 屬性 | 可欲的、喜好的 | 強制的、被預期的 |
| 功能 | 行動目標 | 行為對錯準則 |

### 倫理與道德概念之比較

| 比較項目 | 道德 | 倫理 |
|---|---|---|
| 面向 | 個人層面——<br>個人之自我約束品行 | 人際層面——<br>對他人之應有的行為 |
| 屬性 | 主觀和主體性 | 客觀與社會 |
| 二者共同性 | 著重人的行為善惡與對錯 ||

資料來源：曾華源（2021）。

## 價值、倫理、道德決策的階層關係

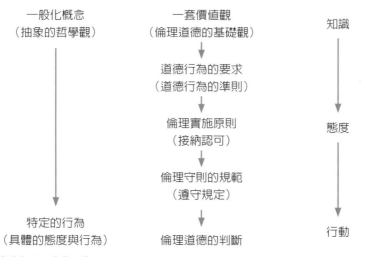

一般化概念
（抽象的哲學觀）

一套價值觀
（倫理道德的基礎觀）

知識

↓

道德行為的要求
（道德行為的準則）

↓

倫理實施原則
（接納認可）

態度

↓

倫理守則的規範
（遵守規定）

↓

特定的行為
（具體的態度與行為）

倫理道德的判斷

行動

資料來源：曾華源等（2021）。

# Unit 2-4
## 後設倫理學

圖解社會工作倫理

034

　　後設倫理學（Meta-Ethics）是規範倫理學的一種前置性基礎理論工作，更嚴謹地去探討道德價值有沒有客觀基礎，或有怎樣的客觀基礎。後設倫理學是二十世紀初才發展出來，它深受分析哲學（analytic philosophy）的影響。

　　後設倫理學研究道德言詞的意義，了解道德語言的功能，認識道德論證的邏輯結構；其目的在於提供道德規則，或道德行為的邏輯與知識論上的學理依據。後設倫理學者認為，以往倫理學理論之所以莫衷一是，主要的原因在於倫理學者對於倫理學語言的使用不夠明確，而倫理學理論之間的差異，常常是由於使用的語詞具有不同的意涵所導致，因此為了要使倫理學的討論更為精確，後設倫理學者認為有必要先對倫理學所使用的語言，如：「對」、「善」、「應該」、「義務」等，加以分析和定義（林火旺，2018）。

　　後設倫理學是將做人處事的道理拿來當成學問研究，其探究實然面的議題；亦即人的實際行為抽離成可探究的一門知識，以便理解善或惡的本意是什麼。後設倫理學關心什麼才是道德上真正的「是非」、「善惡」、「對」與「錯」。亦即，後設倫理學關切倫理用詞或語言的意義，以及倫理原則的引申。典型後設倫理學的問題，是所謂「對」與「錯」是什麼意義？「好」與「壞」是什麼意義？用什麼標準來判斷是否某人的行為是不合乎倫理的？該如何建構一套倫理原則去指引面對倫理抉擇的個人？

　　亦即，後設倫理學是探討行為、規範背後的道德語句在這個社會的意義價值，關心道德背後「是非」、「善惡」、「對錯」的意義，也就是行為背後真正的動機考量。後設倫理學是對道德語詞意義的研究，及道德概念邏輯特性等的研究，例如：善的定義、邏輯特性。

　　後設倫理學研究之目的，並非為指引人類之日常行為，而是以倫理道德本身、道德判斷以及道德原則作為研究的對象。因此規範倫理學重視之問題為：「什麼東西具有價值？何等行為是對的？我們的義務是什麼？」後設倫理學關心價值和行為對錯之本質，主要問題大致上可分為四類：

一、「善」、「惡」、「對」、「錯」、「應該」、「必須」等倫理言詞的意義是什麼？含有這些言詞的判斷或陳述，其性質、意義、功能或使用規則又是什麼？

二、這些言詞在道德上與非道德上的用法如何區別？道德的與非道德的意義是什麼？

三、行為、良心、自由意志、意向、承諾、寬恕、動機、責任、理智及意願等相關的言詞或概念之意義是什麼？

四、倫理判斷和價值判斷能夠證明、證實或顯示為有效的嗎？假如可以，究竟要用什麼方法？而且究竟要用哪一種意義來說明？或者說，道德推理和價值推理的邏輯是什麼？

## 後設倫理學的理論支派分類

### 從倫理判斷是否和事實判斷一樣具有真假值的爭議點分類

**1** 認知主義（cognitivism）

- 道德主張或判斷和一般的信念和判斷一樣具有真假值。任何一個道德主張或信念都是一個命題（proposition），有其認知的內涵。
- 如果道德命題所論斷為真，則具有這樣的道德信念就是正確的；反之，如果道德命題所論斷的為假，則具有該道德信念就是不正確的。

**2** 非認知主義（non-cognitivism）

- 反對認知主義的主張，否認道德陳述和一般命題一樣，也否認其具有認知的內涵，因此道德判斷或主張沒有真假值，因為它們並不是真假判斷適用的對象。
- 認為道德主張或判斷無所謂真或假，所以認知主義的主張是錯誤的。

### 從倫理語句和道德信念的屬性分類

**3** 自然主義（naturalism）

主張倫理語詞和道德信仰可以由自然性質（natural properties）或具經驗意義的語詞加以定義。

**4** 非自然主義（non-naturalism）

否認倫理語詞可以用經驗語詞定義，而倫理的結論也不能從經驗性的語句中導出，倫理性質也不同於自然性質。

# Unit 2-5
## 規範倫理學的基本概念

規範倫理學（normative ethics）是對道德觀念和道德判斷進行系統性的了解，並對道德原則的合理性加以探討。在日常生活中我們每天都會遇到道德的要求和規定，例如：「答應人家的諾言應該要遵守」、「任意傷害無辜是錯誤的行為」、「做人應該要誠實」、「公車上看到老弱婦孺應該讓座」等。對這些規定的認知，一般人都是來自於父母的教誨或師長的告誡，但是通常這些道德規範的教化工作，都是以訓令或教條的方式進行。換句話說，父母或師長所教導給我們的道德原則，並沒有體系性的闡述，所以我們很少對這些箴言式的道德要求，能全面性的掌握，因此當面臨道德衝突或道德兩難的處境時，對自己該如何行動，往往缺乏適當的指引。規範倫理學的目的就是要對日常生活中的道德箴言，進行哲學式的研究，一方面探討這些箴言的合理性基礎，一方面則歸納出一個或一些更基本的原則，藉以作為道德判斷的依據。也就是說，規範倫理學的目的，主要是要建構有關行為規範的基本原則，以作為我們日常生活中面臨道德問題時的行為指導（林火旺，2018）。

規範倫理學嘗試有系統地建立決定是非善惡的基本且普遍的原則，包括由此衍申的具體道德規範，以作為行為實踐的準則。當代規範倫理學的主要重點，是關於道德兩難情境的解決。因此，採特定的道德立場來思考倫理論題者，即屬於規範倫理學。由於規範倫理學強調人具有動物所沒有的理智，人的行為在本質上必須是理智、意志與情感兼具的行為，也就是要以符合人的尊嚴為基礎，並以至善為追求目標之價值上的行為，這種以終極價值為規範的學問就稱之為「規範倫理學」。也因此在社會工作實務倫理課題的探討過程中，主要採「規範倫理學」的探究途徑。

規範倫理學嘗試探究哪些道德規範是我們應該遵循的？為什麼？規範倫理學旨在發現、說明和維護道德正確的基本原理，它是探究或反省倫理有效性之基礎或理由，亦即探究「如何行為」才是善行或惡行？其區分之標準何在？規範倫理學主要在提出一種架構，以回答為何正當或應該做什麼的問題；亦即是探討支持倫理道德原則的客觀基礎，或何種道德理由才能被視之為充分的理由。

在規範倫理學的領域中，最主要的是有關道德義務和道德價值的判斷，尤其是道德義務的判斷更是倫理學理論的核心。由此可知，規範倫理學是社會工作在進行個別議題最具體探討的一種，所以最適合應用於實務工作之中，規範倫理學可區分為「基本倫理學」（fundamental ethics）和「應用倫理學」（applied ethics）兩部分。

# 01 基本倫理學（fundamental ethics）

主要目的在於提出一個架構，以便回答為何是正當或應該做什麼、是什麼的問題。

▶ **義務論（deontological theories）**
- 義務論是關於道德義務與責任的倫理學理論。
- 義務論學者最著名的是康德（Immanuel Kant）。
- 探討行為的對錯，不是取決於行為造成的結果或目的，而是行為本身的特質。
- 認為規則、權利和原則是神聖的和不可違反的。

▶ **目的論（teleological theories）**
- 主張任何行為的對或錯要視其所帶來的結果而定。
- 主張分辨事情的善惡，以行為是否能夠達到最大效益為依據。
- 一個行為的對或錯，不是完全決定在行為所造成的結果或目的，而是取決於行為本身所具有的性質和特點。

# 02 應用倫理學（applied ethics）

- 應用倫理學將倫理理論應用於特定案例，當遇到道德問題時，人們應該如何處理這些問題。
- 應用倫理學是基本倫理學在各個實踐領域的具體應用。個別的應用倫理學（例如：醫學倫理、社會工作倫理）關心的問題是在特定實踐領域中如何建構一套完整的道德規範，以及在面對具體的道德困境時，如何進行道德判斷等課題。
- 應用倫理學的範圍是無所不包的。一切與人的實踐有關的抉擇，只要涉及善惡是非、公理正義，就屬於應用倫理學應該探討的對象。

# Unit 2-6
# 目的論

圖解社會工作倫理

038

目的論（teleological theories），希臘字teleios，是指其結果或目的。目的論對於倫理的抉擇採取非常不同的看法。目的論主張任何行為的對或錯，要視其所帶來的結果而定。對目的論而言，認為任何行動是否具有正當性，決定在「後果」（consequence）為「善」（goodness）的程度。對於持此派觀點的人而言，認為人不考慮潛在後果而做的倫理選擇是天真的。目的論的根源是享樂主義的哲學，主張行為的倫理價值有賴其具有的效益，而效益是指短期內最好的結果

目的論是主張一個行為的對或錯，完全決定於這個行為所產生的結果或所實現的目的。義務論則認為，一個行為的對或錯，不是完全決定在行為所造成的結果或目的，而是取決於行為本身所具有的性質和特點。

目的論主張分辨事情的善惡，以行為是否能夠達到最大效益為依據，此觀點正好與義務論相反，強調注重結果的論述，呈現出為達目的不擇手段的風險，所以社會工作者在抉擇策略時，並非單以最大效益為考量，必須列出各種行為所造成的影響。依目的論的看法，它是以其目的或導致的結果，來看待倫理的選擇。目的論認為如果不考慮潛在後果而做倫理選擇是天真的，只是規則的崇拜而已，任何行動的正當性，決定在後果、善的程度。目的論者認為負責任的策略，必須試著各種行動可能之後果，比較其相對優缺點來做決策。目的論可分為利己主義（egoism）、效益主義（utilitarianism）等二派（後續將於其2-7單元另加說明）。

目的論和義務論對在評價一個行為道德上的正當或錯誤時，對構成這種評價標準的見解不同，這種分歧來自於他們用來論證和解釋道德的基本概念。義務論把「正當」和「應當」這類概念作為基本概念，其他道德概念都可以用這些概念來定義，或者至少可以說，運用其他道德的判斷，都要用以這些義務性概念為基礎的判斷作出證明；目的論把「價值」和「好」這類價值性概念作為基本概念，道德判斷應由行為的目的或行為所產生的好結果來證明。典型的義務論者認為，某些行為之所以內在地正當或在原則上正當，是因為它們屬於它們所說的那種行為，或者說，因為它們與某種形式原則相符。而典型的目的論者認為，某些行為之所以正當，是因為它們的好結果所致。

對於目的論之批判，包括如下：

一、Reamer指出，有些接受效益主義（效益主義屬於目的論派別）的哲學家天真地認為，一項決策可以不先考慮其可能結果就可以是具有倫理的。因此，負責任的主張乃是在行為之前就能試圖先想像其後果。

二、從社會的觀點來看，任何可以使得最大可能多數人受益的行為都是善的。因此，社會工作者永遠都需要衡量，什麼行為可以使得最大多數人受益。這個倫理學取向聽起來不錯，但什麼是對大多數人最好的？什麼行為會導致大多數人的最大快樂？這種決定有可能做得出來嗎？少數人的快樂該怎麼辦呢？我們如何想像並評估行為導致的快樂和效益呢？

三、不同的人在他們自己的文化裡，帶著自己的世界觀與所接受的教育，來考量行為對錯的問題。

## 目的論對案主要自殺的觀點評論

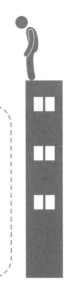

- 案主要自殺，社會工作者應該分析其行為所帶來結果的利弊得失。目的論者批評義務論者是一種規則崇拜，只是死命遵從各種規定而不視情況做衡量。
- 目的論者認為負責任的策略應是要試圖列出各種行動可能之後果，以及其相對優缺點來做決策。

## 目的論對涉及不道德的偏好和行為的思考

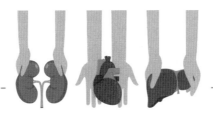

- 目的論是最顯著的「基於後果」的理論。
- 目的論的經典源頭出現在邊沁以及米爾的著作，這個理論遇到的難題之一涉及不道德的偏好和行為。
- **案例**
  ▸ 衰弱的老人的「義務性自殺」。
  ▸ 病人身體器官如肝腎的「義務性」捐贈，以使得健康的大多數人獲益等。

# Unit 2-7
# 效益主義

圖解社會工作倫理

**040**

目的論（Teleological theory）認為任何行動之正當性，決定在後果（consequence）的美好程度（goodness）。目的論可分為兩派：

## 一、利己主義（egoism）

利己主義強調個人利益優先，忽略他人利益；代表強烈的個人主義思想，追求個人的最終好處。此觀點主張當面臨兩難時，人們應該設法擴大自身的利益。例如：社會工作者就考量對自身的最佳利益是什麼？如何減低法律責任，以及如何減低社會工作者與案主之間可能的衝突。然而這與社會工作重視服務與追求社會正義的價值理念是不相符的。因此較少用於社會工作中。

## 二、效益主義（utilitarianism）／功利主義／效用主義

「效益主義」早期翻譯為「功利主義」、「效用主義」。效益主義屬於目的論派別（teleological school），目的論的主要代表是效益主義（utilitarianism），而義務論則主要源自Kant（康德）。由於社會工作者並不是自主專業人士，並非只需要遵從尊重與促進服務使用者自決之倫理原則，因此，對於引用廣義康德倫理架構，著重個別社會工作者——服務使用者關係的條列式原則備受批評。

當義務與目的在兩種取得平衡後，最終就能達到最好的效益，依效益的觀點思維延伸，指出比較何者最後的效益較多，而作為行事之標準，就被稱為效益主義（utilitarianism）。效益主義是以行為產生的整體結果決定行為的道德正當性。亦即，行為的對錯只是其結果好壞的一個函數。更具體的說，一個道德上對的行為，就是在所有可能選擇的行為之中，其結果能產生最大量的善或最小量的惡的行為。而所謂錯誤的行為，就是其結果不能產生最大量善或最小量惡的行為。效益主義和倫理利己主義都是目的論的一種，不同的地方是：效益主義所謂最佳結果，是指人類社會、甚至宇宙整體善的最大化，而利己主義則是指行為者利益的最大化。

事實上，社會工作者通常他們受僱於機構，受限於法律與程序法則，並以促進公眾利益或社會福祉為工作目標。因此，與效益（促進最大利益）及正義（盡可能廣泛公平地分配資源）相關的倫理原則，亦具有舉足輕重的角色。康德論提倡履行職責，而不管其結果為何，但這種觀點未能顧及社會工作者實際應有的作為，因為社會工作者通常必須考慮後果，衡量採取哪個行動所帶來的傷害最小，對某位服務使用者或最大族群最有利，或能最有效利用資源。這一類的倫理理論被稱為「效益主義」（utilitarianism），也是結果論（consequentialist theory）中最為人所知的一種，其中道德是依據行為後果來衡量的。

「結果」是理解效益主義極為重要的概念，因為效益主義完全是以行為的結果審核行為的對錯，所以效益主義是結果論（consequentialism）中最重要的一個主張。

## 效益主義的假設

**01** 社會之善乃是個人之善的總合。據此，所有個人得到最大的快樂，即是最佳的社會寫照。

**02** 最大的快樂包括行動的立即後果與可預測的長期後果，而要以後果來論斷行動。亦即，行動結果促進了多少大眾福祉。

**03** 假如每個人計算最大的快樂是依理性、深思熟慮的過程，其結果則是有關快樂本質的基本同意。

**04** 人類的本質是相互競爭的，我們的競爭是溫和的，是依循理性的自利。

**05** 因為每個人對快樂的計量都一樣，效益主義的觀點是以民主的方式來公平地處理每個人的福祉。

**06** 利他主義（altruism）被視為是一種相互的自利。就長期而言，促進自身利益也會同時促進他人利益，這使得不同的利他主義變成多種可能，端賴我們如何建構理性利益。

資料來源：林萬億（2021）。

041

## 效益主義論點的歸納

### 01 心理層面

效益主義認為所有人在心理傾向上都是追求快樂、避免痛苦。

### 02 善惡判準

效益主義者以是否合乎人類在心理上求樂免苦的傾向來做為善惡的判準。

### 03 道德規範

效益主義者主張道德規範是為了增益人權之樂，減免其苦，可見道德規範本身並無純粹的義務性，而是以達至增樂免苦為其規範性的依據。

# Unit 2-8
## 效益主義（續1）

效益主義主張人的基本動機就是效益的追求，而效益可以提供社會做為一種中立的決策程序，以利於在道德抉擇的情境中提供一個客觀的選擇方式，以解決公共選擇所面臨的問題，以免個人將無事實根據之自身道德抉擇強加於他人身上，而造成所謂的道德專斷主義與道德的混亂的混亂。

效益主義是以「全體大眾所得到之最大快樂」為目的作為進行抉擇判斷的依據。若某種行為的後果將增加絕大多數人的快樂，那麼此行為就是正義的就是正義的。效益主義的系統化發展，大致上與英國哲學家兼社會改革家Bentham（邊沁）和Mill（彌爾）有關。

效益主義的基本概念，是認為正確的行動要最能夠隱惡揚善，亦即。效益原則。Bentham認為善即是樂（歡愉的總稱）、惡即是悲（痛苦的總稱），支持所謂的「享樂效益主義」（hedonistic utilitarianism）。Bentham的主要觀點為「道德的最高原則就是幸福的最大化」，也就是說人類的福祉在於快樂的獲得與痛苦的消弭，故人應該將快樂最大化，把痛苦最小化；若整體社會要合乎正義原則，就是要追求最大多數人的最大福祉，以避免痛苦。效益主義所指稱的是行為的對錯，決定於該行為帶來的結果，所謂「對的」行為是結果會帶來較大的利益及較少的成本付出。但是在眾多的幸福快樂中，如何取捨以作為倫理的判斷？Bentham（邊沁）認為，還是應該強調最大多數人的最大快樂。

由目的論的觀點來看，器官移植是在對捐贈者採取不傷害的原則下，對受贈者施行行善原則，使受贈者獲得最大的快樂與利益。

Mill於1861年出版《效益主義》一書，其主要主張道德內涵與最高原則乃是謀求最多數人的最大福利，所以是行為結果決定行為的道德善惡。所以對道德的要求是要能帶給最多相關人員快樂或幸福。效益主義認為如果行動是在追求最大多數人的最大福利或好處，就是道德最高之內涵。效益主義主張當面臨兩難時，人們應該選擇能產生最佳利益的行為。Mill認為，善還包括了快樂以外的東西（如美德、知識、真理與美好），這就是所謂的理想效益主義（ideal utilitarianism）。

由於享樂的效益主義和理想的效益主義的差別，主要是有關價值的爭議，和決定行為對錯的判斷並不是直接相關，因為不論將善作何種解釋，我們都可以用效益（utillty）這個語詞來代替，而將所有有價值的東西都稱為具有正的效益，惡的東西稱為負的效益，因此效益主義的核心概念，就可以用「效益原則」來表達。而所謂「效益原則」就是要求效益的最大化，所以效益主義的道德標準也可以理解為，道德上對的行為就是在所有可能的行為選擇當中，合乎效益原則的行為；亦即，所謂對的行為就是其實踐的結果能產生最大效益的行為。

## Bentham（邊沁）與Mill（彌爾）的簡介

### Bentham（邊沁）

- Bentham（1748-1832）是英國哲學家、改革派及首創效益主義（功利主義）者。
- Bentham的效益主義，乃借用了科學家Joseph Priestley（普利斯萊）的名言「最大多數人的最大幸福」，進而擴充為衡量人類一切行為價值的標準。
- Bentham的目的是想創造出一個完整的法律結構，而政府則應致力於增進功利的四個目標：安全、生存、富足與平等，最終達到「最大多數人的最大幸福」為止。

### Mill（彌爾）

- Mill（1806-1873）是英國經驗主義哲學家、經濟學家和社會批評家，著有《效益主義》（Utilitarianism, 1861）。
- Mill修正Bentham的效益主義觀，而主張自由主義（Liberalism）。Mill認為任何行動和社會安排，只要能達到多數人的快樂，便是好的、對的。
- Mill批評Bentham的「快樂說」，未能區分較高的快樂與較低的快樂，而主張多數人主動從事的、同時能發展心智的活動，應該才是更高的、更具有實用價值的活動。一個人自我發展的目的，應該是作為擴展社會實用價值的手段。

## Frankena（法蘭欽納）第三種「效益」之區別

**01 心理層面**
其核心問題是：個體的行動會對於善與惡的平衡造成什麼影響？

**02 整體效益**
其核心問題是：如果所有人都以某種方式行為，將會發生什麼事？例如：如果所有醫師和社會工作者都成了私人執業的？

**03 整體效益**
其核心問題是：什麼法律會增進每一個人的善？這是有關如何決定社會政策的主要問題。例如：對於子女多的家庭，或者雙親年老的家庭，應該給予什麼利益？

# Unit 2-9
## 效益主義（續2）

效益主義（utilitarianism）可再發展為二種論點，分別是行動效益主義、規則效益主義，茲分二個單元說明，本單元就行動效益主義說明如下：

## 一、行動效益主義（act utilitarianism）／行為效益主義

行動效益主義指的是特定的行為能否帶來效益、帶來多少效益、使多少人獲益，成為倫理抉擇的主要考量。行動效益主義認為，行動的正確性是決定對該個案或該特定行為所帶來的結果，不需要再探究因此而產生隱含的意義。

行動效益是直接引用效益原則來決定行為的正確性。行動效益主義所指的「行動」是具體、個別的行為；而規則效益主義所指的「行動」則是統稱的行動。因此所謂行動效益主義的定義是：在面臨所有可能的行動選擇當中，對的行動就是「哪一個」可以達成最大效益的行動。

行動效益主義判斷一項行為，會選擇「當刻」能帶來最大的效益的選項。行動效益主義將效益原則直接應用到個別行為上，亦即當人在反省什麼是道德上正確的行為時，會問「我在這個情境下，做這個行為會產生什麼結果？善、惡衡量後的結果為何？」亦即依行動效益主義的看法，行動的正確性是視個別案例，或哪一特定行動所產生的好處為何而定。

行動效益主義係依行為正確性為準則，視不同個案或特定行為所產生的效益而定，強調道德就是盡可能增加世界幸福，避免痛苦，不是盲目追隨傳統或抽象的道德規範。簡而言之，就是社會資源重分配，應該突破規則的約束，以增加整體社會的利益，例如：中低收入戶與弱勢邊緣家戶，不應只是依照法規，而是針對個別家庭進行補助。

行動效益主義反對規則效益主義的優先性，認為規則只有參考的價值。規則來自對行為後果的統計，即使過去的情況是有效益的，也無法保證以後的情況也都是有益的。無條件地遵守規則，可謂墨守成規。行動效益主義認為每個人之行為，在每種情況下均應考慮追求最多數人之最大利益，若某一行為在某種情況下比其他任一行為，將更能給多數人更多利益時，為了採取該行動，即使主體違反了道德規範，主體之行為仍然是對的。

依據行動效益主義的看法，行動的正確性是視個別案例或哪一特定行動所產生的好處為何而定。人不需要完全看清此一情況所隱含的意義。故行動效益主義者可能說明將會有更大的好處，合理化干預案主權利，來面對保密責任，然而這種看法受到嚴厲的批評，強調如果效益主義只重結果，似乎違背某些重要傳統和道德經驗，是一種自私的幸福論，容易導致只管自身利益，不管別人死活；甚至會為了達到目的而不擇手段。例如：只要是為大家有益的，是否就可以殺害無辜者，可以放棄承諾等。

## Bentham（邊沁）訂定之計算「結果」效益的7個標準

**01** 強弱度（intensity）
快樂感受的大小

**02** 持續性（duration）
快樂感受的持久性

**03** 確定性（certainty or uncertainty）
快樂來源的明確性與否

**04** 遠近性（propinquity of remoteness）
快樂的即時性與否

**05** 衍生性（fecundity）
是否衍生新的快樂

**06** 純粹性（purity）
單純性與否，不涉及其他因素

**07** 延伸性（extension）
快樂的感受層面等

045

## 主張觀點比較

### 效益主義觀點

以行為產生的整體結果決定行為的正當性。也即是說，一個道德上對的行為，就是在所有可能選擇之中，其結果能產生最大量善或是最小量惡的行為。

### 與效益主義相對立場：義務論之觀點

強調一個行為的對或錯、善與惡，不完全決定在行為所造成的結果或是目的，而是取決於行為本身所具備之動機，行為本身的某些特質，行為是否符合普遍的道德規範或是標準。

# Unit 2-10
# 效益主義（續3）

本單元接續前一單元說明效益主義（utilitarianism）的行動效益主義、規則效益主義等二個論點中，有關規則效益主義的內容如下：

## 二、規則效益主義（rule utilitarianism）

規則效益主義指的是遵守某一種規則對行為帶來的效益。規則效益主義傾向考慮長期可能產生什麼結果。相對的，行動效益主義者認為不論此一案例中會有多少利益，為案主權利保密所建構的前提，將會帶來更多傷害而非利益。行動效益主義對於遵守規則的行為帶來的效益，主要考慮長期運用結果，亦即社會工作者在提供案主服務時，雖然考量到案主個別化情形，然而每位個案不同，需求自然也就不一樣，所以要提供更多的服務，就會超越權限、能力、資源，故以規則效益論而言，為了長期永續經營，必定策劃服務對象條件、收費標準、服務內容。

規則效益主義認為在某種情境下，我們所該做的行為必須遵守一般性規則，而不是單獨將這個行為，視為一個個別的特例來考慮。所以每當我們決定該採哪一個行為時，我們會選擇最具效益的規則所規定的行為，而不是最具效益的行為；遵守規則的行為，有時可能無法產生最理想的結果，卻是合乎道德的行為。行動效益主義所衡量的只是個別行為的因果關係，而規則效益主義所考慮的卻是一個行為所歸屬的倫理規則之假設關係。

規則效益主義認為，並不是單獨思考該個案或該特定行為，而是思考一般性通則來決定行為所帶來的長遠影響。規則效益主義不是將效益直接用在考量某一個別行為，以評量什麼是對的行為時，主要問題重點在於「如果每個人在這種情形下都表現此一行為，其結果是善或惡？」亦即效益主義者認為在某一情境所該做的行為，是訴諸於一般性的通則，而非特定行為。

規則效益主義的定義，是在面臨所有可能的行動選擇當中，對的行動就是「哪一種」可以達成最大效益的行動。規則的效益主義並不是將效益最大化原則直接運用到每一個個別的行動上，而是考慮「哪一類行動」被普遍實踐後會達成整體的最大效益，這一類行為就成為行為者行動的依據。

規則效益主義是表示實際上我們是利用規則來加速道德推理與決策的過程，而這些規則都是經過效益原則的驗證與認可。例如：即使有時遵守承諾會造成惡大於善，依然要遵循這條規則，因為整體來說，遵守規則的結果是最好的。一般來說，這是被公認為最合理的效益主義派別，因此，演化出清楚的規則與原則。如遵守承諾、實話實說、勿行偷竊與尊重自主，這些也是康德系統中主要的特徵。但效益主義中的規則並沒有康德的這麼絕對，效益主義會測試效益與可能的後果，也比較願意承認有更具有效益的例外規則。

## 案例思考：行動效益VS.規則效益

### 案主詐領福利金事件

**行動效益主義**

如果能阻止福利金的詐領，則可將福利金省下來用於更多需要幫助的人（在告發福利金詐領與為案主保密的兩種選擇中，對此個案而言，告發福利金詐領的結果較佳）。

**規則效益主義**

雖然不保密而告發案主詐領行為會帶來好處，但是不保守案主的秘密所帶來傷害會大過益處，因為無法保密會使案主對社會工作者失去信心，因而不利於專業服務的提供（考慮保密與告發兩類行為哪一種行為能產生較大的效益，而不是考慮特定個案的效益）。

**行動效益主義**

依法社會工作者一旦發現有可能是兒童虐待或疏忽的情況時，必須向兒童福利或保護機構舉發。但在某些情況下，社會工作者會認為遵守法律並不能為案主帶來最佳的利益，因此依法舉發反而產生的傷害會大過益處。所以，社會工作者會認為未依法舉發若能帶來較大的益處則是可以被允許的。行動效益主義者會主張，若能說明不依法舉發可帶來更大的益處，則該不舉發的行為是合理的（例如：若社會工作者能顯示出告發兒虐事件，會使社會工作者無法繼續與該家庭維持關係，同時繼續與案家維繫關係將可預防未來虐待兒童的事情發生）。

**兒童虐待之通報案例**

**規則效益主義**

認為未遵循法律就會帶來傷害多過益處，不論此特定案例所帶來的幫助。因為如此會鼓勵社會工作者自行處理類似的個案，而非訴諸法律，因此，就長期而論，這會產生弊多於利的影響。

# Unit 2-11
## 效益主義（續4）

　　針對行動效益主義，最重要的批評是來自於所謂投票者的矛盾（the voter's paradox）。例如：在一個民主國家中，公民有參與投票的權利和義務，由於不去投票在一般正常的民主國家中並不會受到懲罰，假設在一次重要的選舉投票當天，某位選民在思考其是否該去投票時，如果效益的最大化是他唯一的指標，則他很可能發現不去投票才是他應該做的行為（例如：投票所過遠、天氣不佳），都可使他在計算效益時發現，留在家中做其他事會比去投票對整體效益的貢獻還大，因為個人投票的效益是決定在他人是否投票的行為之上，如果投票者知道他去投票對結果影響不大（因為還有其他眾多選民會去投），而且他不去投票不會影響他人的行為（因為別人根本不在乎他是否去投票），則站在效益最大化的原則下，他就不去投票了。但是如果每一個人都如此計算，每一個人都不去投票，對民主政治的運作相當不利，這就是抨擊行為效益主義相當著名的「投票者的矛盾」。

　　行動效益主義問題在於，往往最大的效益很可能是違反正義的。個人或團體有時為了增加自身的利益，而犧牲了沉默的大眾福祉。效益主義為了面對這個問題，所以就調整為規則效益主義，主張在追求最大的效益時必須遵守規則，如果某些可獲得效益的行為與某些道德規則（如正義）相牴觸時，就不可以做。規則效益主義雖對效益主義本身做了改革，但它本身也產生一些問題：首先，規則本身常會相互衝突；其次，當規則與效益衝突時，規則效益主義本身到底應如何主張？如果遵守規則，顯然就與效益主義的主張牴觸。

　　但針對兩種不同的效益主義，包括行動效益主義、規則效益主義，學者綜合後提出以下的批評論點（林火旺，2004）：

一、批評者認為行動效益主義最難克服的問題是：當一個行動的效益計算必須依賴其他人如何行動時。例如：在經濟事務中共同合作生產性的行為，每一個行為的效益必須依賴其他行為是什麼才能決定，如果沒有其他產品配合，螺絲製造商的生產反而是負面的效益，當然有些機電產品如果沒有螺絲製造業的配合，也會成為一堆廢鐵，這種一個行為的效益必須依賴其他行為的決定。

二、批評者認為在規則效益主義的標準之下，由於有些道德合乎效益原則，所以這些規則永遠不能被違反，即使明知在特殊的情況下，違反規則會產生最大效益，違反規則仍然是道德上錯誤的行為。從效益的觀點來看，這樣的論點似乎違背結果論的根本精神，因為對任何一個行動而言，其對錯的斷定標準不是行動的結果，而是它是否違反某一規則。亦即，一旦社會的道德規則被選定之後，就不再需要考量行動結果、效益計算的問題。這樣的道德主張，似乎比較接近義務論而不是目的論的學說，因為根據規則效益主義的主張，個別行為對錯的標準中決定於它是「哪一類」的行動？或者說，它是屬於「哪一種」的行動？至於這個行動所造成的後果，和行動的對錯完全無關。

## 行動效益主義和規則效益主義的根本差別

 **行動效益主義**

- 行動效益是將效益原則直接應用到個別的行為上。
- 當一個人在反省什麼是道德上對的行為時,他會自問:「我在這個情境下、做這個行為會產生什麼結果?善、惡衡量後的結果為何?」

 **規則效益主義**

- 並不是將效益原則直接應用於某一個個別的行為上,當他在反省什麼是對的行為時,他會自問:「如果每一個人在這種情形下都從事這種行為,其善、惡的結果會如何?」
- 規則的效益主義者認為,在某一種情境下,我們所該做的行為是訴諸於一般性的通則,而不是將每一個個別行為都當成特例來思考。所以,規則效益主義的效益原則是用來測驗道德規則,而不是測驗個別的行為。

049

 代理孕母
之案例思考

### 行動效益主義

- 代理孕母這種生殖方式,讓無法生育的人也能成為母親,而且是有血緣的親子關係,這符合行動效益主義所追求的最大效益。
- 行動效益主義會贊成代理孕母,因為代理孕母這個個別的行為能獲得最大的效益,這讓無法正常生育的母親,擁有親生子女的機會。

### 規則效益主義

- 認為代理孕母破壞傳統家庭倫理、嬰兒與代理孕母商品化是否違反人道、生育自由與合作生殖是否合乎道德原則、代理孕母自身是否有自主權。
- 規則效益主義考慮的不是個別行為的好壞,相反地,它考慮遵守規則是否對世界更好。

# Unit 2-12
# 效益主義（續5）

效益主義是以行為所產生的整體結果（overall consequences）決定行為的道德正當性，亦即，行為的對錯只是其結果的好壞一個函數。更具體的說，一個道德上對的行為，就是在所有可選擇的行為之中，其結果能產生最大量的善與最小量的惡的行為；而所謂錯誤的行為，就是其結果不能產生最大量的善與最小量的惡的行為。有關效益主義的觀點，可以歸納出兩項特點，說明如下：

一、善是可以量化的，而且不同種類的善是可以比較的。亦即，效益主義以最大效益定義道德上對的行為，必須預設所有有價值的東西都可以化約成數字計算，這樣才可能知道在各種可能的行為中，哪一個效益最大。

二、相對的，惡亦可以量化，所謂最大效益的計量不只包括正的效應，也包括負的效應。一個道德上對的行為，並不是因為他所造成的結果都是善的，而是它產生的善和惡的後果，在經過其整體的考量之後，比其他行為的選擇效益大，因此這樣的計算的方式預設也能量化。

從以上兩種假設可以推知，我們可以進一步假設善和惡的效益，可以互相比較，不只是說善可以量化，惡也是可以量化，而且善和惡是可以相互抵銷，否則排除一個行為的結果是善或是惡的，我們便無法計算效益的最大化。

綜合言之，效益主義最大的優點是：它所提出的道德基本原則是單一而且明確的，因此對於決定一個行為在道德上的正當性，有非常清楚、明白的規定，所以依據效益主義的道德標準，所有有關道德義務的衝突情形，都可以得到合理的解決。

亦即，日常生活中我們常碰到道德兩難的困境，根據效益主義的效益最大化原則，我們只要計算哪一個行動所產生的效益較大，理論上我們立即可以知道另一個行動才是我們該做的行動。所以對效益主義而言，只有在簡便規則的層次，才會產生真正的道德衝突。因此，如果效益主義是一個有效的道德理論，則道德衝突的情形都可以得到正確的解決。

效益主義與義務論的最大分別，在於效益主義在其他情況皆相同的假設之下，一個能產生較多效益的行為A，在道德上永遠優於一個產生較少效益的行為B。然而，義務論這樣的結論是不一定會成立的，亦即，B行為有可能比 A 行為更合乎道德的要求。

## 1 全體善果效益主義（或稱利益累積式效益主義）（good-aggregative utilitarianism）

全體善果效益主義認為最適當的行為，是提升最大的整體利益。

## 2 集中多數效益主義（或稱集中累積式效益主義）（locus-aggregative utilitarianism）

認為要提升最大多數的最大利益，其不僅思考所產生整體最佳利益數量的多寡，也考慮到受益人數的多少。

### 案例思考

**思考1** 要分配一筆社會救助金，一種作法是為了增加最大的整體滿意度（即將這筆錢分給少數的人）。

**思考2** 或是另一種作法是提升最大多數人的最大滿意度（較多的人拿到錢，但每人拿到的金額較少）。

# Unit **2-13**
## 效益主義（續6）

圖解社會工作倫理

**052**

　　效益主義最大的優點，是所提出來的道德基本原則是單一而且明確的，因此對於決定一個行為在道德上的正當性，會有非常清楚、明白的規定。所以，依據效益主義的道德標準，所有有關道德義務的衝突情形，都可以得到合理的解決。亦即，當碰到道德兩難的困境，根據效益主義的效益最大化原則，只要計算哪一個行為所產生的效益較大，理論上即可知道哪一個行為才是該做的行為。總體而言，效益主義在乎的是最大多數人的最大利益，亦即，若某項制度或規範能夠促進整體社會絕大多數人的福祉（快樂），同時勝過其實際執行後可能產生的痛苦，這樣的決策便是正義的。

　　雖然效益主義將個人趨吉避凶的理性選擇運用到社會整體，使其正義原則很容易被了解接受，但最顯著的缺點是它只在乎福祉產出的總量，並未關注其中的分配問題，所以容易產生利益集中於少數而不符合「分配正義」的困境，或是掉入「優勝劣敗」的叢林法則（李琪明，2003；林火旺，1998）。

　　換句話說，效益主義忽略了人的獨特性與差異性，只在乎最大福祉，如此結果可能將侵犯個人權益之規範合理化，使某部分群體被犧牲或受到不合理之對待。

　　Solas（2008）強調沒有人有權利能夠去犧牲他人藉此得到幸福，這社會上的每個人都是獨一無二的個體，我們應該要尊重每個人所擁有的基本人權，而不能說為了大多數人的利益而能夠犧牲少數人的利益。

　　效益主義被質疑之處，說明如下（劉世慶，2005）：

## 一、對「結果」概念的質疑

　　因為「結果」這個概念是極為重要而且複雜的。我們可以質疑「結果」是什麼？結果所指為何？這並不是容易解決的問題。當我們說「某個行為是錯的，因為它的結果為惡的」，通常我們會認為我們很清楚其中的結果所指為何，但是如果進一步探討與思索，我們將會發現這個概念並非想像中的簡單。

## 二、論點過於簡化

　　因為產生的行為是否是最大化的效益，被視為是最大唯一相關於行為對錯的指標，亦即，一行為是對是錯，完全看是否達到最大化的效益。當有兩個行為A與B時，我們分別仔細去計算其結果，發現A與B所產生的行為效益是相同的（或是A的行為只比B的效益多一點點），但是A涉及違反承諾、違反我們所認為一般的道德行為，而B行為則無。那麼依據效益主義，其實去做A與B的行為皆可以被接受。由於效益主義不在乎行為的種類（道德或不道德），只在乎行為的後果，即使A是非道德的行為，我們仍然不能說做A的行為是不合理的。

## 挑戰效益主義之案例思考

效益主義並沒有告訴我們該促進的是何人的善，
也就是我們該如何分配利益。

**選擇1**

> 能為2個人帶來大量的利益
> （假設是幸福），而剩下8
> 個人什麼都沒有得到。

案例：
假設現在有10個人，
如果現在有兩個選擇：

**選擇2**

> 每個人所獲得的利益較小，
> 但可以平均分給10個人。

二位哲學家的主張：
● Bentham看法：一視同仁。
● Mill：為最多數人謀最大福利。

抉擇

思考

▶ 解決衍生原則及規則內的矛盾（如果社
會工作者是規則效益主義者）與特定行
為間的衝突（如果社會工作者是行動效
益主義者）。

▶ 但實際上是，效益、正義本身就可能互
相衝突：效益（盡可能創造利益）與正
義（平等對待，盡可廣泛分配利益）。

# Unit 2-14
# 義務論

圖解社會工作倫理

054

　　義務論（deontological theories），希臘文deontos是指義務的、必須的，即obligatory。義務論認為某些行為無論其結果如何，都有其本有的對或錯、好或壞之分，義務論是關於道德義務與責任的倫理學理論。

　　義務論學者最著名的是Immanuel Kant（康德）。義務論認為規則、權利和原則是神聖的和不可違反的，故不可以為了達成目的而不擇手段，特別是違反某些重要規則、權利或法律是違反道德的行為。義務論否認相當流行的所謂「目的使得手段正當」這種說法。

　　Kant是德國的哲學家，是歐洲十八世紀啓蒙運動中最具代表性的哲學家之一。Kant將尊重個人設為其原則中的定然律令（categorical imperative），亦即是必須遵守的命令（command）。Kant認為我們應將他人視為具有選擇與欲望等目標的的個體，而不是被利用來達成自己目標的對象或手段。無論我們是否喜歡此人，任何個體都應該因其生而為人的本質而獲得尊重。根據Kant的理論，所謂「人」乃是得以理性思考與自我決定的存在，而「理性」指的是理智行動的能力，而「自我決定」則是做出決定與依循本身選擇及欲望加以行動的能力，「尊敬（respect）」可被視為是以「積極的同情心來對待他人」。康德的道德哲學的面向中，尊重個人的原則，已成為社會工作倫理的主流。

　　在Kant的正義觀中，Kant認為人是具有理性能思考的能力，及具有自由行動和選擇的權利，即人權為普世價值的正義概念。人是具有自主性的，人不應該是達到某些目的而使用的手段，人應該是要被尊重，亦即，應該將人看成行事的目的，而非達成事情的手段，如此一來才是符合正義的行事原則。

　　Kant也認為每個人都是能依照普同的「自由之普遍法則」與他人互動，理想中的正義社會是全民都具備有「做任何事都應以大眾可以理解而遵循的方式來進行」之能力。亦即，具備所謂的「純粹實踐理性」，並延伸此原則去構一個適用於全體人類的公共道德契約。這樣的原則是依照人們的道德理性來進行判準，即行為符不符合正義，要視是否違反道德理性。

　　Kant認為若行事、規範和制度要符合正義，首先其不得違反人本身所具有的理性與自主性，也就是人應該被當成目的來看待，同時所做之事必須是合乎全民大眾所理解、遵循的，也就是一個全民所認同的契約，若違反兩者任一皆非正義之行。但康德所強調人之理性自主性之概念相當嚴格，故要完全滿足其正義論之實踐是困難的，但康德對於現代正義理論發展有著不可抹滅之重要性。

## 對Kant理論之批評

> 大部分的批評,聚焦於康德的形式主義——強調道德判斷的普遍與一致性、道德內容之消耗、道德絕對主義(例如:說謊永遠是錯的),以及以個人職責做為唯一有價值的道德動機。

## Kant道德哲學之「尊重個人」概念對社會工作之影響

- Biestek依據康德的「尊重個人」概念,於1950年撰寫的個案工作的原則,對社會個案工作影響甚深。
- Biestek的個案工作原則

| 原則 | 內容 |
|------|------|
| 1. 個別化 | 是指認同每位服務使用者的個人特質、給予對方應有的人權,不只因為他是個人,而是他這個人。 |
| 2. 有目的性的情感表達 | 是指認同服務使用者自由表達情緒(尤其是負面情緒)之需求。個案工作者應有目的地傾聽,避免譴責並予以鼓勵,以收治療之效果。 |
| 3. 適度的情感介入 | 是指個案工作者對服務使用者情緒之敏感度,能了解他們的意思,並給予有目的且合適的同理。 |
| 4. 接納 | 是指個案工作者能理解並真實的服務使用者相處;包括他們的優缺點與先後天特質,秉持著對他們天生尊嚴與個人價值的尊重。 |
| 5. 非批判的態度 | 是指個案工作者的工作,並非因問題之因果而將罪過、清白或某種程度的責任,歸附到服務使用者身上,儘管服務使用者的態度、標準及行為的確可做為評估判斷的因素。亦即,個案工作者要批判的不是服務使用者這個人,而是他的行為。 |
| 6. 案主的自我決定 | 是指認同服務使用者在個案進程中,自主選擇與決定的自由權利及需要。個案工作者有責任尊重此一需求,並激發服務使用者自我導向(self-direction)的潛力。但案主自決在某些特殊情形下會受到限制。 |
| 7. 保密 | 是保護專業關係中得知到關於服務使用者的機密資訊,Biestek將保密描述為服務使用者的基本權利與社會工作者的倫理義務,同時也是個案服務發揮效力之要件。然而,服務使用者的權利並非絕對,可能會受到更高層級的職責,以及其他人、社會工作者、服務機構或公眾的權利所影響。 |

# Unit 2-15
# 義務論（續）

　　義務論探討行為的對錯，不是取決於行為造成的結果或目的，而是行為本身的特質，例如：規則、權利和原則是神聖不可違反的準則，為達目的不擇手段就是違反道德。判斷依照規則行事，例如：青少女未婚懷孕而監護人堅持墮胎，但案主堅決反對墮胎的難題。故單純強調法律、規範、守則和義務，也會導致缺乏自主性，所以社會工作者應該是在其中找到一個平衡點，才不算違反倫理。

　　義務論認為規則、權利和原則是神聖的和不可違反的。故對為達目的，不可以或不需要不擇手段，特別是他們要違反某些重要規則、權利或法律。最極端的主張是不論其結果為何，可以完全不必考慮，強調某種行為就必然是對或錯、好或壞。義務論認為決定行為倫理的因素，除了行為的結果外，還有其他因素應列入考量，例如：行為是否符合道德規範或標準。義務論者關注的是行為本身的對或錯、好或壞，而不論其結果。如Kant就認為單憑行為的後果是不能論定行為的好壞，他主張凡是出自義務感的行為才是好的。由義務論角度來探討器官捐贈移植的倫理議題，人的生命有其人性的尊嚴，器官移植應在尊重個人的自由意志和生命下，善盡醫療義務才符合倫理行為。

　　義務論的觀點強調行為有必然的對與錯、好與壞，而不論述產生該行為的動機和所衍生結果如何，即使行為

結果會帶來很大的好處，亦不可為之。因此，義務論又稱非結果主義。Kant認為人們是為義務而道德，人的義務感來自規定義務之法則，此法則是客觀的，是可以普遍地應用於一切理性主體，例如：人就是理性的主體；義務又是道德行為的唯一動機，一切具有道德價值的行為，必是為義務而做的行為。它明確地提倡不論在任何環境下，行為的行使應絕對服膺道德的原則。

　　義務論主張說實話本來就是對的行為，因此社會工作者不應欺騙案主，即使當情況顯示說謊可能對於有關的人有利的時候。相同的情形也適用於遵守與同僚間所做的約定、遵守與機構所簽定的契約、遵守法律等。對於義務論而言，權利、規定、原則是神聖的、不可違背的。不能為了達到某種目的而不擇手段，尤其是當違反某一重要的規定、權利、原則或法律等。就義務論來說，即使行為結果會帶來很大好處，也是不可以這麼做。

　　義務論學者的觀點常見的一個問題是對所謂對（或錯）行為的解釋有相衝突的論點？例如：義務論主張人有生存的權利，因此，社會工作者若協助無生存意志的案主自殺將是不道德的；但卻有義務論者認為，只要是案主出於自願性的、被告知的，社會工作者應尊重案主自決定的權利，因此，社會工作者協助自殺是被允許的。

## Kant提出的道德三命題

➤ 命題一：有道德價值的行為必須是因義務而為的。

➤ 命題二：一個因義務而為之行為，其道德價值不在於由此行為達成的目的，而在於決定此行為的準則。

➤ 命題三：義務是尊敬法則的必然行為。

## 對義務論的批評

# CRITICAL THINKING

- 在義務論中，視助人專業為充分且必要的規範倫理學。因此，一個接受義務論的醫師會相信墮胎不論在什麼情況都是不道德的，即使墮胎可以挽救母親的生命。批評者認為義務論者涉及用以論說對錯的語言，例如：一個忠於義務論倫理學的醫師，在沒有其他醫學解決的情形下，仍不會進行墮胎以挽救母親的生命，這時候病人的自我決定權就完全沒有考慮進去。

- 對於Kant所提出信守承諾的理由，批評者認為並不總是合理且令人信服的，而且，我們不能忽視兩個相對立的責任引起的衝突。有時候，信守承諾反而阻礙助人工作者給予其病人或個案必要的協助。例如：一位醫師答應要告訴病人有關其健康的實情，但卻擔心說真話會造成病人自殺。

- 國家社會的法規並不總是清楚精確的，有時候，彼此會有衝突。有些法規本身就是不道德的，例如：在宗教、種族或政治上的歧視。

# Unit 2-16
## 德行倫理學

　　當代規範倫理學的重要理論幾乎可以歸類為目的論或義務論兩種，但是由於這兩類理論在道德問題上都產生一些困難，使得許多倫理學者從這兩種理論的處理方式，轉移到對德行（virtue）的關注，希望能從這個新的角度切入，解決當代倫理學理論所面臨的困境。

　　目的論或義務論，都是將義務或責任視為道德的核心概念，道德推理就是如何運用道德原則，至於德行則是由對或善的概念導出，德行在義務倫理學中的定義是：從事對的行為的氣質傾向，所以是由道德原則或對的概念所衍生。換句話說，目的論和義務論的差異只是在於道德義務是先於或後於善概念的論點不同，至於德行是次要的、必須預設對或善概念則是它們共同的主張。

　　德行倫理學這個傳統可以追溯到希臘哲學家Plato（柏拉圖）和Aristotle（亞里斯多德），這個理論在當代似乎已經成為另一個主要的倫理學派，我們可以將它和當代倫理學理論作一個簡單的對比。義務論和目的論主要是以行為的傾向為主題，所以強調行為者應該「做」（doing）的部分，行為者所問的問題是「我應該做什麼？」（what shall 1 do？），因此，不論目的論或義務論的主張，都認為倫理學的核心是道德規則和義務。而德行倫理學所重視的是：我們要成為什麼樣的人，行為者所問的問題是：「我應該是什麼樣的人？」（what shall 1 be？）所以強調的不是「做」什麼，而是「是」（being）什麼，根據德行倫理學，一個人是什麼樣的人會呈現在其行為之中（林火旺，2018）。

　　與目的論或義務論相較，德行倫理學強調道德應該重視人的性格特點、氣質，而非行為的規則，應該重視人的德行，而非應履行的義務，也就是說，以德行為本，對行為者的判斷為主，而對行為的評價層次之，因憑一個人是什麼樣的人，自然會顯在其動靜舉止之中，而不必由外在的規則要求他去「做什麼」（林火旺，2018）。

　　德行倫理學日漸受到重視，原因之一是出自於康德主義與效益主義無法清楚的說出一套正確行為的原則。如同Statinan曾說，對於日常複雜情況下所需的實用指引而言，「原則」太過抽象。因為這些情況通常會牽涉到互相衝突的考量，但「原則式的倫理」不是無法解答，就是大唱高調。同樣地，因為太過抽象籠統，而沒有實質的幫助。

　　德行倫理學是一種「在倫理中以品格作為判斷依據」的取向，正確的行為就是賢者在該情境下會做的事。德行倫理學關注行動者的行為是理性選擇，應該表現何種行為，以便為善。這是個人有內在善（internal goods），而非靠制度或只是盲目遵循法律的外在善（external goods）所致，而使他的行動得以實踐或擴展社會幸福生活目標。這是強調應該重視人的德行，而不是應該履行的義務。內在善並非自然賦予人類的，而是透過日常生活習慣培育，使人內化社會共同認可的價值，而知道應該如何行動。

## 德行倫理學基本概念

- 德行倫理學主張道德的功能在於培養人的德行，也就是有價值的品格特質。
- 德行倫理學不像行為倫理學理論（如康德倫理學、效益主義等）將焦點放在行為的對錯上面，德行倫理學更重視做行為的行為者。
- 德行倫理學關心的問題是「我應該是什麼樣的人？」，而非「我應該做什麼行為？」

## 德行倫理學之案例思考

### 某社會福利機構募款案例

**案例情況**
某社會福利機構進行協助弱勢老人經費募款。社工師A君發現同僚社工師B把募款所得私藏。機構已覺察到募款款項有短少後，機構督導約談社工師A想了解其對募款短少這件事的了解程度。

### 社工師A想到的三種解決方案

**1 方案A**
社工師A表示不知情，並表示清點募款款項的工作是社工師B負責，建議督導自己去問社工師B。

**2 方案B**
隱瞞社工師B私藏募款款項的事，並私下警告社工師B告知機構督導已察覺有異狀，要社工師B趕快想辦法因應。

**3 方案C**
據實以告，社工師A說出實情，後續由機構督導處理。

思考哪個行動方案最符合德行倫理學的要求？

# Unit 2-17
## 德行倫理學（續1）

圖解社會工作倫理

060

德行（virtue）：或稱爲德性、品德，指的就是有價值的品格特質。德行倫理學者認爲，道德的主要功能是培養人的德行。根據Beauchamp與Childress對於德行（a virtue）的定義爲：「德行是爲社會所接受的品格，而具有道德的德行（a moral virtue）則是道德所重視的品格。道德上我們關切人們的動機，尤其關切品格上的動機，也就是人們品格中所深藏的動機。例如：人們若以此方式表現出同理與個人情感，是可以被接受的；但是若是人們背後的動機是爲了個人野心，則可能是不被接受的。簡言之，人們可能傾向去做他人認爲是對的事情，也打算去做，也實際去做了；然而其心理卻是不想去做。若是人們以這樣的動機去行事，其並不是符合具有道德的德行，即使其所表現的外在行爲是道德的。」前述即爲德行倫理（virtue ethics），是一個人具有符合道德的價值觀與品格，例如：廉潔、誠實正直、慷慨、忠誠、誠心、仁慈、熱情與值得信賴，並能言行一致。倫理的判斷是源自於這些核心價值與品格，而不是倫理的規範與標準。

Beauchamp & Childress說明專業生活的德性之重要性，他們強調原則需要判斷，而判斷需要品格、道德鑑別力，及個人的責任與責信。在道德生活中最重要的往往不是力行原則規則，而是可靠的品格、良好的道德與感性回應。原則能提供討論與分析的實用框架，在實務中專業人士在做決定時會受到各種因素影響，包括：工作人員本身的情緒反應、人際關係的好壞與否、對當下情境的評估、身爲專業人士的義務、服務使用者的權利與其他許多影響面向。因此必須理解，倫理原則只是決策中的一個面向。德行倫理學旨在專業上培養良好的品格與判斷力，除道德教育，實務場域要有角色模範與學習的對象。

Hursthouse認爲在德行倫理學中，正確的行爲就是賢者在該情境下會做的行爲；而德行是指「一個人要過得豐盈美好所需的品格」至於何謂「過得好」或「豐盈」，便成爲決定什麼品格能被稱爲德性的重要關鍵。有些德行理論家主張，這會因時空文化的不同而改變。

德行倫理學強調，道德應該重視人的性格特點、氣質傾向，而不是行爲的規則；應該重視人的德行，而不是應履行的義務。以行爲爲主的倫理學強調行爲者的義務、責任，應該做什麼與不應該做什麼，焦點集中在行爲，而不重視行爲者要成爲什麼樣的人。德行倫理學強調行爲者「要成爲一個什麼樣的人，強調一個人應該具有的品格、氣質，重點在人，而不在行爲，所以需要理想的人格典範，而不是行爲規則，在乎的不是行爲是否合於規則。

## 對德行倫理學的批評

**01** 由於德行是一種既得的品質，是一種習慣和氣質傾向，但是我們怎麼知道哪一種習慣或氣質傾向才是正確的德行？因此，強調德行而完全拋棄道德規則是盲目的，因為我們似乎需要道德規則，以作為評價一個人是否有德的標準。

**02** 德行會隨歷史和時代而轉變，所以亞里斯多德認為的德行和基督徒的認定並不相同，農業社會認為節儉是一種美德，商業社會則鼓勵消費。果真如此，隨著時代的變遷，什麼樣的人格品質可以稱為德行？一個社會的德行是不是相對於其所屬的社會？這就是所謂德行相對論的問題。

**03** 德行倫理學認為道德的核心是問：「要成為什麼樣的人？」而不是重視行為、規則，所以以理想人格的作為範例是道德教育的重點。但是這種道德教育方式，應該如何在日常生活中實現？難道不需要透過道德規則？反對德行倫理學的人認為，「我們要成為什麼樣的人」是從「我們應該怎麼做」開始，而我們應該怎麼做，就必須涉及規則，所以德行的養成，是透過日常生活中從事「應該做」的行為而產生的。亦即，由於德行是一種習性，是經由後天的學習和陶冶所形成的，而這個陶冶的過程似乎必須透過對道德規則的遵守。

**04** 德行倫理學者強調德行養成的重要性，因為他們不只是希望一個人的行為合乎某些道德規定，而且希望行為者除了合乎規定之外，還能將從事道德的行為內化為一種傾向。反對者則認為，這樣的主張還是要透過道德規則，才能使人養成從事道德行為的習慣。事實上，「要成為一個什麼樣的人」的理想，一定要經由實踐道德規則之要求的過程，所以以道德規則為主的倫理學，仍然可以養成德行，因此德行倫理學是多餘的。

資料來源：林火旺（2018）。

# Unit 2-18
# 德行倫理學（續2）

圖解社會工作倫理

若要為社會工作制定一套品格為本倫理，我們就必須思考社會工作者的美德為何？某方面來說，它們應該要反映出社會大眾都認同的德行。我們必須反問自己：一位「好的社會工作者」代表何意？「好」可能是社會工作者的內在角色，並由同業人士團體加以定義。Bank與Gallagher提出的幾個社會工作德行，包括：專業智慧、勇氣、尊重、關懷、可靠、正義、專業誠信等，說明如下（周采薇譯，2014）：

## 一、專業智慧

是指專家對於本身工作之應有作為，經過深思熟慮而得出的精粹。一位具備專業智慧的人能夠去實踐、推理，包含能就倫理層面接受欣賞各種局面中亮點的才幹、倫理意象的鍛鍊，以及反思與深思的能力（得以判斷行動）。推理過程為了要做出適合的實踐選擇，進而構成良好的社會工作。

## 二、勇氣

據亞里斯多德所述，勇氣是「恐懼與自信的平均」。亦即，勇敢者在面對險峻情勢時，既不會毫無自信、畏畏縮縮，也不會過度自信地莽撞行事。我們必須了解該恐懼的事物為何，以及該恐懼到何種程度。勇氣是一種複雜的德行，往往又被細分為道德、生理及心理勇氣。在社會工作中，可能需要道德勇氣來面對險峻情勢，或向服務使用者及同事們說明不好的消息。

## 三、尊重

尊重他人或事物指的是承認該人或事物擁有的價值，予以保存與（或）不加以破壞，並配合其價值所在。尊重他人的社會工作者懂得與周遭的人培養關係，並了解他們的想法。

## 四、關懷

關懷與人際互動和加強他人存在感有關。在社會工作領域上，一位具備關懷之心的人，擁有關注他人並秉持著專業對其負責的動機，擁有照料他人的能力，細心回應受照顧之對象。

## 五、可靠

可靠指的是不讓他人失望。社會工作角色中的可靠，代表舉止能夠被信賴的人，他們知道且接受自己必須身負重任，並能以值得信賴與負責任的角色呈現合理的行為。

## 六、正義

正義和公平分配利益與負擔有關，並且必須憑藉良好判斷的能力來衡量人們該受到何種對待。社會工作中的正義人士，擁有公平對待他人的品格，會受義務所趨，去促進反映公平的社會安排。

## 七、專業誠信

在亞里斯多德倫理中，誠信本身並非德行，卻是聯繫所有德行的關鍵。在專業實務工作中，誠信指的是誠實面對專業價值，並平衡其他德行的整體能力或品格，也被視為一種讓人們全盤了解自己的理想與行為，並依此行事的道德能力。

## 倫理學家Beauchamp與Childress提出的專業德行

| 專業德行 | 說明 |
|---|---|
| 1.熱情 | 此特質結合了積極關心他人福祉的態度，以及理智與情感面的回應，此回應是一種深度的同理、溫柔與面對他人不幸或痛苦的不安感。熱情是以同理為前提，與仁慈類似，並在行為上表現出善行，嘗試減緩他人的不幸或痛苦。 |
| 2.洞察力 | 此德性帶有敏銳的洞悉能力、判斷能力以及理解能力，進而採取行動。洞察力涉及做判斷、決定的一種能力，其不會受到無關的考量、害怕擔心或人脈等因素的不當影響。 |
| 3.值得信賴 | 信任是對於他人的道德與能力的一種信心與依靠。信任需要一種信心，此種信心是認為他人的行為具有正確的動機，以及符合適當的道德規範。 |
| 4.誠實正直 | 誠實正直是指：個人的品格是健全的、可靠的、完全的與整合一致的。而狹義的解釋則為對道德規範的堅持。因此，誠實正直具有兩種面向，第一個面向為每個人的各層面：情感、渴望、知識等，是相互一致的，不會相互抵觸；第二個面向是對於道德標準的持守，必要時也會站出為自己的立場辯護。 |
| 5.謹慎盡責 | 一個人的行為是謹慎盡責的，也就是他會因為某件事情是對的，而去做對的事；同時會付出心力去決定什麼是對的、計畫去做對的事情，並付出合理的努力以完成該做的事情。 |
| 6.自主 | 自主的概念與社會工作中案主自決的價值觀有密切的關聯性，是一種自我的掌控，不受到他人的控制介入，也免於外界的限制。一個有自主權的個人（例如：一位身心障礙者希望知道自己如何獨立生活），可以依照自己選擇的計畫自由的行動。一個自主權受到限制的人（例如：家庭暴力受虐者），其某些層面的生活受到他人的掌控，或是無法依照自己的意志與計畫而行動。 |
| 7.不傷害 | 此原則堅持一種不帶給他人傷害的責任。例如：不殺人、不帶來痛苦、使人失去能力、不會引起冒犯、不會剝奪他人生活中既有好的部分。因此，社會工作者不應該傷害案主。 |
| 8.受惠 | 受惠意謂憐憫、仁慈與博愛的行為。例如：利他主義、關愛、人道主義。其是指使他人受惠的行為，社會工作者的行為也是根源於受惠的原則。 |
| 9.正義 | 根據正義的理念，是指人們有權利，因此其應該擁有什麼。不正義是指一種錯誤的行為或是一種不作為，因而否定人們應享有的權利，或是未能公平地分配責任。社會工作者尤其關心如何提升弱勢者（虛弱的老人、被疏忽的孩子）、被壓迫者（族群或社會歧視的受害者）、處於貧窮中的人們之正義。 |

資料來源：周采薇譯（2021）。

# Unit 2-19
# 原則為本倫理

　　專業倫理已出現許多對「原則主義」（principlism）的評論，特別是Beauchamp 與 Childress、道德上的康德論與效益論，及激進社會工作中的馬克思/新馬克思主義。這些評論來自不同角度，認為倫理（包括專業倫理）的原則為本取向對行為（相較於行為人本身）、倫理決策的理性公正、原則的普遍性，以及康德主義與效益主義中視人為理性自決主體的概念，施加了太多壓力。原則為本取句忽略了道德生活與道德判斷中的重要特質：如道德主體之品格、動機與情感，也忽略了判斷過程的來龍去脈，以及人們彼此間的互動與承諾。這種以個人為基本單位的假設，並無法反映世上許多文化的真實規範與實踐，那些文化的主體是家庭和社團（周采薇譯，2014）。

　　諸如德行倫理學、關懷倫理學、親近倫理學及後現代倫理學等，都是不同於原則為本取向的倫理觀點。德行倫理學是一種「在倫理中以品格作為判斷依據」的取向。Rhodes指出：「品格為本倫理學似乎是為專業量身打造，因為倫理議題總是圍繞在關係本質與關係中的責任上——與案主、同事、主管和機構本身的關係。一位『專業』的社會工作者該是個怎麼樣的人？什麼才稱得上是出類拔萃？」

　　Rhodes（1986）曾簡單觸及社會工作適用的德行，從社會工作者責任德行教科書中標出幾項德行，如憐憫、客觀關懷、親切與真誠。除此之外，她還提供一些可能適用的德行：特定的道德勇氣、樂觀及謙遜。

　　近年來，德行倫理學在哲學倫理捲土重來，德行倫理學會漸漸風行，原因之一是出於康德主義與效益主義無法清楚的說出一套行為的原則。誠如Statman指出，對日常複雜情況下所需的實用指引而言，原則太過抽象，某些倫理衝突的情境，原則式的倫理無法解答，因為太過抽象籠統，沒有實質幫助。德行倫理學是一種在倫理中以品格作為判斷依據的取向，正確的行為就是賢者在該情境下會做的事。通常被視為德行的品格，包括勇氣、正直、坦率、真誠、忠實、明智與仁慈。社會工作的美德反映出社會大眾都認同的德性。德性、文化及角色有關，是一種能讓我們達成內在實踐之良善的存在與鍛鍊（周采薇譯，2014）。

　　原則能提供討論與分析的實用框架，在實務中專業人士在做決定時會受到各種因素影響，包括工作人員本身的情緒反應、人際關係的好壞與否、對當下情境的評估、身為專業人士的義務、服務使用者的權利與其他許多影響面向。因此，倫理原則只是決策中的一個面向。德行倫理學旨在專業上培養良好的品格與判斷力，除道德教育，實務場域要有角色模範與學習的對象。

　　原則為本及德行為本的社會工作倫理都須有技巧、批判性與反思性的從業人員。以規則為取向的主流專業倫理，德行為本取向是另一種平衡觀點，讓專業人員不只是遵從規定的機器人，同時能尊重服務使用者的隱私，讓專業助人者由內而外都是值得信賴的人。

| 倫理取向：概略統整 | |
| --- | --- |
| 原則為本的倫理取向<br>（公正、超然的取向） | 品格與關係為本的倫理取向<br>（偏側、情境式的取向） |
| 通用之倫理 | 因內容、時間、地點而異的特定倫理 |
| 普遍化之倫理 | 特殊化之倫理 |
| 抽象之倫理 | 具體、脈絡之倫理 |
| 公正之倫理 | 偏側之倫理 |
| 以原則為本之倫理 | 以人的品格（德性）、關係或親近度為本之倫理 |
| 職責或正義相關之倫理 | 品格、關懷或回應相關之倫理 |
| 重點在行為？我該怎麼做？ | 重點在品格：我該怎麼生活？<br>重點在回應：我該如何回應？ |
| 包含原則決策、由普遍原則推演某情況下的作法 | 包含行善的人格或特性、做出好判斷的能力、關懷的態度、專注力或對特定人士的回應 |
| 倫理決策應透過一連串參考通用/普遍原則之推理來給予正當性 | 倫理與正當性無關，而是依據想良好生存之品格與行善的舉動而生；對他人真誠的關懷與誠實的回應 |
| 道德行動者是理性的 | 道德行動者兼具感性與理性 |
| 道德行動者是獨立個體；「不受妨礙的自我」 | 道德行動者是有過往、責任、特定承諾、屬於團體一員的人；「內嵌的自我」 |
| 將權利與善分開來，重點在權利 | 重點在善，而且/或者權利與善是不可分割的 |

資料來源：周采薇譯（2014）。

| 近代文獻之社會工作德行選集 | |
| --- | --- |
| 提出學者 | 德行選集 |
| Rhodes | 憐憫、客觀關懷、親切、真誠、道德勇氣/樂觀、謙遜 |
| Bowels等人 | 心胸開闊、實踐推理、道德勇氣、反思/批判性反思、同理心、正直/效忠社會工作價值、謹慎、寬容/尊重多元、優秀判斷/明智 |
| Akademikerförbundet SSR | 正直、批判性的自知之明、責任、勇氣/道德勇氣、正義感、均衡判斷、寬容/寬宏大量、同理心/敏感與基本尊重態度、待人友善與平等 |
| Banks & Gallagher | 專業智慧、勇氣、尊重、關懷、可靠、正義與專業誠信 |

資料來源：周采薇譯（2014）。

# Unit 2-20
## 絕對論、相對論的倫理觀

　　倫理絕對論（ethical absolutism）是一種用絕對主義觀點認識和解釋道德本質及其發展的倫理學理論，認為人們的善惡觀念和道德規範是永恆不變的超歷史的範疇，否認它們的歷史性、階級性和民族性，否認道德由低級向高級發展的進步性，主張建立一種適合於一切時代、一切民族的絕對的道德真理體系。

　　倫理相對論（ethical relativism）認為倫理的考量何者為正確，是相對於其所處的社會或其所堅持的信念。我們很難說哪一個社會的信仰或哪一個人的信念優於他人，亦即，沒有在相對論之外的道德真理存在。Rhodes（羅德絲）認為從社會工作發展史就可以看出相對論的意義。十九世紀末，社會工作者自認是社會傳道師，強加一些所謂中產階級的道德真理給「案主」，例如：勤勞工作、節儉、效忠等。但是，二十世紀的社會工作者卻一再強調尊重「案主」自主、自決。所以，絕對的倫理價值事實上並不存在（林萬億，2021）。

　　什麼是相對論的倫理觀呢？Rhodes（羅德絲）舉出下列五點加以說明（林萬億，2021）：

一、沒有絕對可放諸四海而皆準的倫理守則，例如：信守承諾是倫理。但是，對某些人來說在某種情況下，違背承諾可能才是正確的。因此，倫理考量基於：
　　1. 一般而言，信守承諾是對的。
　　2. 在特殊情境下，信守承諾可以被打破，例如：有更重要的倫理因素要被考量時。

二、當我們聲稱道德是相對的，意指我們無法用既有的知識來證明道德真理，我們無法絕對地肯定信守承諾或違背承諾是道德真理，雖然，我們能找到堅強的理由來相信它，但當前的知識是有限的。

三、所謂倫理的相對性是指相對於倫理的自我主義（ethical egoism）。通常相信有倫理真理存在時，是基於自我的利益考量。但是，對自我有利的事不見得一定真的有利，人們經常錯估真的利益所在；有時，把排除他人的利益當作是對自我有利，其實不然。所以，什麼是好事，不能只從自我要的就是好的來考慮。

四、所謂沒有道德真理是指一個行動被聲稱是正確的，只能說是在其文化觀點下的正確行動，或是主觀意見下的正確，絕非真理。也就是要相對性開放其他觀點可以進來。

五、告知後的相對論（informed relativism）。純粹的客觀在現實生活中幾不可能。我們不可能在觀察事物時不受到所觀察的事物環境的影響而改變，也就是觀察到的客體的真實，是被觀察者所調整。對社會工作者來說，互動的對象絕非無生命的客體，而是人，人對他人對他的回應一定會有所反應。因此，我們試著達到真實的境界，並非只靠什麼是真實，而也要問應該是什麼。

　　相對論者指出當我們要評斷他人的事物，先要了解他人的觀點，了解產生這些觀點的歷史與環境。要評斷一個不同於我們的觀點，也要用我們的想像力，進入他人的思考裡，才可能做出適當的評斷。當然，也要經常以他人的經驗來檢驗我們的位置，才有可能產生某種號稱是客觀的共通性（林萬億，2021）。

　　總括來說，倫理相對論認為沒有超越於人類個別社會與文化的那種客觀地正確的道德標準；沒有普世有效的道德原則；道德原則的有效性乃相對於社會與文化。

## 道德絕對論、道德相對論

### 道德絕對論
### （moral absolutism）

主張：
存在一組絕對正確、且不可違反的道德規範。所以也主張：有客觀的、普遍有效的道德規範。

### 道德客觀論
### （moral objectivism）

主張：
有客觀的、普遍有效的道德規範；這些道德規範的有效性是獨立於社會與文化的。

## 直覺論的倫理觀

- 直覺論者（intuitionist）認為所有倫理觀點都是直覺的，為了陳述目的，我們最後都憑藉什麼是正確或善意的道德直覺來判定。

- 直覺論者相信沒有所謂理性的系統來折衝對立的道德因素，也沒有所謂一般理論來決定每一種情境或案例的倫理選擇。我們必須考量各種因素，再憑直覺來判斷。如此，我們才可能以彈性來化解道德原則可能帶來的犧牲。

- 但直覺論很容易陷入自我偏見而不自覺。什麼是正確的？在現實社會中，很難判斷，人們常常是事後諸葛。每一個人的直覺能力不同，如果沒有倫理的判準，恐怕很難建立倫理的共識。直覺需要經歷很多情境才能累積，閱歷越深，直覺才能越準確，才能達到出神入化，以及原則、規矩都難以框架的境界。

資料來源：林萬億（2021）。

# Unit 2-21
# 正義論

　　John Rawls（羅爾斯）於1971年提出《正義論》，是當代自由主義（liberalism）最重要的正義理論，Rawls的理論對社會工作而言有極深遠的影響力。Rawls認爲正義即是公平（justice as fairness），且他認爲正義原則是社會的基石。Rawls在《正義論》第一章就開宗明義地指出，正義是社會制度的第一德行，正如眞理是思想體系的第一德行一般。

　　什麼是社會正義？Rawls假設在一個良序社會（well-ordered society）中，人們會認定一個相同的正義原則，也共同接受這個正義原則的規範，而社會的基本制度也是以這個原則作爲指導，因此在這樣的社會中，人們彼此是形成一個自足的體系。但是由於既存的社會很少是良序社會，所以人們之間對於何謂正義常有爭議，也就是說，每一個人都了解社會需要一套正義原則，作爲分配權利和義務的適當標準，但是對於哪一個原則才是適當的正義原則，則有不同的看法。

　　Rawls提出「無知之幕」（veil of ignorance）的假設，是指假設每個人在訂定社會契約時都不知道自己的種族、身分、天賦、社會地位，故在訂定契約時不會爲了要獨厚某群人，因爲自己可能就是被排擠的那群人，若能依此方法訂定出的社會契約就是在公平（fair）的狀況下產生的，此情境被他稱爲「原初立場」（the original position）。

　　「無知之幕」是Rawls之原初立場中最重要的特點。由於原初立場的概念是設立一個公平程序，目的是以純粹程序正義的概念作爲理論的基礎，使得在此公平程序中所同意的任何原則都是正義的，爲了實現原初立場的公平性，Rawls認爲立約者必須是在無知之幕之後，進行正義原則的選擇。無知之幕的用意是要取消某些特殊偶然性所可能造成的影響，因爲這些偶然性可以使人藉以剝削社會和圖利自己。亦即，假設每個人是處於無知之幕之後，就是要使他們無法知道不同的可能選擇對自己的影響，所以他們不得不在一般考量的基礎上評估不同的正義原則。因此，無知之幕的設計，保證沒有人在選擇正義原則時，而使自己處於特別有利或不利的選擇情境。無知之幕的目的就是使所有人都具有相同的處境，沒有人能針對自己的特殊條件，選擇對自己有利的正義原則，使得正義原則是在公平的原初處境中協議或談判的結果。

　　亦即，Rawls主張每個人是在一種平等的原初立場（original position of equality）去形成其道德原則：每個人並不知道其自身的特質與身分地位，而此自身的特質與身分地位會帶來所謂對自己的好處或壞處。在此「無知之幕」（veil of ignorance）的狀況下，個人發展出其道德觀念而不會產生圖利自己的狀況，對每個人都有利，Rawls稱之爲差異原則（difference principle）。基於優先順序的考量，此原則最終可以保障弱勢團體。

## 對社會正義（social justice）內容之歸納

**1** 社會正義乃是一切正義的總稱。

**2** 社會正義就是法律正義與分配正義的總和。

**3** 社會正義就是自然法律正義，亦即從自然規律衍生出的正義要求。

**4** 社會正義存在於社會人群之中，乃是為謀求社會公共福利的一種特殊正義。

**5** 社會正義是維護經濟秩序的德行，其指示社會和人民的活動，使所有人在社會上能獲得一種合乎人道或人性尊嚴的生活條件。

資料來源：巨克毅（1994）。

## 社會正義在政策目標中的五個價值

**1** 達到公平（fairness）及平等（quality）的結果與對待。

**2** 應認識到每個人的尊嚴、平等價值。

**3** 滿足人的基本需求。

**4** 極力減少不平等的財富、收入與機會。

**5** 需要每個人的參與，包括最弱勢的群體。

# Unit 2-22
# 正義論（續1）

Rawls將正義原則中的自由與平等思想重新定位，他把自由區劃出來，予以人優先保障，且在不影響基本自由保障的前提下，對於社會與經濟不平等的訴求賦予合乎正義的理論定位，即是Rawls所提出「差異原則」（the different principle）。

差異原則是意指不使那些已處於弱勢地位者更為弱勢的分配方法。此一原則認為，一個合乎公平正義的社會，其中條件之一是指該社會與經濟上的不平等，必須促使其「處境最不利的成員」獲得最大的利益，亦即保護最少利益是基於各重要事項的先後次序。Rawls 提出了兩項正義原則和適用考量優先順序的規則：

## 一、第一原則

每一個人都有平等的權利、享有一完備體系下的各項平等基本自由權，而且其所享有的自由與其他每個人所擁有同體系下的各項自由權相容（即平等自由權）。每個人都有平等的權利、享有一完備系統下的各項平等基本自由權。此原則賦予全民人人平等的基本自由，因為我們都不知道自己身分，而有希望自身擁有與他人相等之自由，故會訂定出保障人人平等的法律，以保障個人之自由。

## 二、第二原則

社會及經濟的不平等必須滿足下列兩項條件：

㈠ 各項職位及地位必須在公平的機會平等下，對所有人開放（簡稱公平機會平等原則）。

㈡ 使社會中處境最不利的成員獲得最大的利益（簡稱差異原則）。現實生活中每個人的家庭環境、文化背景、天賦等都存在差異，而那些天生較劣勢的族群會比其他較好的來的要難獲得向上爬升的機會。故Rawls主張「差異原則」，是讓那些本來資源較少的獲得補償，這補償是從資源較多的人身上取得，然而這並不是種侵害自由的行為而是公平性的補償，因為這樣不平等的補償方式才能讓劣勢者得到最大利益，使社會上所有人過得更好，這才是正義的社會型態

在適用的先後順序上，第一原則優於第二原則，也就是不能以社會和經濟的不平等，而損害各項平等的基本自由權。第二原則中的第1項也優先於第2項，也就是不能為了使處境最不利的成員獲致最大的利益，而限制或阻礙了某人或團體，公平參與職位或地位的競爭。

綜合言之。社會正義的第一個原則，就是每個人所擁有的自由與平等，不因個人之先天或後天的差異而有所不同。因此，人人平等是社會正義的基本原則。Rawls進一步指出社會正義的第二個原則是差異原則，社會和經濟不平等的存在，為社會經濟劣勢者帶來最大的不利益，同時社會和經濟的不平等，個人在機會均等的條件下均有陷入不平等的機會，差異原則是社會對不幸者提供更多的照顧與利益。例如：社會福利的提供，基本上即是對於社會上需要幫助，給予其所需要的生活照顧，甚至是「積極的差別待遇」（positive discrimination）。

## 對**Rawls**的正義論的批評

### John Bordley Rawls

- Rawls（1921-2002），美國著名哲學家、倫理學家。

- Rawls最為人熟知的著作是1971年出版的《正義論》（A Theory of Justice）。在該書裡，他批判效益主義（utilitarianism），並建構「作為公平的正義」（justice as fairness）理論。

- Rawls主張社會制度的首要價值是正義。Rawls把「正義」之於社會制度的重要性，類比為「真理」對思想體系的重要性：一個理論無論多麼精緻、簡潔，只要它不是真的，就必須被拒絕或做修正。同樣地，如果社會制度不正義，那麼無論它多麼有效率，仍必須廢除或改良。

## 對**Rawls**的正義論的批評

# 01

社會要保障最少利益者，有讓這些人想不勞而獲的嫌疑。

# 02

獲得較多利益者必須與他人分享的主張，是否會造成其因為不願意與他人分享貢獻，而減少整個社會的生產力。

# 03

以「自由」為社會正義的前提，是否會成為不事生產者要求社會制度分配利益的藉口。

# Unit 2-23
# 正義論（續2）

圖解社會工作倫理

072

　　正義的類型，經綜整學者的分類，茲將正義的類型及其核心價值與內涵，說明如下：

## 一、形式正義（formal justice）

　　形式正義是法律與社會制度的規範原則，而這種正義之所以被稱爲形式上的，是因爲它只要求法律或規範制度無私、一致性的被執行，且不受執行者個人的好惡所影響，但不能保持必然產生正義的結果（吳老德，2001）。亦即，形式正義不涉及其所堅持的原則、所服從體系的內容實質上是不是正義的，它只關係到原則和體系的實施或運作模式是否爲公正的，以及能否公平地應用現有的、已制定的政策性法律來從事判決，大家都得遵守現有的法令，而不去論及此一法條是否適合現在的社會環境脈絡（詹火生等，2010）。

## 二、程序正義（procedural justice）

　　程序正義是指在一定的規則或機制下，群體中的成員共同討論資源分配或承擔責任之程序，讓在人們相互衝突的要求中找到一個秩序，規定按照先後、輕重、緩急順序排列的權益、序列，以滿足不同社會成員的需要（吳老德，2001）。

## 三、實質正義（substantive justice）

　　實質正義要求公平（fairness）的將社會中利益或責任進行分配，並透過社會各種制度達成，同時若已制定的法律有問題，則應該先將法條上的問題改正，不能以不正義的法條加諸在社會大眾身上，以免造成不當的權利侵犯（詹火生等，2010）。同時也要針對特殊情況予以合理的權衡考量，其中公平是實質正義應有之義，它所要求的不僅是不偏袒地執行既定的分配制度，而且也是不偏袒地分配社會權益（趙敦華，1998）。

## 四、分配正義

　　分配正義是群體中的成員認爲應當用何種方式來分配資源，亦即權力、權利、義務、資源、責任和負擔如何適切地分配給整體社會或其中群體成員的問題（曾華源等，2021）。從前述對分配正義的描述中，可以知道其中會涉及利益分配等較敏感部分，故在面對利益分配時必須遵守一套相關成員認可的法律或原則，並依據法律所規定進行分配，才能夠保障分配正義的實行。

## 社會工作應該實踐的正義內涵

**01** 促進社會福利和社會正義之實踐。

**02** 促進公眾參與及民主進程。

**03** 以合適的社會服務去面對緊急的公眾議題。

**04** 確保所有需要幫助的人能夠有管道獲得資源和機會。

**05** 確保社會大眾皆享有選擇的權力和機會，特別是那些弱勢或權力被剝奪的人。

**06** 防止和消除一切形式的剝削和歧視。

資料來源：Dubois, B. & Miley, K.（2008）。

## 實行程序正義的四點原則

**平等對待**
要求每位有資格獲益的人受到正式的平等對待。

**01**

**資訊準確**
要準確地呈現及運用所有跟分配有關的資訊。

**02**

**03**

**過程公開**
必須是公開的，而當中所使用的原則及標準，以至其背後的理念及相關資訊，都應該公開宣示讓所有相關人士知悉及了解。

**04**

**慎保尊嚴**
不會讓民眾受到侮辱或要求其進行沒有尊嚴的行為。

# Unit 2-24
## 關懷倫理學

在倫理學中，義務論指出一個人不管是否願意，都該完成他該做的事情，因為是一種責任；目的論者則取決於當下做了正確、好的決定、選擇；德行論者則不是靠義務之催促或現實之需要來做事，而是根本上他就是會自然而然的做他所做的事，看到病人受苦，惻隱之心就會油然而生自動自發去關愛協助。

關懷倫理學是由經驗主義派心理學家Gilligan在1982年發表了《不同的聲音：心理學理論與女性發展》（In a Different Voice：Psychological Theory and Women's Development）提出。Gilligan不認同Kohlberg 提出的道德發展階段論（stages of moral development）認為女性的道德發展落後於男性之論點。Gilligan提出以性別角度看待道德，強調人際關係、雙方福祉的重要性，發展出關懷倫理學。

Gilligan認為Kohlberg的道德發展理論，只以正義做為人類道德發展的標準，而貶低關懷的道德意識，是男性研究者的偏見，即正義的倫理是以男性的生命處境與經驗，判定女性的道德不夠成熟。Gilligan更進一步指出，男性的特質是訴諸以理性所掌握的普遍性抽象原則，能獨立公正無私的遵守原則，女性的特質則是重視具體情境下的個別性情感，強調在依賴與關係脈絡中的道德關懷。Gilligan指出，一直以來社會上的分工多是男主外、女主內，這種社會安排與秩序影響男、女孩成長經驗，尤其在道德發展上，她認為女性是傾向關懷倫理為構思道德問題及採取相應行動的架構，相反地男性則傾向「正義倫理」。

Gilligan根據自己的訪談經驗，認為人們在描述道德兩難時，有兩種「道德意見」（moral voices）。Gilligan將與「正義倫理學」（ethic of justice）相對的概念，稱為「關懷倫理」（ethic of care）。正義倫理學指的是倫理的原則為本取向，例如：康德論與效益主義道德，它們以個人權利與職責為架構系統，強調抽象的道德原則、公正性及理性。Gilligan認為那是一個以男性取向的道德系統，並未將女性常有的倫理觀考慮進去，女性取向重視的是責任（responsibility），而非職責（duty），是關係而非原則，即是所謂的「關懷倫理」。

Gilligan認為女性在思考道德抉擇時，是以不傷害他人的關懷為最高優位，在程序上、著重的是從情境中做通盤的考量，而權衡出一種於己無損，於人無虧的責任，可稱為之「關懷─責任導向的倫理學」。Gilligan發現女性道德的發展是從利己、利他而兼顧人我的三階段，重視「人─我」關係中的關懷關係、責任與承諾。顯示女性是以人際關係取向來做道德研判，不同於為Kohlberg只關注正義與權利。

Gilligan強調女性的「關懷倫理」不同於男性「正義倫理」講求抽象，旁觀者的中立態度和重視原則，而強調道德情境的個別性，認為道德普遍原則往往無法真正解決道德兩難困境，應該切實的深入道德困境所在的具體情境中，設身處地的去窮盡所有可能涉及人物之複雜互動與利益衝突，衡量當事人之最佳解決方式（吳秀瑾，2006）。

## 關懷倫理

關懷倫理

「關懷倫理」是強調人與人間的關係，視自己與他人相連在一些特殊情境中，在這些特殊情境中，「關懷者」尋求了解並回應他人的需要，因此道德困境與「關係」及「合作」有關，重視關係的維持及恢復，為了預防自己或他人身心受傷害，傾向以「支持」行動解決問題。

## Gilligan的關懷倫理發展三階段

**第1階段** **1** 以自己為出發點，指以個人生存為主發展至發自內心關心他人。

**第2階段** **2** 以自我犧牲的方式去保護他人。

**第3階段** **3** 形成重要概念，以不傷害的原則的人我兼顧，善待自己有利他人，阻止負面事件發生。

# Unit 2-25
## 關懷倫理學（續）

圖解社會工作倫理

076

Tronto提出一系列關於關懷倫理學之建構，關懷即為一種社會實踐的方式，關懷的範圍擴展至個人、家庭、社會、環境脈絡之中，視為一種行動與歷程。Tronto在其所著《Moral Boundaries: A Political Argument for an Ethic of Care》一書中，以民主政治角度看待權利如何在照顧關懷的道德議題運作，拓展女性角度出發的關懷倫理學，改變女性與私領域的關係。以關懷作為道德出發點，不僅僅是一項美德。

Tronto認為要重構社會政治觀點的關懷倫理學，必須對「關懷」是什麼，有一基本的認識。Tronto提出關懷的定義為「在最一般的層次，我們建議視關懷是種活動，其包含我們所做的每件事，以保持、繼續和補充我們的世界，如此我們可以盡量過好日子，這世界包括我們的身體、自我和環境、我們在一個複雜的維生網絡中尋求去交織這全部。」此定義的特徵包括：

一、關懷活動的範圍很廣，不止於人際。
二、關懷是文化的、生活的網絡交織下的產物，不只是自然的關懷之情概括的。
三、關懷有行動、有過程，不止於人格情操的表現而已。

Tronto依據關懷的定義，再將關懷分為四個步驟（面向），其完整圖像包括如下（方志華，2001）：

一、關心（care about）注意到有人有需要應被滿足。
二、照料（take care of）滿足需求的責任，並決定如何回應之。
三、關懷（care-giving）直接去滿足需求，包括要身體力行，大部分需施者和受者的接觸。

四、受關懷（care-receiving）將受關懷對整個關懷活動的回應，視為關懷過程的一部分，才知道需求是否被滿足了。

Tronto對關懷倫理的看法，她表明不接受關懷與正義間「非黑即白」。Tronto的提出關懷倫理的五要素說明如下（周采薇，2014）：

一、專注：第一時間注意到關懷的需求——主動尋求他人的意識、需求及看法（與關切相關）。
二、責任：承擔關懷的責任——並負起既有文化實踐的責任，而非一套制式化的規則或諾言的責任點（與照顧相關）。
三、能力：實際滿足需求的關懷作為——個人回饋他人需求之能力（與給予關懷相關）。
四、反應：被關懷者的回應——時時注意被關懷者因其脆弱而受傷的可能性（與接受關懷相關）。
五、關懷之誠信：根據Tronto所述，良好關懷需要這四個階段合為一體，這需要對關懷過程的了解，及對相互衝突之需求與策略的判斷知識。這些判斷必須經由對其社會、政治及個人需求的評估來完成。

在專業倫理領域中，考慮到每一個特殊情境、人際關係、合作、溝通與關懷的關懷倫理，可以說是與傳達普遍原則、個人自由、社會契約及職責的正義倫理學相互補足。若在專業倫理上太過強調正義倫理，因為正義過於「冰冷」，會導致過度規則化、一種有害的公正與中立、只是不經大腦的照本宣科。因此。具有「溫暖」的關懷倫理，正可補其不足。關懷與正義倫理學並非互斥，而是任何真實道德思考的一體兩面。

## 正義倫理

「正義倫理」強調個人道德選擇的結果，道德困境來自人與人間權利、義務的衝突，或眾多價值選擇的衝突，解決之道在於採用「正義原則」或「公正法規」來仲裁。

正義倫理

077

### 正義倫理與關懷倫理之比較表

| 比較項目 | 正義倫理 | 關懷倫理 |
|---|---|---|
| 比較項目 | 正義 | 關懷 |
| 主要價值 | 正義——加強個人分離感 | 關懷——代表聯繫 |
| 功能 | 原則 | 關係 |
| 焦點在 | 社會接觸、價值排序、職責、個人自由 | 合作、溝通、關心、人際關係 |
| 問題衍現 | 人際間及制度上出現的不平等及不公義 | 人際間的冷漠及缺乏回應、制度上的措施把有需要的人拒諸門外 |
| 介入目標 | 爭取公義、減低欺壓、達致平等 | 給予關懷、減輕個人所受的痛苦或傷害 |
| 介入層面 | 人際間、制度及社會結構 | 人際間、制度及社會結構 |

資料來源：周采薇譯（2014）。

## 關懷倫理與正義倫理之應用

● 關懷倫理：社會工作者運用「關懷倫理」可以使社會工作者更有理論地、道德地介入，以減輕當事人因不公平待遇及需要得不到滿足而產生的痛苦。

● 正義倫理：正義倫理可支援社會工作去介入不公平及不公義的事情或社會制度。

第 **3** 章

# 社會工作專業倫理

● ● ● ● ● ● ● ● ● ● ● ● ● ● ● ● ● ● 章節體系架構 ▼

# Unit 3-1
# 社會工作專業

依據國際社會工作者聯盟（International Federation of Social Workers, IFSW）的定義，社會工作專業運用人類行為與社會體系的知識，以人權與社會正義為基礎原則，介入人與其環境的互動，目的在於促進社會變遷、解決人際關係問題，以及充權和解放人民，增進其福祉。美國社會工作教育學會（CSWE）將社會工作定義為：是運用人與環境之互動關係為主的活動（activity），用以增強個人與團體成員的社會功能。這些活動具有三項功能：重建（resroration）受創的功能、提供個人與社會資源（resources）、預防（prevention）社會功能的失調。

從「傳統」的角度來看，專業是一種其成員皆承諾要服務委託人的職業。專業人士擁有特殊技能，可以用來造福委託人或公眾利益，也擁有良好的自治能力來做出專業判斷並依此行事。在進入專業領域的過程中，他們立志成為值得託付的人，並將其委託人與公眾的利益置於自身之上。專業人士的「立志」（承諾）可能有些含蓄，不過通常它都以倫理守則的形式現身。

「專業」是指一門具有專門知識和技術的職業，這種職業有別於一般體力或手藝活動。專業是具有獨占性的，且只要具有獨占性的行業或地位都容易濫權，故社會工作專業應有一套需要全體社會工作者遵守的守則，來避免社會工作可能產生之濫權。

1960至1970年代，對於社會工作是否為專業有許多的爭論。當時，專業主義的「特質論」（trait theory）盛行，為其保持在專業的行列之內，專業的行業必須擁有某種品格特質。就專業而言，當時以Greenwood 依據特質論所擬定的專業理想屬性所具備的五項特質是最常被眾人引用的。

此外，「過程論」主要以威林斯基的看法為代表，專業的發展是一種過程，每個專業有其共通的發展階段，包括：1.開始有全職的工作需要；2.訓練的要求顯現；3.專業結社出現；4.立法保護以對抗相鄰的專業，5. 倫理守則的制定。而「權力論」則認為專業並非是一種理性的界定過程，而是一種職業成就的評價結果，某些職業的可替代性越低，則其擁有專業的界定越明顯。

卡爾桑德斯（Carr-Saunders）認為專業應該分為四類，說明如下：

一、**已建置的專業**：醫學、法律與教堂屬於這一級，這種專業具有理論性的研究，以及成員共享某種行為模式。

二、**新專業**：立基於自己擁有的基礎而形成的專業，如：工程、化學、會計與自然和社會科學。

三、**半專業**：較不重視理論的研究，而偏向技術的追求、技術性的實施與知識為主的半專業，包括：護理、藥學、驗光與社會工作。

四、**自許為專業**：這些行業不重視理論研究，也不要求精確的技術，如：醫務管理、銷售管理、工作管理等與現代企業有關的業務。

## Greenwood 提出之社會工作專業的基本特質

| 特質 | 說明 |
|---|---|
| 1. 一套理論體系 | 即一套有系統的理論體系或專業知識與技術。 |
| 2. 專業的權威 | 即專業人員對案主有一種判斷的專利權，案主可由這種專業的權威獲得安全感。 |
| 3. 共同信守的倫理守則 | 即一套共同信守的專業工作守則或信條，如客觀、保密、自我控制等。 |
| 4. 社會或社區的認可 | 即社會人士或社區居民，承認該專業在特定範圍內的一些權力與特權，如案主對專業人員因信任而吐露心中的秘密，及尊重專業人員訓練機構的控制等。 |
| 5. 專業的文化 | 指正式或非正式的專業機構團體所要求的社會角色之間相互影響產生的獨特社會型態，包括：專業價值觀、象徵符號及行為規範。 |

## 社會工作專業之發展趨勢

1. 從非專業發展到專業。
2. 從無理論發展到有理論。
3. 由消極的救濟工作發展到積極的福利措施。
4. 由地方性工作發展到全國性措施。
5. 由事後的補救、治療發展到事先的預防。
6. 由少數人參與工作發展到大眾的參與。
7. 由對少數人的救濟工作發展到全體大眾的福利。
8. 以傳統個案工作為主的發展到整體性、綜合性的福利行政、立法與制度。
9. 從描述性的訪問調查發展到數量化實證的研究分析。
10. 從不算成本的工作發展到講究方案的評估與成本效益分析。

# Unit 3-2
# 專業倫理

　　倫理與價值兩個概念經常被視為同一名詞，事實上，倫理與價值的概念並不全然相同。「價值」（value）是一般社會大眾渴望做某種特定事物的意念，或是社會大眾比較喜歡做那些特定事物的理由。所以價值可能是一種抽象的概念，也可能是一種行為的法則，最終的目的都是在促使某一特定團體的成員都能在一定的社會化過程，感受到強烈的情感束縛，並對成員行為形成約束力。

　　倫理也是一種價值觀，這種價值觀具有一定的是非判定能力，並透過具體的行為表現出來。亦即，倫理的具體內容是一種社會價值的觀念，因為價值觀念是人類行為之指引，也是促使社會團體成員感到一種強烈之情緒與採取必要之行動去追求具體目標之標準。倫理是人類道德的原理，是一種規範人類的思考、言行與社會關係的道德理想標準，其目的是在使人類社會都能夠達到真、善、美的境界（李宗派，1999）。

　　Milerson指出，伴隨「專業行為」而產生的一環，「專業倫理」所關心的則是專業者與他人關係間的道德指引方針，它們是用來區別行動對與錯的標竿。「專業倫理」（professional ethics）是指將一般性的倫理原則應用至某一特殊專業領域，藉以協助其從業人員釐清並解決工作中所面臨的許多具體道德問題。也就是指專業團體或專業實務者之社會價值觀念與行為準則，專業倫理是專業實務者之集體次文化（collective subculture）。專業倫理可能是一種正式的守則，也可能是一種非正式的理解。

　　Banks認為作為一門專業與他人互動關係之間的行為指引及規範，將可能是一個正式的守則，抑或是成員非正式的了解。

　　「專業倫理」（professional ethics）一詞，是相對與一般倫理而言，是約束專業人士的合理道德價值及實際指導專業團體道德價值，這些價值是可能以專業團體自行訂定的倫理守則形式出現，或是專業人員實際奉行的信念或行為表現。專業倫理是一個專業團體對其案主的專業關係與服務關係並以責任為中心，故此專業團體須產生集體守則或公約作為其責任稱之「倫理守則」。倫理守則是一種對專業行為的道德標準，將專業哲學及價值取向內化於專業人員的行為上，是專業行為的規範，也是必須共同信守的，因此我們可以知道一套專業守則對一個專業的重要性。社會工作不外乎是為一項專業，其工作內容也必須遵守專業守則之規範且社會工作的服務方式往往也會受到社會工作專業價值與倫理的影響。Reamer指出，專業倫理守則係針對特定的專業所提出的價值標準與行為規範，這些標準與規範通常具有抽象、針對一般情況、甚至互相矛盾的特質。在有別於一般人際關係之特殊的專業助人關係上，專業倫理是助人專業與社會大眾互動的行為規範，也是維持專業生存的重要基礎。簡而言之，專業倫理即是助人專業者與當事人、與其他助人專業者，以及與社會大眾之間互動關係的規範。

## 倫理具有之特性

6.
倫理在理論上可分為絕
對之倫理與相對之倫理
（relative ethics）。

1.
倫理標準與道德行為含有
一種內在義務之觀念。

2.
倫理標準與道德行為含
有向善之意義。

5.
倫理標準與道德行為
包括社會價值與個人義務
之判斷，前者分別善惡之
標準，後者分別正確與
錯誤之行為原則。

3.
倫理標準與道德行為，
是由社會文化所決定。

4.
倫理標準與道德行為
是社會互動之常道。

資料來源：李宗派（1999）。

## 專業倫理具備之功能

**01** 提供實務工作者在工作中面臨兩難情境時的倫理指導。

**02** 提供案主及潛在案主如何去評估專業人員是否正直和具有能力。

**03** 有系統地管理專業人員的行為，和調整他們與案主、同事、其他專業人員、雇主以及有關團體間的關係。

**04** 提供專業活動的評估之基礎。

資料來源：鐘育譯、F. M. Loewenberg and R. Dolgoff著（1992）。

# Unit 3-3
## 社會工作價值與倫理的演進

社會工作是一門規範性專業，社會工作的發展根基是立基於正義、公平等概念，基本使命是追求社會正義、採取集體主義思想，主張社會中的個人對他人負有責任。在社會工作發展的過程中，社會工作的價值與倫理的演變，包括以下幾個關鍵階段，茲分2個單元說明如下（包承恩、王永慈譯，2009）。

### 一、第一階段：道德時期（the morality period）

第一階段開始於十九世紀末期，即為社會工作專業開始發展的時期。在此階段，主要關切的是案主的思想行為是否合乎道德標準，而實務工作者的道德或倫理反倒是其次。此時專業的主要任務是濟貧以及處理導致貧窮的原因。此階段的觀念偏向父權式的思考，認為要加強窮人的道德觀念，才能改變他們潦倒無助的生活。

到了二十世紀初期，隨著睦鄰組織運動的興起與進步時代（progressive era）的來臨，社會工作價值與倫理思想的發展進入另一個階段。此階段的主張並不是關注窮人道德觀正確與否，而是轉而關注社會改革的議題，以便面對社會上一連串的社會問題，例如：住宅、健康、衛生、就業、貧窮與教育等。尤其在大蕭條時期，社會工作者重視結構性的問題，倡導社會的改革。在美國新政（the New Deal）時期也就是（1933至1941年間），社會工作者促成或是影響了當時許多社會政策與方案的推動。

### 二、第二階段：價值時期（the values period）

在第一階段道德時期後的數十年，社會工作專業努力朝向發展專業技巧、訓練方案以及各種的學派，對於案主道德觀的關注也漸式微。在此階段的發展，專業反而較重視專業本身的發展，探究到底社會工作該強調心理社會學派與精神醫學派的個案工作、心理治療、社會福利政策與行政、社區組織的改革。

此一階段，在美國的社會工作專業，已開始對於專業的核心價值有所共識，出現對於專業的核心價值與使命的重要討論。

除了擴展核心價值，此階段的一些文獻也討論到社會工作者嘗試檢視與釐清自身價值與專業實務的關係。在這個所謂價值澄清運動（values clarification movement）的脈絡下，許多社會工作者對於自身價值觀與專業實務之間的關係，發展出一種敏銳的覺察力，尤其對於許多具爭議性的、多元看法的議題，例如：貧窮、墮胎、同性戀、藥酒癮、族群關係等。

在此階段，社會工作專業開始根據核心價值，發展正式的倫理準則以提升實務工作者的專業素質。經過長期的爭辯與討論，美國終於在1947年由美國社會工作人員協會採行一套倫理守則。

1940年代的末期與1950年代的初期，此時期可說是社會工作發展階段上的分水嶺，因為此時專業倫理已成為研究的重要主題，而且相關知識也已累積發展。到了1960年代，社會工作者的關注焦點轉向社會正義、權利與改革。當時的社會與政治環境都促成了社會工作重視社會平等、福利權利、人權、歧視與壓迫等問題。在此階段中，1960年美國社會工作人員協會（NASW）採行了第一套倫理守則。此外，1976年由Levy所著《社會工作倫理》一書的出版，可說是社會工作價值與倫理探討最具體的表現。

## 睦鄰組織運動

| 項目 | 說明 |
|------|------|
| 起源 | • 睦鄰組織運動或稱社會公社運動（the social settlement movement），即社區改良運動。此一運動始於 1884 年英國牧師巴涅特（Barnett），為紀念亡友湯恩比與貧民共同生活的偉大精神，在倫敦東區所創設之湯恩比館（Toynbee Hall）。<br>• 美國第一個社區睦鄰中心是1886年由柯義爾（Coit）在紐約創立睦鄰公社。美國珍・亞當（John Addams）女士在倫敦參觀湯恩比館後，深受感動，1889年在芝加哥創立赫爾館（Hull House），赫爾館不但對芝加哥市民生活的改良有很大的貢獻，對美國社會工作的發展，也影響很大。 |
| 特點 | • 設於貧民窟，備有宿舍。所有工作人員與貧民共同生活，其口號為「工作者與工作對象相親相愛」。<br>• 沒有既定的工作計畫，視居民實際需要而工作。<br>• 盡量發動當地人力，培養自動自發、互助合作之精神，為地方服務。<br>• 使各地的社區睦鄰中心成為當地的服務中心之外，並盡量設法將本國及外國文化向當地居民介紹，使之亦成為當地文化中心。 |
| 影響 | • 說明社會工作之目的在追求個人與社會生活之改善，工作方式應自個人與社會雙方面同時入手。<br>• 社會工作應隨時依據社區實際需要計畫工作，並發動、組織或配合社會力量共同工作。<br>• 社會工作應以整個社區工作為對象，並應以促進全面的社區福利為目的。<br>• 工作進行的方法，不僅可運用社會個案的方法，並發展社會團體工作與社區組織兩種工作方法。總之，睦鄰組織運動為社會工作介紹了新的服務工作方法，亦為社會工作的專業化帶進一個新紀元。 |

085

## 慈善組織會社與睦鄰運動之比較

| 項目 | 慈善組織會社（COS） | 睦鄰運動（SHM） |
|------|------|------|
| 背景因素 | 貧窮是個人（道德）責任，而提供慈善救濟機構之間的資源發生重疊、浪費，必須整合資源。 | 貧窮不只個人因素（內在），也是社會因素（外在），需要個別救濟，亦需要社會改革。 |
| 起始時間 | 1869年 | 1884年 |
| 發起者 | 索里（Solly） | 巴涅特（Barnett） |
| 主要對象 | 一般貧窮者 | 失業或患病的移工 |
| 工作人員 | 友善訪問員 | 熱心人士 |
| 工作方式 | 調查個人需求、提供慈善救助 | 在社區裡進駐、研究、改革 |
| 工作取向 | 慈善者由上而下 | 草根者由下而上 |
| 現代社工意義 | 有個案工作影子 | 是社區工作的前身 |

資料來源：林勝義（2013）。

# Unit 3-4
## 社會工作價值與倫理的演進（續）

茲接續前一單元，說明社會工作的價值與倫理的演變的第三至第四階段如下：

### 三、第三階段：倫理理論與抉擇時期（the ethical theory and decision making period）

在1970年代末期之前，社會工作專業最主要關切的是社會工作的核心價值與價值基礎。而在1970年代末期，專業對於價值與倫理的關注又開始有所轉變，應用性的專業倫理開始興起。除此之外，尤其自1960年代開始，病人權利、福利權、女權與犯人權利等觀念的引進，也促使再業人員去注意倫理方面的問題。許多專業人員已更加認知到權利的觀念，同時許多專業訓練課程也會討論專業人員對於案主與病人的專業倫理問題。最後，隨著許多訴訟和不當治療的案件日漸增加，再加上不遵守專業倫理的專業人員曝光後，都迫使專業更加注意過去所流傳下來的倫理傳統與倫理的課程訓練。在這趨勢之下，社會工作專業開始提升倫理方面的教育。

應用倫理與專業倫理的出現，對於社會工作倫理的發展產生明顯地影響。社會工作學界開始對於引用道德哲學的概念與理論，以及應用與專業倫理的知識來探討社會工作的倫理議題與兩難。與專業的早期文獻不同，1980年代有關社會工作倫理的文獻，加入了與社會工作倫理兩難相關的道德哲學與倫理理論。因此，可以看出此階段可視為一個分水嶺，明顯地改變了社會工作者對於倫理議題的理解。

### 四、第四階段：倫理標準與風險管理時期（the ethical standards and risk management period）

此階段的特徵是倫理標準顯著地增加，以指引實務工作者的行為，也開始增加對於專業疏忽責任的認知。更特定而言，此時期包括了完整專業倫理守則的發展、有關治療過失與責任的重要文獻的出現、風險管理策略的發展以保護案主，以及預防倫理相關的申訴或法律訴訟。

基於對於社會工作者的訴訟案件增加，其中主要的部分是有關倫理的違反，許多社會工作教育方案、社會服務機構、發照單位、專業協會也開始提供有倫理風險管理的教育與訓練課程，尤其是有關保密、溝通特權的資訊（privileged information）、知情同意（informed consent）、利益衝突、雙重關係與專業界限、結案與紀錄等。這些教育與訓練課程主要是關注一般的倫理錯誤、處理複雜倫理議題與兩難的步驟、對案主不當行為的類型、主要的倫理標準等。

## 人權的特質

**01** 人權是與生俱來，不是世襲，也不是贏得或交換、賺取而來。
是一種人之所擁有的基本權利，不應剝奪。

**02** 人權不因為種族、性別、宗教、政治立場或國籍之不同而有差
異，人權是一種普世價值。

**03** 人權不允許任何人剝奪，沒有任何外在力量（軍隊、政府或國
家）可以奪走人最基本的尊嚴與權利。

**04** 身心自由免於恐懼，和滿足生活所需，是人權中的普世價值。

## 人權的類型

**01**

**公民權和政治權
（第一權）**

立基於自由、不被奴
隸、不被折磨，可以
自由表達意見、思想
和意識型態，不會遭
到迫害。

**02**

**經濟和社會權
（第二權）**

立基於安全，有工作
機會、教育、足夠的
食物、乾淨的飲水、
住宅和醫療照顧。

**03**

**環境、文化和發展權
（第三權）**

生活在一個文化、政
治和經濟發展生態平
衡，不會被大自然摧
毀，或人為破壞的環
境裡。

## Unit 3-5
# 社會工作專業倫理

倫理與價值之間又脫離不了關係，倫理原則的背後必然擁有一套價值體系，而倫理又是價值的基石。若無價值做為後盾，則「專業倫理」的意義不會清晰，若無倫理原則為前導，則價值只會顯得抽象而無法落實（徐震、李明政，2004）。

專業倫理（professional ethics）是社會工作的核心，同時有兩個層面，一是偏重專業內部的問題，而另一是偏重於專業與社會之間的關係。專業倫理則是一系列對專業人員自我約束的倫理原則，目的在提供辨別某一專業領域的專業人員其行為對錯的原則，反映專業人員對正確行為準則的認定，協助專業人員在遭遇兩難問題時，有抱持立場的準則，並澄清專業人員與求助者、當事人及社會的責任，同時專業倫理規範也可以使得這個專業獲得保障，不致於因專業人員個人的行為，而損及這個專業的價值（牛格正，1991）。

專業倫理是社會工作專業認可與發展的根本，社會工作專業從業人員必須具備實踐專業倫理之能力，面對案主問題要能夠覺知有哪些價值在其中，並做好價值的抉擇和倫理辨明。此外，Rhodes指出，倫理判斷不能只憑事實的資訊或專業技巧而做得好，還需要考慮到它的範圍和精細處包括對價值上所可能具有的些微差異的敏感度，遵守倫理守則及確保能清楚明了道德行為。專業倫理對專業的發展有其必要性，其存在的必要性，在於它不僅能夠保證社會工作專業服務品質，提升專業服務的水準，更能避開一些非專業的控制。

社會工作專業倫理是指社會工作人員的一種哲理思想或道德標準，用來體認專業行為和指揮其專業行為的道德準則，而其具體內容在於價值觀念，透過此種觀念，團體的成員得到一種強烈情感上的積極表現。此種價值觀念，在於促進社會工作專業人員有一共同的次級文化和專業行為標準。

社會工作專業倫理，是社會工作依其助人的哲學信念和價值取向，發展而成的一套具體實施原則，以做為引導與限制助人活動時，社會工作者應遵守的行為依據。亦即，是社會工作者用來表現專業行為和指揮助人行為的一套道德準則或標準。價值與倫理之不同，在於前者只是贊同的，只是一種偏好；而後者則是要求具體落實助人行為、遵循該有的行為規範和堅持信念（潘淑滿，2000）。

社會工作專業倫理，是社會工作專業人員對服務工作的職業道德，是社會工作助人專業對協助案主的道德責任，是所有社會工作者對服務工作的共同認識，也是社會工作者對服務案主的行為規範；同時，社會工作專業倫理亦是「引導社會工作者在實務上表現合乎倫理的專業標準。」由於社會工作是完全關乎人與人所建構的組織，因此所涉及的倫理意義及價值是值得關注的，又加上社會工作者倚賴「倫理」準則作為行動依據的情境甚多，尤其在價值多元化的社會群體競爭衝突升高趨勢下，更是如此，故社會工作者必須加強具備倫理思考的能力，來應對各種情境。

## 社會工作專業倫理的意義與重要性

### 01
**培育社會工作者超越價值與整體性發展**

倫理目的在追求整體、多元、高層級價值，越注意倫理、研討倫理，越能提升人性觀點。且提醒社會工作者，使其不自限於一己的信念當中，而能有豐富的觀點。

### 02
**提供社會工作者行為規範與倫理困境處理**

專業倫理存在提醒工作者注意規範，而能提升工作品質。

### 03
**社會工作倫理建立起集體化的良心**

個人的良心能判斷是非善惡，是內在的倫理機制；專業倫理是一種集體的良心，社會工作專業倫理則反應出社會工作集體良心。

資料來源：徐震、李明政（2002）。

## Kitchener提出之倫理教育的主要目標

**1** 增加對倫理問題的敏感度

**2** 增進對倫理問題的思考推理能力

**3** 發展道德責任感與採取行動的自我強度

**4** 發展對倫理決策過程的模糊情境之忍受力

## Unit 3-6
# 社會工作專業倫理（續1）

圖解社會工作倫理

090

社會工作專業倫理有助於指引處理倫理兩難，並確保社會工作者善用專業權力，以保障案主權益，實踐社會工作使命，茲將社會工作專業倫理之重要性，說明如下（曾華源等，2021）：

### 一、指引處理倫理兩難

從社會工作專業服務層面看，在提供處置服務時，社會工作者常需要面對價值抉擇的兩難。為了適當處理倫理道德的兩難，社會工作者要覺察自己或案主的現況，以及為完成目標所有可能的選擇方法及資源。然而，有許多問題屬性是屬於價值和基本的道德倫理問題，例如：如何公正地分配稀少的資源，資訊提供給服務使用者時所具有的限制性，對於因衝突而申訴之公正的解決方法；或在指導及限制案主選擇時，何者是社會工作者的正確角色等。在此情況下，社會工作者一方面需要面對有限的資源，另一方面也要面對無窮盡的需求，加以機構本身及社區中的傳統所賦予的束縛，常因個人考量專業標準的不同而導致處置有所差異。這些倫理兩難無法處理時，會造成社會工作者對工作的不滿意、無力感和職業倦怠感，最終將影響專業服務之形象與效能。

就此看來，雖然經驗、專業知識及技巧是重要的，但是只擁有資訊和技巧，並不足以解決這些問題。價值與倫理判斷之問題是無法單憑事實的資訊或專業技巧就能做好，還需要考慮到事物或問題的範圍與種種細節，以及對參與者在價值及意願上做審慎的分析。

### 二、確保善用專業權力

社會工作者擁有法定和專業知能上的權力，例如：核准接受救助資格、急難救助金額、案主是否適合提供器官捐贈、失能老人居家服務需求評定、受虐兒童安置的選擇、是否應該結案返校就讀、服務方案主要服務使用者等，無不需要社會工作者撰寫評估報告、研擬服務方案、以提供行政管理人員和贊助者的審查核定。雖然專業報告依據專業知識為評量基礎，但是社會工作者會依據何種專業知識和法規，以及審查的準則是依據哪一條法令規章，對條文的解釋和可適用性之判斷，都可能因人而異，這也意味著社會工作者擁有裁量權的空間。再者，社會工作專業要求尊重案主意願，但是當案主的最大利益可能與其個人意願相違時，社會工作者要如何抉擇？做出抉擇依循的指標又有哪些？社會工作者會選擇遵循何種原則值得關注。

社會工作者強調自己是在提供專業服務時，就必須謹記建構專業制度的目的不在於保障從業人員的既得利益，而是希望社會工作者能盡自己最大力量，負責任的提供優質服務品質。從社會工作者的自律來說，提供良好服務品質才是符合專業倫理守則之基本要求。甚至不可諱言地，社會工作者要能夠不斷提醒自己不得疏忽，或侵害案主利益。其實，當社會工作者陷入職業倦怠感，就容易出現無法顧及專業倫理，造成因疏忽而產生業務過失（malpractice）之情事發生。Reamer認為業務過失包括濫權（misfeasance）、瀆職（malfeasance）、怠職（nonfeasance）。

## 常見的違反倫理的行為

| | |
|---|---|
| ▶ 性的活動 | ▶ 詐欺的行為 |
| ▶ 雙重關係 | ▶ 過早結案 |
| ▶ 逾越其他關係界線 | ▶ 提供不妥當的案主轉介服務 |
| ▶ 未能尋求督導或諮詢之協助 | ▶ 未能妥善保存紀錄或報告 |
| ▶ 未能使用可被接受的實務技巧 | ▶ 未能與案主討論之所以要提供知後同意的原因 |

資料來源：萬育維譯（2012）。

## Reamer 提出的社會工作專業之業務過失類型

指社會工作者以錯誤方式或傷害性方式表現行為或做出某些「不適當行為」，如故意疏忽而洩漏應保密之資訊，但卻是合於法律的行為。 **濫權**

是指社會工作者表現錯誤或不合法的行為，如侵吞或挪用案主錢財之行為、對疑似受虐者未通報主管機關，而傷害案主。 **瀆職**

是指社會工作者遺漏或未完成專業上期待應該做的行為，或沒有做同意要做的事情；例如：對案主可能面對的問題應提出警告而未警告。 **怠職**

# Unit 3-7
# 社會工作專業倫理（續2）

圖解社會工作倫理

092

專業具有道德性，必然有倫理的思維，專業倫理與責任比一般工作更為嚴肅與重要。專業倫理是行為上的是非、性格中的善惡，及工作關係中的專業責任。社會工作根據專業價值觀發展出一套引導專業行為的準則，就稱為專業倫理。社會工作專業倫理乃是限定在特定人和人之間的行為準則，包括社會工作者個人和其他人、團體和機構的關係。Banks認為社會工作倫理的實踐必須放在專業關係與社會工作實務的脈絡，倫理工作就在日復一日的專業生活中。專業倫理關心的是實務工作者的操守與品德，及引導實務工作者在從事各項專業活動過程中的準據。專業倫理有其必要性，其存在的必要性在於它不僅能夠保證社會工作的專業服務品質，提升專業服務的水準，更能避開一些非專業控制。

針對社會工作專業倫理，學者綜整後提出社會工作專業倫理之目的，說明如下（曾華源等，2021）：

## 一、實踐社會工作理想可以應用之原則

倫理守則規範社會工作者的服務行為以符合專業信守價值信念之具體表現。例如：社會工作者並非在為服務使用者做事（work for）的人，其重要原則是協助服務使用者共同從過程中自立與自主，及表現出社會工作尊重人的價值與潛能之價值觀。

## 二、社會工作者提供專業服務的指南

專業倫理對於諸如如何提供服務，避免爭議；社會工作者必須在能力範圍內提供服務；社會工作者必須秉持專業對從業人員的約束和對自我約束等，均是專業上最主要和重要的道德規範，亦是社會工作專業服務的最高指標。

## 三、評判社會工作實務適當性之標準

當社會工作者的服務發生爭議時，專業倫理是專業組織裁判其服務行為適當與否，得以管理專業社會工作者的重要依據。此舉不僅可以保障專業形象，同時也在保障被服務者和提供服務者，使其產生互信，避免社會工作者無所適從。

## 四、提供社會信任社會工作專業之基礎

專業倫理是社會大眾或政府機關一種公益性與專業性之社會工作專業服務公約。社會工作倫理在於保障被服務的社會大眾之權益，取得服務使用者之信任，進而獲得社會認可此舉也是獲得被信託的重要依據，具有對社會宣示和建構形象之功能。

## 五、專業倫理規範適當行為

專業倫理雖看似在管束社會工作者的行為適當性，實質上卻在保護專業社會工作者之權利。例如：倫理明確指出，社會工作者可以也應當拒絕服務使用者不當之要求，其實就可以預防社會工作者可能發生的業務過失。

## Millerson對「專業行為」（professional conduct）內容的分類

### 專業行為
### （professional conduct）

**專業實務工作**

接受統一的專業費用、收費清單及標準合約格式，計畫競爭的規定。

**②**

**專業倫理**

給予專業上與他人互動之道德指引，以及是非對錯之行為辨別。其形式可能是一份正式守則或非正式的共識。

資料來源：周采薇譯（2014）。

093

## 社會工作倫理的核心價值

努力促使服務對象免於貧窮、恐懼、不安、壓迫及不正義對待。

維護服務對象基本生存保障，享有尊嚴的生活。

# Unit 3-8
# 社會工作的實務典型模式

094

本單元說明四種社會工作實務的典型模式，可幫助我們了解社會工作者根據其道德立場與工作環境，而注重的不同焦點，說明如下（周采薇譯，2014）：

## 一、承諾／基變模式

認為社會工作者是出於想改變社會的私人或意識型態承諾而接下此工作，並以此為最高信念。此模式包含了許多不同的取向，從個人的「為愛服務」到更群體的取向，如馬克思主義、女性主義與反種族歧視等。雖然被歸在同一類別之下，但這些取向的訴求各異，範圍從個人的增權到社會的改變都有。

## 二、專業模式

認為社會工作者是自主的、受過教育訓練與專業倫理守則指導的專業人士，最高信念是服務使用者的權利與權益；優先的社會工作身分是專業成員，其次才是私人個體與機構社工。

## 三、技術官僚模式

認為社會工作者的首要身分是機構僱員，有責任實行該機構交付的任務與角色，依照機構的規則程序行事。技術官僚模式可說是四種模式中最盛行的，至少在政府部門與大型非營利組織裡。許多評論者對社會工作的這種「去專業化」感到憂心。去專業化代表的是更繁複的任務與程序，企圖降低決策中的不確定性，減低對自主專業判斷的依賴與信任，削弱教育與訓練中的能力為本取向。

## 四、準事業模式

認為社會工作者的角色是提供市場上互相競爭的服務給委託人，依據消費者選擇與市場規範（包括營利）行事。準事業模式可應用在社會工作的所有場合中，也可成為社會工作者（與其工作機構）對其所提供服務的定位之一，並經常與市場交易等詞彙連在一起。對此模式的主要批評是針對將服務使用者當成消費者——委託人，代表社會工作者與服務使用者的關係成了仲介之一（如果社會工作者是照顧管理師）或委託人照顧服務（如果社會工作者是直接服務供應者）。

　　四種模式在社會工作文獻與實務中都能見到，不過第四種是最新出現與最富挑戰性的，一個專業守則往往會包含前三者的元素，並強調專業模式，淡化工作機構（技術官僚）的職責，以及改變社會的個人承諾（承諾／基變）。

　　一位社會工作者可能同時在數種或全部四種模式中工作，因此會面臨到責任衝突。工作的重點不只會依據個別社會工作者對其角色的看法而定，也會因為工作內容設定而有所改變。

# MODEL

| 項目 | 承諾／激進 | 專業 | 技術官僚 | 準事業 |
|---|---|---|---|---|
| 社會工作是一種 | 天職／社會運動 | 專業 | 工作 | 事業 |
| 社會工作者是 | 平等的／同盟 | 專業人士 | 技師／官方人士 | 製造者／供應商 |
| 權力來源 | 處理事情的才能 | 專業技術 | 組織角色 | 市場上的才能 |
| 服務使用者是 | 平等的／同盟 | 案主 | 消費者 | 委託人 |
| 重視焦點 | 個人或團體的增權／社會改變 | 個別社會工作者——服務使用者關係 | 服務供應 | 委託人滿意度／營利 |
| 指引來源 | 個人承諾／意識型態 | 專業倫理守則 | 機構規則與程序 | 市場規範、委託人喜好、合約 |
| 關鍵原則 | 同理心、真誠、意識覺醒、集體行動 | 服務使用者的自我決定、接受、保密權 | 公平分配資源與促進公眾利益的機構職責 | 委託人選擇與獨立性 |
| 適用的組織型態 | 獨立義務機構或社運團體 | 私人執業或在機構中有高度自主 | 義務、公家或私人之官僚機構 | 私人機構 |

資料來源：周采薇譯（2014）。

# Unit 3-9
## 官僚與準事業中的倫理

　　du Gay認為官僚體制正字標記是公平規則，正是專業主義的重點。這樣的規則可說是由倫理效益論的公平分配資源原則衍生而來。事實上，能夠避免全技術的觀點，轉而用倫理的角度來看待這份工作是十分重要的，這能讓我們辯論官僚規則與原則的公平性，質疑其立論之基礎與保護利益之對象的假設價值。

　　在官僚或準事業取向架構組織內工作的社會工作者，仍然可以且應該當一個具備「反思」與「反身」的實務工作者。整體來說，我們能透過下列特質分辨工作者是防禦性、反思性、反身性之實務工作者類型，說明如下（周采薇譯，2014）：

1. **防禦型實務工作者**：若我們將Harris對專業倫理的防禦型實務加以延伸，防禦型實務工作者就是「照本宣科」與完成機構和法律規定的職責/責任。如果依照指示規則與程序行事，就沒有必要承擔責任，社會工作者是「官方人士」或「技師」，盡「我的職責」代表完成我對機構的義務，而非做我認為道德正確之事：個人與機構價值往往會被分離開來，後者常應用於社會工作者的角色上場時。

2. **反思型實務工作者**：建立於Schon的「對行動反思」（reflection-on-action）」（事後）與「行動中反思」（reflection-in-action）」（行動時），反思的重要性在社會工作領域越來越受重視。反思型實務工作者能夠辨別分析工作上遇到的倫理兩難與衝突，並思考其成因與過程。例如：

與服務使用者間的權力不對等關係、福利系統中的矛盾與社會的不平之處，特別是國家福利及社會工作者的部分。他們對自己的價值所在、如何將其付諸實行、如何統整知識、價值與技術，以及如何從經驗中學習比較有自信，也準備好承擔風險與道德責難。他們能理解個人與機構價值有可能彼此衝突，而且社會工作者有身為人的道德責任，去面對衝突做出決定。如Fook所定義的，批判性反思是將重點放在權力、實務再塑與改變權力結構的理論上，以期能達到更解放的目標。

3. **反身型實務工作者**：「反思」與「反身」（reflexivity）兩個詞時常交替使用。不過，正如Fook所指出的，「反身」也可用來表示一種狀態（通常與從事研究有關），其中實務工作者清楚自己的定位所在，且能夠辨認出自己與所觀察之人群事件彼此的相互影響。反身可能包含反思，卻是一種更複雜的過程。反身型實務工作者了解強勢的專業結構會如何影響實務，並懂得用批判性分析來領導自己的知識與價值主張，包括質疑接受的觀念與專業實務、分析真理主張的形成，分析專業人士與服務使用者怎麼表現出可靠、可信賴、道德合適的樣子。批判性反身會專注在主流論述架構知識與價值的過程、挑戰現有權力關係的可能性，以及社會工作在改變福利系統中所扮演的角色上，批判性實務是轉換變革。

## 專業實務中組織與倫理實踐的四種類型

**專業型倫理**
是指機構組織與專業倫理的契合，是種雙贏的倫理。

**01**

**父母型倫理**
是指專業人員只能在不違反機構規範的前提下進行倫理運作，是種妥協的倫理。

**02**

**03**

**04**

**統制型倫理**
偏向以專業人員的倫理來提升在機構的地位，是種專業獨霸的倫理。

**科層型的倫理**
透過組織為主的思維來成就機構，是種機構至上的倫理。

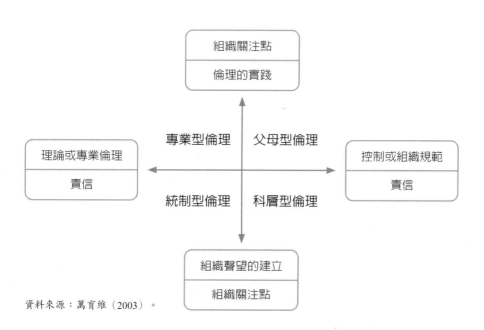

| 組織關注點 |
| --- |
| 倫理的實踐 |

專業型倫理　　父母型倫理

| 理論或專業倫理 |
| --- |
| 責信 |

| 控制或組織規範 |
| --- |
| 責信 |

統制型倫理　　科層型倫理

| 組織聲望的建立 |
| --- |
| 組織關注點 |

資料來源：萬育維（2003）。

第 **4** 章

# 倫理抉擇原則

● ● ● ● ● ● ● ● ● ● ● ● ● ● ● ● ● ● **章節體系架構** ▼

# Unit 4-1
# Reamer的倫理抉擇原則

　　Remer對於優先順序的主張是以倫理學中的義務論及目的論原則為基礎的，這些原則反映了社工專業的基本價值。Reamer提出處理價值倫理與職責衝突的六項原則（Reamer, 1983；曾華源等，2021），說明如下：

## 一、原則一：基本上防止傷害人們生存行動（如健康、食物、心理平衡、保護和生活）必要先決條件之規則優於說謊、洩密、威脅累加善（如娛樂、教育和財富）之規則

　　保護個人生存的必要條件，優先於保障因為說謊、詐欺或失信而帶給案主的傷害，也優於增強生活品質（如娛樂、生活更富裕和藝術活動）所帶來的威脅。因此，為了防止案主傷害他人，對案主所分享的訊息將可以不視為秘密保守，這與Lowenberg和Dolgoff的觀點一致，例如：如果施暴者向社會工作者詢問受虐太太與子女行蹤時，社會工作者可以不告訴他。

## 二、原則二：個人基本幸福權利應先於另一個人的自由權

　　個人自由應受尊重，但是個人自由權威脅到他人的福利或幸福時，則不在此限。案主不接受治療而有傷害他人之潛在威脅時，社會工作者就要干預；施虐者不可以說孩子是他生的，所以是他的財產而任意對待自己的孩子。

## 三、原則三：個人自由權應先於他自己的基本幸福權

　　當個人是理性情況下能估算行為後果時，就算有對自己比較不利的行為時，社會工作者亦不得干涉。不過，社會工作者要注意如何判定案主是理性的和有足夠資訊來做選擇？例如：一位受虐者決定要離開庇護所回到先生旁邊，她說相信先生已經改過而願意給先生一個機會時，社會工作者應先確認案主是否在自由意願下所做之決定，而且是否

評量過這種可能的後果會嚴重威脅到生命，最後才要尊重這種可能帶來自我傷害的行為。

## 四、原則四：個人在自願與自由下同意遵守法律、規則和規定的義務是凌駕於違反這些規定的權利

　　個人有義務遵守在自由意願下的法律、規則和規定，不得違反。因此，專業組織可以訓示和檢查違反標準之成員。當然，有時成員不同意的機構規則，而認為個人應扮演改變的激進角色。但是，機構社會工作者不可因個人價值觀與機構不同，反對機構的政策，而利用新聞媒體來散布個人言論，公開攻擊認為機構「不當的作法」。

## 五、原則五：在衝突時，個人幸福的權利是超越法律、規則、規定和志願組織的安排

　　遵從法律、規定和規則不是絕對的。如果威脅到案主幸福或使社會工作者生命受到威脅，機構之規定不是要被優先遵守的。例如：為救護受傷命危病患而闖紅燈是可以被接受的。

## 六、原則六：防止如飢餓等基本傷害與推行如房舍、教育及公共救助等公共善的義務優先於保護個人財產

　　為維護夠多人需求滿足或預防基本傷害，徵稅或其他形式的強制性作為，均是合理的作為。

　　倫理優先順序雖然可以解決一部分倫理兩難的困境，但針對倫理抉擇的反省和檢討，還是要透過案例分析才可能建立優先順序的層次性，畢竟每個案例都具有獨特性，沒有任何一個案例是一模一樣的。透過案例檢視倫理層級，遠比追蹤一個通則性的優先順序來得實際與適用。畢竟，社會工作專業是非常強調人在情境中的觀點，任何倫理考量還都要放在情境脈絡中思考，倫理不是真空存在的教條。

## Reamer的倫理抉擇六項原則

**原則 1**　基本上防止傷害人們生存行動（如健康、食物、心理平衡、保護和生活）必要先決條件之規則優於說謊、洩密、威脅累加善（如娛樂、教育和財富）之規則。

**原則 2**　個人基本幸福權利應先於另一個人的自由權。

**原則 3**　個人自由權應先於他自己的基本幸福權。

**原則 4**　個人在自願與自由下同意遵守法律、規則和規定的義務是凌駕於違反這些規定的權利。

**原則 5**　在衝突時，個人幸福的權利是超越法律、規則、規定和志願組織的安排。

**原則 6**　防止如飢餓等基本傷害與推行如房舍、教育及公共救助等公共善的義務優先於保護個人財產。

# Unit 4-2
# Lowenberg & Dolgoff的倫理抉擇原則

在社會工作實務上，若完全只根據倫理或法律標準，甚至是處境的特性，並不一定就能為行動做出清楚的決定或計畫，因為不管目的論或義務論，都有其優缺點。儘管努力為道德或倫理價值排序有其連帶風險，有些學者還是發展出倫理價值的先後順序，以幫助社會工作者在倫理相互衝突的狀況下解決倫理兩難。當社會工作者遇有倫理衝突時，倫理原則的順序有助社會工作專業進行時，適當的考量標準，且在社會工作服務處遇時，順序考量是由上而下思考運用，也就是如原則一優於原則二到七，原則二優於原則三到七，以此類推。茲分二個單元，說明Lowenberg & Dolgoff提出的社會工作倫理抉擇七原則如下（Lowenberg，1985；曾華源等，2021）：

## 一、原則一：保護生命原則

保護個案生命是最基本，也是最重要的原則，排列位置在其他倫理原則之上。在考量案主生命原則優先下，違反其他倫理原則的行為是可以被接受的。「保護生命」是至高無上的道德與倫理責任。例如：當社會工作者得知案主意圖殺害其過去的情人時，那麼社會工作者應該立即採取行動，以保護這位可能有生命危險的女孩，過程中的其他倫理原則就要先擺一邊；一位獨居老人堅持住在不良且危害生命的環境裡，實有必要採取照顧生命之措施；積極處理案主自殺，即使可能違反其他的義務，也是立即要做的事情。

## 二、原則二：差別平等原則

這是公平與不公平的原則。簡言之，就是有同等權力的人應該受到同樣的對待或責任，至於處於權力之間不均等的人，應該受到不同的對待。這個原則和公平和正義有關。其主張是：「所有人境況相同時，就該有相同的待遇；亦即，既然享有平等之人有要求平等待遇之權利，那麼當不平等的時候，被不平等對待者也有權利要求差別待遇。例如：一般狀態下，有行為能力的成人在彼此同意下，有權利從事性行為，但一位成年人就無權和一位兒童發生性行為，即使該孩童同意也不被許可，因為他們之間的法定狀態及權力是不平等的。同樣的社會工作者也不可以與案主發生性行為，因為社會工作者的專業地位與功能賦予其特殊權力。弱勢家庭子女或身心障礙者可以獲得社會救助特別津貼，是為差別平等。

## 三、原則三：自主自由原則

尊重案主的自主、獨立與自由。當然，自主並不意味著可以奪取自己的生命，自由不表示可以傷害別人或放棄自己的責任。自由不表示可以傷害別人或放棄自己的責任。個人的自主或自由必須遵守當地的法律，而且不能侵害公共善或他人之權力為前提。Biestek曾經為案主自決權利定義出一個行使權利的範圍，他指出「案主自決的權利被限制在案主有能力可以積極且具建設性的決策之下，也被限制在民法與道德之下，以及機構功能限制之下。這個原則是符合社會工作一直強調尊重個人權利的「自決、自主及自由」，此原則鼓勵社會工作者「做出能促進一個人的自主、獨立及自由的決定」。當然，案主獨立行動的權利不能被無限上網，就像沒有人有權殺害自己或他人、虐待或剝削兒童，或在擁擠的戲院裡任意驚聲尖叫「失火了」，而引起不必要的恐慌。

## Lowenberg & Dolgoff的倫理抉擇原則

**優先順序**

高

原則1　保護生命原則

原則2　差別平等原則

原則3　自主自由原則

原則4　最小傷害原則

原則5　生活品質原則

原則6　隱私守密原則

原則7　真誠原則

低

- 社會工作服務處遇時，順序考量是由上而下思考運用。
- 原則一優於原則二到七，原則二優於原則三到七，以此類推。

# Unit 4-3
# Lowenberg & Dolgoff的倫理抉擇原則（續）

本單元接續說明Lowenberg & Dolgoff提出的社會工作倫理抉擇七原則中的第四至第七原則如下：

## 四、原則四：最小傷害原則

當我們不能選擇最大利益時，倫理困境上考慮的是最小傷害。專業服務應該選擇一個限制最小，或最後結果較少負面的影響發生，亦或最容易回復到原來生活型態的安置環境。若傷害已成事實，社會工作者應盡可能去撫平已造成的傷害。當我們不能選擇最大利益時，倫理困境上考慮的是最小傷害。例如：身心障礙的兒童讓外國人收養，可能比在國內安置機構中成長的傷害還少；當案主離婚時，孩子是跟父親或母親？

## 五、原則五：生活品質原則

維護和增進案主與社區的生活品質為重要倫理守則；亦即以維護案主生活的幸福，或提升社區的公共利益和環境品質是重要的。此即為社會工作者所做的選擇要能促進全體、個人及社區的生活品質。當然，不能因為要維持案主的生活品質而給案主傷害。例如：如果社會工作者未能幫助案主保守外遇之秘密，將使案主的夫妻感情和家庭生活受到影響，甚至子女無法在社區中立足。

## 六、原則六：隱私守密原則

社會工作者要保守案主吐露一切事情的秘密，這是獲取案主信任最重要的行為。此即社會工作者所做的選擇，要強調每個人的隱私權，而由此責任直接衍生出來的就是對案主資料的保密。但保密原則不是最優先的，如果發現案主要自殺或傷害他人等，則不應該為案主保密。個案研討可以選擇讓督導者知道案主問題，其目的是想提供（或學習）更好的專業服務，所以特定專業從業者開放是合理的。

## 七、原則七：真誠原則

此原則為「正直與全然的坦白」，強調社會工作者對案主及他人應該正直誠實，因為要維繫良好的社會與專業關係就需要信任，而信任則有賴於彼此間誠實的、可相互期待的人際交往。但誠實並非絕對的義務，若誠實會帶給案主生命威脅，影響案主自決，甚至破壞生活品質時，則真誠不具有優先性。例如：案主的先生詢問社會工作者是否知道案主過去有無從娼行為，則真誠原則的優先性就必須在保密原則之後。

前述的Lowenberg & Dolgoff的倫理抉擇原則，是屬於「倫理守則篩檢」（Ethical Principles Screen）的方法，有助於社會工作者在面對兩個或更多個倫理責任衝突時，釐清並排出倫理困境各方面的先後順序。將困境的各個面向歸類到這些基本的倫理原則進行比對，如此歸類比對後，自然形成一個倫理篩檢的決策過程。在多數情況下，倫理原則是最重要的，七個原則之重要性就依序排列下來。要提醒的是，當現行的專業倫理守則可以提供倫理判準時，就不需要用到「倫理守則篩檢」的方法，但當現行的專業倫理守則並未提及所遭遇之特定問題，或其中幾條原則之間有衝突時，社會工作者就可運用「倫理守則篩檢」方法協助決定倫理原則或法律責任之間的先後順序（萬育維譯，2012）。

# 方法1

保留某些資訊，以防止案主受到傷害。例如：某些診斷的訊息、有關心理狀態的資料、心理健康的預後（prognosis）等。

# 方法2

因為顧及案主的利益而向案主說謊，社會工作者在回應案主的疑問時，故意給予案主有關他們生活面向錯誤的訊息。

# 方法3

為了案主的利益，強迫案主做出有違意願而有身體上的強迫干涉。例如：成年智障者都無力照顧自己，卻堅持要生育，那麼案主是否有生育自主權，這種情況除了按實際情形來判斷之外，也要從法律面來檢視。

# Unit 4-4
# Gewirth的倫理優先順序原則

Gewirth在其所著的《理性與道德》（Reason and Morality）一書中，提出道德哲學家對於倫理兩難的看法。Gewirth認為人類享有基本的自由權與幸福權。在幸福權中，人類需要重視三種核心的善（goods）：

## 一、基本善（basic goods）

這種層面的福祉，是每個人從事有意義的活動所必備的（例如：生命、健康、食物、居所、心理健全等）。

## 二、維持善（nonsubtractive goods）

是指無此利益，將會減損個人追求其目標之能力（例如：處於惡劣的生活環境、勞力剝削、被偷竊或被欺騙）。

## 三、累加善（additive goods）

指此利益能增強個人追求目標之能力（例如：知識、自尊、財富、教育）。

Gewirth認知到各種權利與義務有時會衝突，因此必須做抉擇。Gewirth認為衝突的責任，可以依照上述的善來排列優先順序，其提出一些原則可作為抉擇時的參考（包承恩、王永慈，2009），說明如下：

一、若是某人或團體，違反了或是將會違反他人的自由與福祉（包含基本的、非減除的與累加的善），則可能需要採取行動來阻止。決定是否採取行動的判準是對他人未來活動能力產生不利的影響程度。如此若案主向你表示他打算傷害其配偶，社會工作者將會視保護其配偶免於受到傷害是優先於對案主的保密。為保護其配偶的福祉因而犧牲了案主的自我決定權與隱私，這種抉擇是可以被理解的。

二、因為每個人都有責任去尊重他人的善（自由與福祉），若維護某一善的義務比另一義務更為基本且必須的，而且需犧牲後者，前者的權利才得以受到保障，如此就需要以前者為優先的考量。因此，保護案主的配偶免於受到傷害會比案主的隱私要來得重要，因為前者所涉及的權利比後者更基本、更必須。

三、在某些特別的狀況下，強制他人是需要的。但是這種作法須符合下列的條件：強制他人是為了阻止不當的威脅與嚴重的傷害發生，且此強制只限於為了必要的保護，而且此強制的相關規定須經過民主過程的運作。如此強制案主（例如：強制告發其將傷害配偶之事）以阻止另一不當威脅（身體的攻擊）與傷害的發生，這樣的抉擇是可被接受的。但是，如此的強制絕對只限於為了保護其配偶，同時對於舉發行為的規定也應該經由民主的程序來做（例如：由民意代表或法官來訂定公共政策）。

## Gewirth對權利的觀點

- 權利是人類行為的必要利益（necessary goods）。
- 這些必要利益主要有兩種：自由權（freedom）與幸福權（well-being）。

## 01 自由權
在於依照不被脅迫的選擇而控制自己的行為。

## 02 幸福權
- 是指一般的能力與實現一個人的目的之必須條件。
- 幸福權又分成三個等級的利益：
  - 基本善（basic goods）
    是行為的必要先決條件。例如：生命（life）、身體健全（physical integrity）、精神平衡（mental equilibrium）。
  - 維持善（nonsubtractive goods）
    是指維持一個人實現目的的水準與對特殊行為的能力不被縮減。例如：不被欺騙、不被偷竊。
  - 累加善（additive goods）
    是指增進一個人實現目的的水準與特別行為的能力。例如：自尊（self-esteem）與教育。

# Unit 4-5
# Beauchamp & Childress的生命倫理四原則

圖解社會工作倫理

108

1979年美國學者Tom L. Beauchamp和James F. Childress 提出生命學倫理四原則（Four prima facie principles），他們採用共有道德與醫學傳統，建構出一「共通道德理論」（The principle-based, common morality theories）。Banks認為「共通道德理論」是由「康德論—效益論」所衍生而來的取向。Beauchamp與Childress提倡的是多元化的（根據兩個以上的非絕對性道德原則）「共通道德」，並以「普遍道德信念」做為序幕，任何無法與普遍道德信念同步一致的倫理理論都該受到質疑。這四個原則是要做為道德判斷的起點，茲將此四個原則分二個單元說明如下（曾華源等，2021）：

## 一、尊重自主原則（The principle of respect for autonomy）

尊重自主原則是指，「尊重一個有自主能力的個體所做的自主選擇，也就是承認該個體擁有基於個人價值信念而持有看法、做出選擇並採取行動的權利。」自主代表能夠自我管理、自我規範。尊重自主原則，指的是尊重一個有自主能力的個體所做的自主選擇，也就是承認該個體擁有權利，可以基於個人價值或信念，持有自己的看法去做選擇，並採取行動。

尊重自主原則於醫療照顧範疇內進一步特定化的結果為道德規則，例如：「誠實」為不隱瞞病人之病情及診斷，如此他們才能根據被告知的訊息作出決定；「知情同意」應當告知病人足夠的訊息，並獲得病人同意方可對病人進行醫療處置。對於有自主能力的病人，他有權決定他想要的醫療方式，而醫師也有尊重的義務。對於沒有自主能力的病人也要提供保障才行。此一價值或道德原則認為只有在案主使用自動思考、自訂計畫、自做決定與選擇時，才能達到社會工作的真正處遇效果。

## 二、不傷害原則（The principle of nonmaleficence）

一般來說，我們沒有義務去造福他人，但至少有責任不傷害他人。如何平衡利益與傷害，以創造案主最大的福祉，是此原則最基本之考量。因此，醫師維持本身勝任的臨床知識與技術，謹慎地執業以達到「適當地照顧標準」，並避免讓病人承擔任何不當、受傷害的風險，即是在履行不傷害行為。

不傷害係指不讓病人的身心受到傷害（亦即在檢查或治療上儘量不使病人的身心受到傷害），當然也包括不可殺害在內，不傷害也應包括預期傷害發生的可能性，注意保護病人的安全，避免因為醫療上的不小心或疏忽而受到傷害。例如：以醫學科技日益發展的現代社會，醫師的醫療行為與病人利益之間成為一重要的考慮因素，「當醫療專業人士嘗試去提升病人的福祉，無可避免地便可能傷害到病人，如何平衡利益與傷害以創造病患最大的福祉是此原則最基本的考量。就像是社會工作者應具備勝任能力，或督導者必須確保新進人員獨立提供服務之能力，以避免被服務者受到傷害。諸如器官捐贈移植不但使病患重獲生命，更是捐贈者崇高的精神表現，應該注意對捐贈者的不傷害原則。

# 尊重自主原則

在不傷害自己與不妨礙別人自主的大前提下，每個有「決定能力」的個體皆應享有權力去做選擇與決定；助人者則有相對的義務來尊重個案的決定。

**01** 個案能夠在充分了解做決定的相關資訊下（如疾病的本質、病因、症狀及各種治療方法及其後果；各種行為的後果與影響行為決定的相關因素考量等）。

**02** 能有自行決定的能力。

**03** 能夠考量利弊得失以做「正確」決定的能力。

**04** 能夠推理決定所帶來後續結果。

**05** 能夠不受情緒影響，而能與人進行適當的溝通。

# 不傷害原則

● 不是絕對原則，是相對原則。
● 權衡利害原則——兩害相權取其輕應包括保護案主的生命安全。
● 雙重影響的原則（double effect）：
  ▶ 行動者本身必須出於善意。
  ▶ 行動者的本意必須是為了好的影響。
  ▶ 好與壞的影響係出於同一行動的結果。
  ▶ 在好與壞的影響間，應有合適平衡點。

# Unit 4-6
# Beauchamp & Childress的生命倫理四原則（續）

本單元接續前一單元說明Tom L. Beauchamp和 James F. Childress 所提出的生命學倫理四原則中的第三與第四個原則如下：

## 三、善待原則（The principle of beneficence）

Beneficence 一詞指的是「善行、仁慈的心、慈善事業、利他主義、關愛和人道」，善待原則是道德行為中很重要的一部分，它是一些道德理論，如效益主義之效益原則、共有道德理論之中心主題等。這個要求是指對所有的人或物都具有善待的義務，這是「一般善待義務」（general beneficence）；「特定的善待義務」（specific beneficence）是指對某些與行動者有特殊關係的人，如小孩、朋友、病人等，這些關係通常是相應於行動者所負有的角色而來的道德義務。

善待原則包括不應施加傷害、應預防遭受傷害、應除去傷害、應作善事等四種類型。善待原則用來判斷採取或不採取行動，我們必須識別行動或不行動對病人的好處，然後才決定如何作。一般來說，人們並不擁有必須造福他人的絕對義務，此乃所謂的一般善待；而超義務行為（supererogatory actions）被認為是有價值或被讚賞的行動，且非義務的。但在醫療專業人士與病人關係之範疇內，善待原則是專業人士必須遵從的初始義務，此乃屬於特定善待義務。社會工作者必須善待前來尋求協助或申請各種救助與津貼之案主。

## 四、正義原則（The principle of justice）

正義與分配的正確性有關，為公平（fairness）、應得（desert）的賞罰及給予應得的資格。若是以「什麼是人應該獲得目的」之觀點來看，正義被解釋為對人公平、正義及適當的處遇。它指出在面臨相抗衡的主張或訴求時，必須以公平的基礎來裁量和執行的道德義務。Gillon 指出，正義原則應用到醫療照護倫理時，涉及三層次：公平地分配不足的資源（分配正義）、尊重他人的權利（權利正義）以及尊重道德允許的法律（法律正義）。基本上，正義原則乃是為追求相衝突的主張所提供合乎道德的解決方法，以達對於社會上各種利益或資源能有公平合理的分配及處遇。

一個社會或人際之間，必存有正義與公平，社會才能合理的運轉，人際關係也才能獲得圓滿和諧，有效公平或正義則是決定社會的負擔和利益應該如何分配。在醫療照護上若採取此一原則，有時可能會影響醫療業務的推展，例如：在器官來源短缺的情況下，器官公平分配對醫療是一項挑戰，常有倫理上難以抉擇的情形出現；或是國家社會福利針對不同人口群的預算分配多寡，都涉及正義原則的運用。

# 善待原則

| | |
|---|---|
| 不得故意對他人施予傷害或惡行 **01** | 應該預防傷害或惡行 **02** |
| **03** 應該移除傷害或惡行 | **04** 應該致力於行事或維持善行 |

# 正義原則

- 適當、公平、公正的概念或每個人所應當得到的賞罰資格、事務或權利,涵蓋了資源合理、公平分配的考量。
- 基於正義與公道,以公平合理的處事態度來對待病人與有關的第三者,後者包括其他案主、家屬及直接或間接受其影響的社會大眾。

第 **5** 章

# 倫理抉擇模式

● ● ● ● ● ● ● ● ● ● ● ● ● ● ● ● ● 章節體系架構 ▼

# Unit 5-1
# Reamer的倫理抉擇模式

圖解社會工作倫理

114

Reamer認為倫理抉擇應有系統的抉擇過程，其所提出的倫理抉擇模式過程包括以下七個步驟，分二個單元說明如下（包承恩、王永慈譯，2009）：

## 一、釐清倫理的議題，包括衝突的社會工作價值與職責

釐清社會工作者核心的社會工作價值與義務的相互衝突，例如：保密、保護案主免於受到傷害、社會工作者避免介入不誠實或詐欺的行為，以及社會工作者應遵守法律等加以釐清。

## 二、找出所有可能被倫理抉擇影響到的個人、團體與組織

每個倫理兩難的議題，都可能牽扯到對象的福祉，既然如此，抉擇過程，每個對都應該有被徵詢的機會。

## 三、嘗試找出各種可採取的行動以及參與者，並評估每種行動的利弊得失

社會工作者可以運用腦力激盪的方式，嘗試找出各種可採取的行動，以便根據倫理理論、社會工作理論與原則來分析。這樣的分析也可能產生出其他未想到的選擇途徑。

## 四、審慎的檢視贊成或反對每種行動的理由

考慮的架構包括5項相關的要點：

(一) 倫理守則與法律原則：社會工作者應仔細考量有關法律的原則，包括法規與判例法。雖然法律未必會主導倫理的抉擇，但是社會工作者仍需要考量此因素。有時法律會強化社會工作者的倫理觀念，例如：法律中規定社會工作者必須告發案主的事，以免其他人受到危害。有時法律也會減弱社會

工作者的倫理信念，例如：某些少數的法律鮮為人知且沒有確實執行，該法律使得社會工作者無法為案主申請福利給付。

(二) 倫理理論、原則與指導方針：社會工作者也應該參考相關的倫理理論、原則。這些倫理理論與原則可以幫助社會工作者更清楚兩難的情況，以及尋求可能的解決途徑。例如：義務論與目的論——效益主義的觀點，及其所衍生而來的倫理原則。

(三) 社會工作實務理論與原則：社會工作者也需要考量社會工作實務理論，實務工作理論可以提供一些想法。通常，嫻熟的實務技巧對於倫理兩難的處理會有所幫助。或許，這些從社會工作理論與實務文獻中所得到的資訊並無法完全解決社會工作者所面臨的倫理兩難，但有助於協助釐清處遇的目標。

(四) 個人的價值觀：包括宗教的、文化的、種族的價值觀與政治的意識型態，尤其要注意那些與自己價值觀相衝突的部分。社會工作者也應將自己的個人價值觀與政治意識型態納入倫理抉擇的考量，應仔細考量與自己想法不同的價值觀與意識型態。

(五) 機構之政策：大多數的社會工作者是受僱於機構的，社會工作者在進行處遇時，應符合機構之政策，避免與機構之政策相衝突。社會工作者應了解機構對所面臨之倫理議題個案之機構政策為何？所持的理由為何？Reamer曾指出，如果社會工作者不認同機構的政策或是規定，則社會工作者應當尋求改變機構的政策或是換工作機構。

## Reamer的倫理抉擇模式之七個步驟

**1** 釐清倫理的議題，包括衝突的社會工作價值與職責

**2** 找出所有可能被倫理抉擇影響到的個人、團體與組織，並評估每種行動的利弊得失

**3** 嘗試找出各種可採取的行動以及參與者，並評估每種行動的利弊得失

**4** 審慎的檢視贊成或反對每種行動的理由

**5** 徵詢同儕以及專家的意見（如機構工作人員、督導、機構行政人員、律師、倫理學家）

**6** 作抉擇並記錄作抉擇的過程

**7** 監督、評估與記錄倫理抉擇所帶來的結果

# Unit 5-2
# Reamer的倫理抉擇模式（續）

本單元接續前一單元說明Reamer的倫理抉擇模式七個步驟的第五至第七個步驟如下：

## 五、徵詢同儕以及專家的意見（如機構工作人員、督導、機構行政人員、律師、倫理學家）

一般而言，社會工作者不應自己單獨做出倫理的抉擇。這並不是說倫理抉擇都是團體的決定，但許多情況，通常是社會工作者徵詢同儕及專家的意見之後再做決定。社會工作者常向相同工作性質的同儕徵詢意見，以及向熟悉此議題的人徵詢意見——督導、機構行政人員、律師與倫理學家，或是機構的倫理委員會。

此外，社會工作者亦可向外徵詢意見，向外徵求諮詢的理由包括：(1)有經驗、思慮周全的諮詢者可以提出有用的靈感，這可能是社會工作者所想不到的；(2)當社會工作者因其倫理的抉擇而被告時，這樣的諮詢也可保護社會工作者。社會工作者徵詢外界意見，也可顯示出其做抉擇時是謹慎的。若有人告發社會工作者其所作的決定太過倉促與大意時，這樣的諮詢可以幫助社會工作者辯護。

## 六、作抉擇並記錄作抉擇的過程

一旦社會工作者仔細衡量了倫理的議題，包含相衝突的社會工作倫理與價值：找出所有可能被倫理抉擇影響到的個人、團體與組織；嘗試找出各種可採取的行動以及參與者，並評估每種行動的利弊得失．審慎的檢視贊成或反對每種行動的理由（考慮相關的倫理理論、

原則、倫理守則、社會工作實務理論與原則、個人的價值觀）；並徵詢同儕以及專家的意見後，就可做出決定了。有些情況下，決定是很明確的。經過如此的抉擇過程，不斷地釐清議題使社會工作者的倫理職責變得明確。

社會工作者最終所關切的是周延詳盡的倫理抉擇，而這樣的抉擇常會有不同的結論，這也是社會工作實務的特徵。在實務工作中，對於複雜的個案，不同臨床社會工作者的處遇計畫也不會相同，尤其當他們運用不同的理論觀點、不同個人與專業的經驗、政治意識型態等。

一旦做出抉擇，社會工作者必須謹慎的記錄抉擇過程的各個步驟。倫理抉擇正如臨床介入一樣，應屬於社會工作實務的一部分，也應成為紀錄的一部分，此案的社會工作者與其他相關的工作人員，在將來也有可能需要再翻閱此紀錄。除此之外，當個案進入法律的程序時（例如：對社會工作者的法律訴訟），準備好倫理抉擇的相關重點是非常重要的。仔細的記錄社會工作者的審慎抉擇過程，能夠免於社會工作者受到法律的控訴。

## 七、監督、評估與記錄倫理抉擇所帶來的結果

社會工作者完成抉擇後並不是完成了最後的階段。就某一種觀點而論，這也是另一個問題解決過程的開始。社會工作者應該注意並評估倫理抉擇所帶來的結果。這也是對於案主、雇主、經費補助者負責任的態度，若有必要，也需要記錄倫理案件申訴、訴訟的事件。

「嘗試找出各種可採取的行動以及參與者，並評估每種行動的利弊得失」之評估表

| 對象 解決方案 | 案主 | | 同僚 | | 對機構 | | 專業人員的倫理責任 | | 社會工作專業 | | 社會 | |
|---|---|---|---|---|---|---|---|---|---|---|---|---|
| | 對案主的承諾、自我決定、知後同意、能力、文化能力與社會多元、利益衝突、隱私與保密、紀錄取得、性關係、肢體接觸、性騷擾、毀謗語言、服務的付費、缺乏決定能力案主、服務中斷、服務終止。 | | 尊重、保密、科際合作、同僚涉入爭議、諮詢、轉介服務、性關係、性騷擾、同僚之個人問題、同僚之能力不足、同僚之不合乎倫理的行為。 | | 督導與諮詢、教育與訓練、績效評估、個案紀錄、付帳、個案轉介、行政、延續教育與人力發展、對雇主的承諾、勞資爭議。 | | 能力、歧視、個人行為、不誠實、個人問題、詐欺、請求、自承功績。 | | 專業的廉正、評估與研究。 | | 社會福利、公共參與、公共緊急事件、社會和政治行動。 | |
| | 利 | 弊 | 利 | 弊 | 利 | 弊 | 利 | 弊 | 利 | 弊 | 利 | 弊 |
| 方案1 | | | | | | | | | | | | |
| 方案2 | | | | | | | | | | | | |
| 方案3 | | | | | | | | | | | | |
| 方案4 | | | | | | | | | | | | |
| 方案5 | | | | | | | | | | | | |
| 方案6 | | | | | | | | | | | | |
| 方案7 | | | | | | | | | | | | |

資料來源：許臨高等（2016）。

# Unit 5-3
# Corey的倫理決策模式

Corey結合「女性主義」的倫理決策模式與Walden的觀點,認為在倫理思考的內容裡,不能只考量專業上的角色職責與規範,案主的內在需求應包含在評估當中。Corey依照此原則,整理出助人專業人員遭遇倫理困境時,可採八個步驟來形成倫理的決策過程(Corey et al., 2001):

## 一、指認問題或困境所在(identify the problem or dilemma)

盡可能蒐集與情境有關的各種資訊,辨明哪些是倫理面、法律面、道德面或是三者兼具的問題。以便從不同的觀點來思考複雜的問題,並且避免陷入化約性的思考,做出過於簡單的決定。

## 二、指認可能牽涉之潛在議題(identify the potential issues involved)

蒐集完資料後列出牽涉到的議題,清楚的辨明與情境相關每一個人的權益及義務,權衡各個倫理原則在該情境的重要程度,這些原則包括自主性、無害、利益、正義公平、真誠、誠實,並找出它們對問題解決可能的幫助。由於問題有各種不同的層面,每個層面都有適合的解釋的理由,所以不同的原則都可能導致完全不同的處理方式。

## 三、檢視相關的倫理守則(review the relevant ethic codes)

檢視你所隸屬的機構或專業組織是否可提供與該情境相關的倫理標準守則,作為很好的解決之道。並且核對你的倫理價值觀是否與這倫理準則有所衝突。如果有的話,你是否有一個合理性的論點來支持你的看法?

## 四、了解適用的法令規定(know the applicable law and regulations)

確定查詢現在的法律與規定如何,例如:兒童虐待或家庭暴力的法律規定為何?另外,服務機構的法令與政策是什麼?是否有所牴觸?

## 五、獲得其他專業者的諮詢意見(obtain consultation)

可以向同儕們討教他們對此問題的不同看法,因為自己身在其中,可能無法客觀的看清楚事情的原貌與本質。尋求第二意見諮詢,有助於使你更能從別人的觀點看見自己忽略的資料與環境因素等訊息。由於做決定最好有充足的理由,所以尋求其他專業意見有助於確定或修正自己的判斷。

## 六、考量行動的可能性與成功率(consider possible and probable courseofaction)

腦力激盪是這個階段不錯的方法,列出不同行動的可能性與預測評估行動的可能成功機率,你可能產生一些不尋常但是可行的想法。但在這個階段,這些只是想法,所以不一定全部都需付諸行動,另外在這個決策過程中,與別人討論將會有所助益。

## 七、衡量不同決定產生的後果(enumerate the consequences of various decisions)

考慮每個行動對於服務對象、社會工作者,甚至服務對象所涉及的重要他人可能之影響,機構或是專業。社會工作者可以使用自主性、無害、利益、正義公平、真誠、誠實等向度來評定各種的影響層面。

## 八、選擇最適當的行動(decide on what appears to be the best course ofaction)

做最後決定時刻,仔細考量你蒐集的所有資訊,因為資訊愈明確,則決定愈清楚;資訊愈模糊,則愈不容易作決定。在做完決定之後,你或許會發現別的決定可能會更好,不過在經過評估之後所做的決定,並不會因為有更好的選擇,而在效果上被打折扣,所以,決定之後就不需再猶豫不決。

## Corey的倫理決策模式之步驟

① 指認問題或困境所在

② 指認可能牽涉之潛在議題

③ 檢視相關的倫理守則

④ 了解適用的法令規定

⑤ 獲得其他專業者的諮詢意見

⑥ 考量行動的可能性與成功率

⑦ 衡量不同決定產生的後果

⑧ 選擇最適當的行動

THE END

## Corey 的倫理判斷兩個階層

- **強制性倫理（mandatory ethics）**
  強制性倫理是一種標準，遵循這個階層的倫理判斷，即可使專業人員免於觸法或是受到專業機構的制裁以及當事人的責難。
- **品質性倫理（aspirational ethics）**
  品質性倫理則是一種原則，遵循此一階層，對當事人真正產生諮商的效果，因為品質性倫理是以當事人的權益為考量的重點。品質性倫理是一種原則，助人工作者應小心地檢視自己的諮助人過程，以確保當事人的權益。

# Unit 5-4
## Joseph的倫理決策模式

圖解社會工作倫理

120

　　美國社會工作倫理守則的起草人是Joseph，他認為處理倫理決策時，可以先從實務環境或機構分析實務情境存在的兩難或困境。就情境的事實、相關的實證資料或是倫理研究等來源，蒐集完整的背景資料，並且從事實面、實證資料面、倫理面、法律面與倫理守則分析，提出贊成或反對的觀點，進而做出價值判斷。他指出，在做出價值判斷時，應同時界定出個人專業價值觀，將這些價值觀的評量排出優先順序，檢視其中是否有偏誤和怎麼樣的偏誤。至此，社會工作者所做出倫理原則的選擇，利用這些原則提出贊成與反對兩方的證明或者辦正其選擇合理性的說明。最後，表明立場，並陳述理由，提出合理的辯解說明。

　　Joseph鼓勵社會工作者做決策時，先將贊成與反對的主張（事實面、實證資料面、倫理面、法律面與倫理守則）條列出來，讓社會工作者有一個清楚的架構做權衡，並從中檢視自己的價值判斷。同時，在進行選擇時，也以正反兩方的訊息來辦正自己抉擇的合理性和正當性。

　　此一架構有些待釐清之處。首先是如何排定價值的優先順序？例如：機構管理階層的政策、督導的意見、社會工作者的判斷或案主的意願，究竟要以何人的價值優先排定，並不明確。換言之，是以案主為重，還是社會工作者的判斷為先？抑或是機構行政裁量權的介入為最優先？這不僅與案主的權益息息相關，也涉及到社會工作者應有的專業表現，甚或是實踐機構的專業責信（曾華源等，2011）。

　　Joseph在此步驟上，並未對社會工作者可以如何做優先順序排列有具體建議。其次，我們同意正反意見（或優劣勢）的歸納整理有助於檢視價值觀，但是價值判斷往往也與判斷者的個人價值取向與立場有密切關係，那麼決策者（們）是否已經可以清楚自己的價值取向，與考量理性分析資訊（即事實面、實證資料面、倫理面、法律面與倫理守則等資料）之後所做出的價值判斷，二者可能有著什麼樣的差異？也就是說，社會工作者要做到Joseph所主張「表明（評量價值）偏誤」的能力又是如何？同樣的情況，也極可能發生在選擇的階段，決策者的選擇原則必定依循前面所做的價值優先順序，以便做為選擇之參考架構。因此，當社會工作者對於自身所處的情境，以及並不了解其中反映出的價值取向時，即有可能會演變成社會工作者將個人的價值觀當成專業的價值，做為判斷倫理兩難抉擇之基準，或者社會工作者陷入必須為一個自己不完全了解的決策背書之結果（曾華源等，2021）。

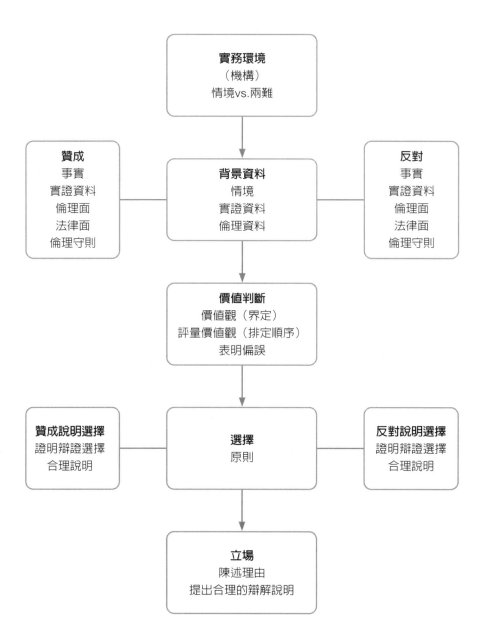

Joseph的倫理決策模式

實務環境
（機構）
情境vs.兩難

贊成
事實
實證資料
倫理面
法律面
倫理守則

背景資料
情境
實證資料
倫理資料

反對
事實
實證資料
倫理面
法律面
倫理守則

價值判斷
價值觀（界定）
評量價值觀（排定順序）
表明偏誤

贊成說明選擇
證明辯證選擇
合理說明

選擇
原則

反對說明選擇
證明辯證選擇
合理說明

立場
陳述理由
提出合理的辯解說明

資料來源：Joseph（1985）。

121

# Unit 5-5
# Kitchener的倫理辨明模式

倫理辨明模式是由Kitchener所提出，其理論基礎是：專業人員遇有兩難問題時，經常會憑個人的倫理信念系統、或直覺思考、或過去經驗來作判斷。Kitchener認為直覺是不夠的，需要進一步作臨界評估（critical evaluation）。此模型對倫理的思考是有不同層次：

## 一、第一層次是直覺

專業人員的倫理判斷是依據其個人的價值觀或倫理意識為基礎。

## 二、第二層次是臨界評估

倫理的判斷依據是規則，包括專業倫理規範、法律及道德原則，而非直覺。

Kitchener提出的倫理辨明模式，建議透過道德推理的「批判―評鑑層級」來引導、精鍊與評鑑個人直覺式的道德判斷，在此模式中包含三個普遍和抽象的道德判斷標準，倘若第一個層級無法引導我們從事倫理決定，就循序進入下一個層級之中（如右頁圖解）。研究者認為此一模式，可以提供實務工作者進一步批判與檢視自己個人的倫理決定。

Kitchener主張個體在進行倫理決定時，可以循著規則、原則、倫理理論三個越來越抽象與普遍的層級，來審視與評鑑自己的直覺判斷。大體來說，直覺式的判斷主要依賴情境事實及日常生活的常識道德，這種立即性的判斷

和行動，有可能導致行動者做出不合乎倫理的決定，因此，需要進一步針對情境，尋求相關的規則，如專業守則或法律規定等之參照。倘若在這個層級中，仍然無法協助行動者做決定，即需進入倫理原則的層級，Kitchener提出的原則有五：尊重自主（autonomy）、不傷害（non-maleficence）、善待（beneficence）、公平（justice）以及忠誠（fidelity），可為行動者提供導引。

Kitchener倫理辨明模式中，倫理學理論是最抽象的層級，當行動者無法透過規則及原則進行決定時，即需審視倫理學理論的各種意涵與精神，透過擇定過程，從中選取適用者，以建構自己從事倫理決定的立場。

Kitchener提出的倫理決策辨明模式，從直覺面及臨界評估層面，來提供專業人員在做倫理判斷時的參考架構，同時考慮到情境實況及倫理意識，是非常適合用在助人專業工作人員的一種倫理決策模式；惟在真實情境應用上，遇有較複雜的倫理兩難困境時，專業人員運用此決策辨明模式，仍須謹慎就直覺及臨界評估等二層面做審慎評估。因此，需要注意的是，遇有複雜的兩難情境時，專業倫理規範可能無法充分協助，法律及政策與當事人的需求，或專業人員的判斷也難免有矛盾之處，專業人員在作倫理決定之前必須作審慎的評估。

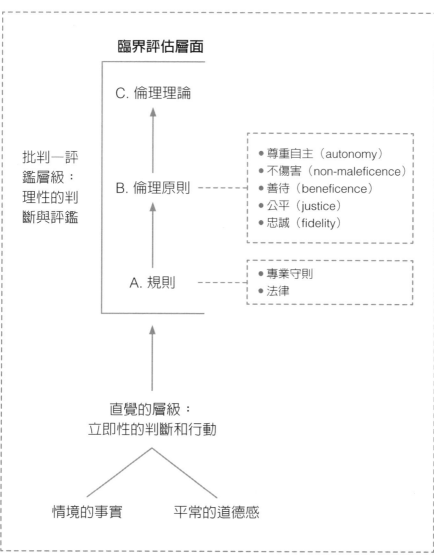

臨界評估層面

C. 倫理理論

批判─評
鑑層級：
理性的判
斷與評鑑

B. 倫理原則
- 尊重自主（autonomy）
- 不傷害（non-maleficence）
- 善待（beneficence）
- 公平（justice）
- 忠誠（fidelity）

A. 規則
- 專業守則
- 法律

直覺的層級：
立即性的判斷和行動

情境的事實　　平常的道德感

資料來源：牛格正（1991）。

# Unit 5-6
# Mattison的倫理決策模式

Mattison由實務情境的種種情形，建構了另一個倫理決策模式，Mattison提出的倫理決策步驟說明如下（曾華源等，2011）：

## 一、第一個步驟

是開始於社會工作者了解個案資料所匯集的全貌（包含個人與環境）。

## 二、第二個步驟

是由社會工作者的角度，將分析推展至仔細地區辨個案的實務面向與倫理的考量因素。

## 三、第三個步驟

即明確地指認對立的價值。例如：在一個未婚懷孕的案例裡，對立的價值可能包括案主自我決定的權利相對於父母知道他們女兒懷孕的權利；抑或是未成年者的自主權相對於未出生嬰兒的健康與安全需求；以及其他與此有關的一些對立的價值，必須要被明確地指認出來。

## 四、第四個步驟

社會工作者必須參酌倫理守則來指認與評鑑哪些義務是倫理守則所提出的，還有社會工作者一定要執行的特定義務。

## 五、第五個步驟

進行倫理的評估。決策者將那些看似合理的與具有潛在影響效果的行動方針標定出來，並做衡量與加權。

Mattison所舉的未婚懷孕的案例，提醒社會工作者要去思考，當其違背未成年案主所表達的意願而揭露訊息，那麼將會對案主、家人，或是社會工作者有何影響性的結果出現？又如果因為在個案處遇上應遵守的相關法定義務的疏忽，社會工作者的權益又會以哪些方式而被影響？不同的行動選擇所需的花費與利益，將會因為每一個涉入的個體而有不同。在經過這些審慎的評估之後，社會工作者應當選定行動了。倫理難題的解決最後會意味著以比較義務或價值的優先順序所做的決定。最後一個步驟是社會工作者在這些評估結果的基礎上，挑選一個行動，並且一定辨明此一決定並做好準備。

Mattison認為社會工作者的自我覺察非常重要，Mattison認為在決策的過程中，一直受到個人偏好、專業角色、對法律和政策的承諾、實務經驗、動機、態度和一些個人其他的期待所影響。因此，不論社會工作者做出什麼樣的倫理決策，重要的是社會工作者（或稱決策者）清不清楚自己的哪些經驗、價值觀、價值偏好或者價值型態，甚至所處的情境，正在影響他所做的決定與思考方式。尤其是情境的建構、個人的決策型態都會左右行動的選擇。只是人往往要在做出選擇，並願意回顧檢視時，才能在行動中把自己的狀況映射出來。這個自我覺察的工作在每一個工作步驟中都必須好好執行。

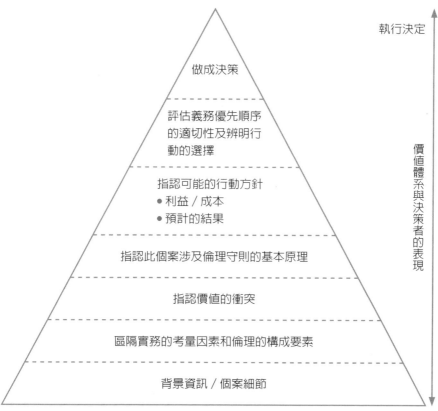

**Mattison分析倫理難題架構圖**

執行決定

做成決策

評估義務優先順序的適切性及辨明行動的選擇

指認可能的行動方針
● 利益／成本
● 預計的結果

指認此個案涉及倫理守則的基本原理

指認價值的衝突

區隔實務的考量因素和倫理的構成要素

背景資訊／個案細節

價值體系與決策者的表現

資料來源：Mattison（2000）。

- Mattison強調將決策過程資料作成檔案的重要性，Mattison覺得有必要讓最後的決定是合理的，因為這所代表的，不只是專業的判斷，同時也是法律的立場。
- 在這個模式中，社會工作者必須注意種族上的傳統，要能區分某些案例的實務層面及倫理考量的差別，注意價值上的壓力，同時也要評量倫理守則中不同的義務責任，看看哪些是與所處理的案例最有關係的。
- 代價及受益之間的問題，應當做進一步的分析，而且也應當採取行動步驟。這模式的最後階段，包括要完成所做的決定，同時也對整個過程進行適當的反思與覺察。

# Unit 5-7
# Holland & Kilpatrick的倫理判斷模式

圖解社會工作倫理

126

Holland 和 Kilpatrick研究社會工作者於處遇時所面臨的價值爭論時，以直接訪問社會工作實務人員所定義的一些倫理判斷的面向，參與效益論、目的論及認知發展等理論，歸納分析出社會工作實務人員倫理判斷的三個向度，每一個向度皆包含二個極端的特質，這三個向度分別是：

## 一、在行為評價方面是重視過程或強調結果

當一個人抉擇時，可能是偏重於方法或原則，也可能是偏重目的或目標。前者稱過程取向，後者稱結果取向，在本質上差異如下：

### （一）重視過程取向

社會工作者對於遵守倫理的原則是以過程為衡量，重視使用最正確的方法或步驟以盡到義務。重視過程取向的社會工作者，堅持在助人的過程中恪守專業倫理、社會規範、規則或法律等。

### （二）重視結果取向

強調在處遇過程中，只要能為案主帶來正向的結果，就可以放心去做，不必管太多。重視結果取向在處遇過程中，重視所可以帶來正向結果，但存在有較高違反組織規定及專業倫理的風險。重視結果取向認為社會工作者有必要保護有限的機構資源，不願去幫助那些不願聽安排且有可能危害機構資源的案主。

## 二、在個人取向方面是傾向自主、獨立性或是相互、共同一致性

### （一）自主性、獨立性

指社會工作者會強調助長案主的自治力，自我獨立及有責任去避免對他人造成不必要的干擾。若是社會工作者強調案主自決，則代表其尊重案主的自主性，尊重案主的權利。

### （二）相互性、共同一致性

指社會工作者會比較考慮保護並較有強烈的責任感和義務感，想干預案主或設法改善案主的情況。若是有強烈的責任感與義務感想干預案主、保護案主或設法改善案主情況時，則代表傾向相互性。

## 三、在權威所在方面是內在化權威或是外在化權威

### （一）內在化權威

指工作者強調自我內在，對決定、選擇及行為的自我責任。

### （二）外在化權威

指工作者順從機構政策、社區規範、法律及其他外在於個人的權威來源。

前述Holland 和Kilpatrick 的倫理判斷模式，將社會工作實務人員倫理判斷區分為三個向度，每一個向度又包含二個兩極化的特質；就實際實務工作而言，單純的區辨二極化特質，應該不是一個固定不變的模式，在實務應用上倫理判斷應是一個動態的過程，是當時的情境而調整，如何使決策符合穩定性及彈性的權衡方法，應是最佳的倫理判斷策略模式。

## Holland & Kilpatrick的倫理判斷模式

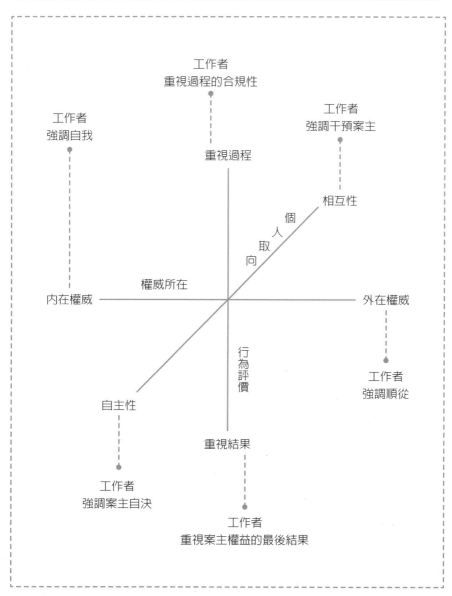

資料來源：修改自 Holland, Thomas P. & Kilpatrick, A.C.（1991）。

# Unit **5-8**
# Steinman、Richardson和McEnroe的倫理決策模式

　　Steinman、Richardson和McEnroe直接由認清倫理標準著手，找出社會工作者可以進行倫理決策的路徑。這一決策過程和做法，與Joseph藉由釐清事實、法律、實證資料、倫理和倫理守則，整理涉及此倫理難題的贊成與反對立場，來檢視價值判斷的方式不同。

　　Steinman、Richardson和McEnroe認為在實務中遇見困境，社會工作者有三個步驟必須做到（曾華源等，2011）：

## 一、第一個步驟

　　是認清問題所在，辨明這是否是一個倫理問題？

## 二、第二個步驟

　　是認清現有的倫理標準與原則是什麼，也就是檢視此一問題牽涉到什麼倫理議題。

## 三、第三步驟

　　是分析目前提供的倫理標準是否夠明確；若是倫理標準可提供清楚有用的指導，則開始思考可能的倫理策略與法律解釋；若標準不夠清楚，但可以提供一點指導時，社會工作者就要諮詢督導或同僚，請求提供參考意見；若是倫理守則或原則清楚，可是行動卻是錯誤的，則必須反省思考可能的倫理策略，同時進一步諮詢督導和同僚，並且做討論。

　　在Steinman、Richardson和McEnroe的倫理決策模式中，如果初步策略被接受，社會工作者必須思考這個策略帶來的結果，並預做倫理決定。唯不論社會工作者的決定為何，Steinman、Richardson和McEnroe認為社會工作者應該在徵詢並獲得同僚的回饋與督導的認可之後，才將此決定付諸實務行動。

　　在此決策的架構中，試圖將決策中一些複雜的交錯因素，企圖以一種較為單純的方式來做歸納和指引。因此，此架構中將倫理的標準分為清楚和不清楚，再加入依標準清楚程度可以採取的行動類型，希望能夠對決策方向做一些歸整和指引。

　　此倫理決策模式在做成決策之前，強調要諮詢同僚與督導的意見，並且在做成初步決定，也評量過決定後的可能結果時，還需要再去獲得同僚與督導對此決定的回饋，然後才去行動。這對於處理倫理難題是一件非常重要的提醒與工作，也是避免造成決策疏忽的一種防範方式。

## Steinman、Richardson和McEnroe的倫理決策模式

```
                    ┌─────────────────────┐
                    │    認清問題           │
                    │（這是一個倫理問題嗎？）│
                    └─────────────────────┘
                              │
                    ┌─────────────────────┐
                    │    認清倫理標準        │
                    │（牽涉到什麼倫理標準？）│
                    └─────────────────────┘
                              │
        ┌─────────────────────┼─────────────────────┐
        │                     │                     │
┌───────────────┐   ┌───────────────┐   ┌───────────────────┐
│  標準清楚      │   │  標準不清楚    │   │  標準不清楚可是    │
│  提供有用的指導 │   │  提供一點指導  │   │ 「行動是錯誤的」   │
└───────────────┘   └───────────────┘   └───────────────────┘
        │                     │                     │
┌───────────────┐   ┌───────────────┐   ┌───────────────────┐
│ 思考可能的倫理 │   │               │   │ 思考可能的倫理策略  │
│ 策略和法律解釋 │   │ 諮詢同僚和督導 │   │ 諮詢同僚和督導     │
└───────────────┘   └───────────────┘   └───────────────────┘
        │                     │                     │
        └─────────────────────┼─────────────────────┘
                    ┌─────────────────────┐
                    │    決定可能的倫理策略  │
                    └─────────────────────┘
                              │
                    ┌───────────────────────────┐
                    │ 如果初步接受，請思考這個策略帶來的結果 │
                    └───────────────────────────┘
                              │
                    ┌─────────────────────┐
                    │    預備倫理決定        │
                    └─────────────────────┘
                              │
                    ┌─────────────────────┐
                    │   獲得同僚與督導的回饋  │
                    └─────────────────────┘
                              │
                    ┌─────────────────────┐
                    │    實務行動           │
                    └─────────────────────┘
```

資料來源：Steinman et al.（1988）。

# Unit 5-9
## Congress的ETHIC倫理抉擇模式、Jorden & Meara的倫理判斷原則、Clifford & Burk的反壓迫倫理決策模式

Congress提出ETHIC的倫理決策模式（ETHIC Model of Decision Making），透過以下步驟或過程進行其倫理決策，說明如下（萬育維譯，2012）：

### 一、E（Examine）
檢視個人的、社會的、機構的、案主的，以及專業的相關價值。

### 二、T（Think）
想一想NASW倫理守則中有什麼倫理標準，或有沒有相關法律與類似的案主決策可以參考運用。

### 三、H（Hypothesize）
假設不同的決策可能帶來的不同後果。

### 四、I（Identify）
於社會工作致力於協助最弱勢者的承諾，來確認誰將獲益、誰會受害。

### 五、C（Consult）
諮詢督導和同僚，以做出最合乎倫理的選擇。

而對於倫理的判斷原則，Jorden & Meara認為各種倫理準則或是守則，主要在教導如何運用這些原則到實際的倫理事件上。因此，倫理判斷原則可分為以下二種：

### 一、原則性倫理（principle ethics）
強調採用理性、客觀、普遍、公平的原則來分析倫理事件。此一原則重視由過去的案例或社會上普遍認定之標準，以作為決定應該如何做的倫理判斷。

### 二、德性倫理（virtue ethics）
德行倫理著重於專業工作者本身的特質，是負責任的專業倫理判斷，亦即，是一種自律的決策取向。亦即，原則性倫理是在問：「這種情況是否有違反倫理？」而德性原則是問：「我這樣做是否讓當事人受益最多？」有些專業工作者會特別注意自己的處遇過程是否違反法律規定；有些則特別注意能否使當事人獲益最多，而不是著重於保護自己。Jorden & Meara就認為最理想的專業人員，除了必須有正確且謹慎的抉擇之外，還包括必須將處遇的重點放在怎樣才是最好的，而不是被允許的。

此外，Clifford and Burke指出，在反壓迫社會工作實務中，重要的倫理規範（ethics），架構包括：社會工作者是否有系統的從不同的案主身分去了解案主，例如：使用性別、種族、性取向的角度了解案主，社會工作者是否了解自己與自己身分差異極大的案主互動時的極限為何；社會工作者與案主對話是一個反壓迫社會工作實務的關鍵領域，在對話過程中，社會工作者是否仔細反省許多議題，是否了解自己與案主之間權力的差距，是否了解這不是一個中立（neutral）的過程；社會工作者是否從案主的歷史社會脈絡來了解案主，是否了解案主絕對不是一個能和這些脈絡分開來了解的個體；社會工作者是否了解案主的行為與情況與他的社會系統；社會工作者是否了解不同社會關係中的權力（power）議題，從社會、政治、經濟層面，到文化、心理所構成的權力都包括在內，但是最基本的分析是個人、團體、或是機構獲得資源管道的分析。如果社會工作者不是採取這樣的角度進行實務工作，就很有可能再次造成對案主的壓迫。

Clifford和Burke認為在反壓迫的價值脈絡與概念之下，主要目標在縮小一致性的標準，但也了解服務使用者是讚賞理想道德的完美性（倫理決策指引如右頁圖解），包含：面對倫理衝突，若普及性的基礎，我們需要建立評斷的標準，其中的問題是，誰是發言者？在當中倫理的意涵是一種權力關係。其決策的程序包括社會脈絡、專業人員之間、服務使用者的觀點和反壓迫的社會工作價值。

## Congress的ETHIC倫理抉擇模式

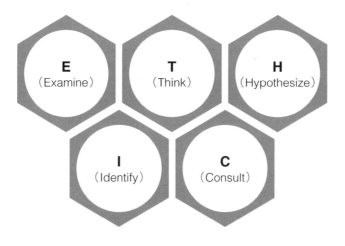

E
（Examine）

T
（Think）

H
（Hypothesize）

I
（Identify）

C
（Consult）

## Clifford & Burk的反壓迫倫理決策架構

法令、組織政策、程序經濟和
資源政策、人權、機會均等

↕

反壓迫的
價值清單

←→

反壓迫專業人員：
反思指認倫理風險與機會實務
和政治策略的選擇性

←→

倫理、倫理
守則原則、
美德、權利

↕

個案和研究證據、服務使用
者、照顧者和專業人員之間的
觀點

# Unit 5-10
# Van Hoose的五級倫理思考模式、Briscoe的三種導向模式

圖解社會工作倫理

132

Van Hoose & Paradise提出五級倫理思考模式，以個人的倫理判斷之導向或其決定的取向，這個模式也頗值得社會工作專業人員參考，說明如下（鄭怡世，1999）：

## 一、獎懲導向

專業人員的決定、建議及行為，以遵守既定的規則和標準為基礎，以獎懲導向為主，也就是說個人所關心的是行為結果對自己帶來的後果。因此當遇到倫理兩難的情境時，其倫理取向會根據外在架構為主，並在意於行為結果是否受到外界的認可或制裁。

## 二、機構導向

專業人員的倫理決定、建議及行為，以遵守服務機構的規定和政策，以符合上級或機關的期望，不違背上級的指示及規定，也就是當個人與機構發生倫理衝突時，會以機關規定或政策為倫理判斷標準。

## 三、社會導向

專業人員的倫理決定，以遵從社會的規範、法律、社會大眾的共識為基礎，且在乎個人行為結果關心的是否對社會的責任與福祉有益。

## 四、個人導向

專業人員的倫理決定焦點在個人的權益，並避免侵犯別人的權利及觸犯法律，顯示雖承認法律和社會福利的重要，但更重視個人的需要及其自由權與人權，因此個人需求為最優先考慮。

## 五、原則或良心導向

專業人員的倫理決定，不考量法律、專業或社會的後果，是以良心的原則及個人的倫理意識決定何者是對，

也就是說，以個人內在的倫理與道德原則，做成合乎正義良知的決定，並不理會外在的壓力。

Van Hoose & Paradise 的五級倫理思考模式，清楚的區別出專業人員在獎懲、機構、社會等三個取向層次，判斷的標準是以外在取向模式為中心；但在個人、原則或良心等二個取向層次，僅以簡單之個人思考為分類。因此，僅將專業工作者的道德發展作為倫理決策的依據，使得在實際的問題解決應用上有其限制。

另外，學者Briscoe & Thoams針對社區工作者的角色。認為有些專業社區工作者是由政府機關或其他公私立機構所聘僱，派往社區從事社區發展工作；有些專業社區工作者則是社區理事會聘任，常駐於社區從事社區服務工作，其立場與任務難免有所差異，因此他們提出了專業社區工作者的三種倫理判斷的模式，說明如下（徐震，1995）：

一、**機構政策導向**：指專業社區工作者對其角色的認知，受其服務機關的工作政策與行為規範所影響。

二、**專業關係導向**：指專業社區工作者對其角色的認知，受其專業關係所給予的工作知識與價值觀念所影響。

三、**個案需求導向**：指專業社區工作者對其角色的認知，受其服務的社區居民的需求與發展目標所影響。

他們建議專業社區工作者應以社區居民的需要為其角色認知的導向。但學者徐震認為，就實際的工作情況言之，專業社區工作者一如社會工作專業人員一樣，其工作任務實具有雙重責任。社會工作專業人員在服務工作上，一方面對其受僱的機構負責，一方面對其服務的案主負責。

## Van Hoose & Paradise的五級倫理思考模式

**1** 獎懲取向：
倫理決定在於行為結果受
到外界的認可或制裁。

**2** 機構取向：
嚴守機構的規定和上級的
期望。

**3** 社會取向：
以社會的規範和法律為判斷標準，
以社會福祉為優先之考量。

**4** 個人取向：
最關注的為案主的需求，
案主需求甚於社會需求。

**5** 原則或良心取向：
最關心的是案主，並根據良心和個人倫理原則做出決定，
而不理會外在的壓力。

## Kohlberg與Van Hoose & Paradise倫理思考判斷取向比較

| 比較階段 | Kohlberg | Van Hoose & Paradise |
|---|---|---|
| 階段1 | 避罰服從取向 | 獎懲取向 |
| 階段2 | 相對功利取向 | （無） |
| 階段3 | 尋求認可取向 | 機構取向 |
| 階段4 | 遵從法治取向 | 社會取向 |
| 階段5 | 社會法制取向 | 個人取向 |
| 階段6 | 普遍倫理取向 | 原則或良心取向 |

資料來源：Moore, H. E.（1978）。

第 6 章

# 社會工作倫理守則

●●●●●●●●●●●●●●●● 章節體系架構 ▼

# Unit 6-1
## 倫理守則之意涵

圖解社會工作倫理

138

倫理守則一詞廣泛應用在數種行為守則上。Millerson認為「專業主義」是隸屬於「專業行為」（professional conduct）內容的一部分，他將專業行為分為專業實務工作、專業倫理，說明如下：

一、**專業實務工作**：接受統一的專業費用與收費清單、標準合約格式、計劃競爭的規定。

二、**專業倫理**：給予專業上與他人互動之道德指引，以及是非對錯之行為的辨別。其形式可能是一份正式守則或非正式的共識。

專業倫理是指將一般性的倫理原則應用到某一專業領域，藉以協助從業人員釐清並解決實際工作中所面臨的許多具體道德問題。也就是指專業團體或專業實務者之社會價值觀與行為準則，專業倫理是專業實務者之集體次文化，為了達到某一專業目的，形成某一專業之行為（李宗派，1999）。

社會工作專業倫理，是社會工作者依其助人的哲學信念和價值取向，發展而成的一套具體實施原則，以作為引導和限制助人活動時社會工作者應遵守的行為準據。社會工作專業倫理守則（professional code of ethics in social work），簡稱倫理守則（code of ethics），是專業人員根據其助人哲學信念及專業價值，發展出一套具體知識與實施原則。這種將社會工作專業的哲學與信念，轉化為對實務工作者的具體規定，說明何者當為、何者不當為的條文，用來規範社會工作者專業行為，即稱為社會工作專業倫理守則。

倫理守則除幫助實務工作者面對倫理上的兩難，事實上，倫理守則還具有保護專業免於外界的約制，建立與專業使命相關的規範，也提出一套標準幫助處理實務工作者不當行為的申訴事件。倫理守則是專業發展的重要指標之一，倫理守則能對該團體共同身分與價值觀之產生有所助益，專業倫理守則的功能如下（周采薇譯，2014）：

一、**保護案主或服務使用者**：公開宣示誠信，清楚表明專業職業應有之特質。

二、**指引實務工作者**：透過倫理覺醒反思或明確規則，給予行為與倫理決策上的指引。

三、**加強專業地位**：利用倫理守則之存在來建立，此為專業特徵之一。

四、**創造並保持專業身分**：藉由表明服務理念、關鍵倫理原則、成員應具備之特質與所需之行為舉止來達成。

五、**專業紀律與監督**：要求成員遵循守則，並以此懲處行為失當之個案。

此外，Berlin提出倫理守則之功能，包括如下：

一、讓案主和外行人能了解專業的行事標準。

二、幫助初學者做好內化工作。

三、澄清社會工作和其他專業之分野。

四、清楚界定社會工作者和案主之關係。

五、維護案主權益。

六、做為判定行為是否違反倫理的依據。

當然，要求倫理守則對每一倫理兩難的情境提供明確的指引是不合理的。倫理守則應有多種功能，包含了對專業成員的啟發、專業的一般倫理規範、提供專業一個道德約束；若是太特定了，守則會變得大而不當（包承恩、王永慈譯，2009）。

## 與倫理守則標準有關的三種議題

**01** 社會工作者可能會犯的錯誤：這些錯誤具有倫理的意涵。這樣的例子包括：該保密的資料攤在桌上，以致被未被授權的人閱讀；或是忘了把一些重要細節納入案主知情同意的文件中。

**02** 困難的倫理抉擇，及兩難情境相關的倫理議題，例如：要不要透露一些機密，以使第三者免受嚴重的傷害？或是否要為一位保險給付已用罄的案主繼續提供服務？

**03** 與社會工作者不當行為的議題有關，例如：對案主的剝削；違反專業角色界限；或對所提供之服務不實的收費等。

## Frankel提出的倫理守則三種形式

**1** 鼓勵性的倫理守則
揭櫫一種崇高的道德理想，鼓勵專業人員一起努力遵循。

**2** 教育性的倫理守則
對道德標準採取最基本的方式，只作解釋性的敘述。

**3** 規定性的倫理守則
對應遵循的行為規範有詳細的敘述，並對違反者有一定的裁決。

# Unit 6-2
## 倫理守則之意涵（續）

對社會工作者而言，倫理守則不僅是專業化的必要條件之一，同時也是社會工作在朝向專業發展過程中最根本、也最常面對的困境。從專業的發展史來看，「排他性」與「權威性」往往是專業的一體兩面，我們如何取得專業之利，又能避免專業之害，使社會工作能在積極奉獻社會、服務人群的同時，又能避免社會工作成為「專業霸權」，失去助人專業的本質與使命，就必須要有一套清楚的倫理守則規範社會工作人員行為。而倫理守則的組成，亦即倫理守則的內容，包括如下（周采薇譯，2014）：

一、**專業核心目標或服務理想之聲明：** 如「社會工作之首要任務是增進人類幸福」。

二、**專業特質/特性之聲明：** 如「專業執業人士應具有誠實、可靠與可信之秉性」。

三、**專業基礎價值之聲明：** 如「人類尊嚴與價值」、「社會正義」等。

四、**倫理原則：** 對工作倫理原則之聲明，如「尊重服務使用者自主性」、「促進人類福利」。

五、**倫理規則：** 一些基本的「該」與「不該」，有時這被稱為「標準」，如「不讓知識為歧視性政策所利用」和「保護機密資料」。

六、**專業實務工作原則：** 概述該如何以服務使用者利益為出發點完成任務，如「與同事合作」。

七、**專業實務工作規則：** 專業實務工作上的詳細指示，如「依案主之意願宣布遺產」和「宣傳廣告不應挾帶優越感」。

任何守則都有其限制，社會工作倫理守則也不例外，茲說明如下（許臨高等，2016）：

一、任何規範通常只能針對一般情況或通例，無法考量特殊情況，「不明確、無法明確」的情形就難以避免，可能會產生特定情境之下守則應用的困難。

二、守則必須因處遇情境變化而適時修訂，否則適用性將受到限制，問題是適時修訂的步調常常趕不上變化，守則的實用性就大打折扣。

三、專業倫理因為只針對專業情境訂定，和一般倫理、其他專業規範或機構政策可能會有相互衝突之處，增加了解決倫理議題的難度。

四、明確的倫理守則讓專業人員容易遵循，模糊的條文賦予工作者自行判斷的空間，例如：有些條文提到「必要時……」或「應以案主的最佳利益為優先考量」，僅是模糊的宣示，缺乏具體的責任規定，執行上並不容易。

五、專業倫理規範除了可能和個人價值、機構規定、社會習俗或法令相牴觸之外，規範之間也不是沒有互相矛盾之處，可能讓工作者無所適從。

## Mabe & Rollin提出的六項專業倫理規範及守則的限制

1. 有些問題不能在守則的條文中處理。
2. 有些規範在執行上有困難；社會大眾會認為專業協會或公會對某些規範或守則的執行不夠嚴謹。
3. 無法在制定規範或守則的過程中，有系統地顧及所有當事人的權益。
4. 在法庭上，有可能產生與專業規範或守則相衝突的判決結果。
5. 可能發生與專業倫理規範或守則相關的衝突：例如：專業倫理規範與一般倫理之間、專業規範與機構政策之間等問題，以致專業倫理規範或守則無法產生有效解決這些衝突的機制。
6. 由於專業倫理規範或守則針對已發生過的事情做共識性的處理，對新興的問題則較缺乏處理的能力。

## Corey提出的實務工作上倫理守則可能遭遇的一些限制

1. 有些問題不能單憑倫理守則加以處理。
2. 有些守則不夠清楚精確，導致執行上的困難。
3. 倫理守則之間、機構專業規範之間，有時會產生矛盾或衝突。
4. 倫理守則常是事後回應，而不是事先預期到的。
5. 實務工作者的個人價值觀與明文規定的特定倫理守則可能產生衝突。
6. 倫理守則可能與機構政策或實務工作相互衝突。
7. 倫理守則必須在文化架構下加以了解，因此規範必須適應不同文化要求。
8. 不同專業機構有不同的觀點，因此不是所有人都能贊同機構所訂的規範。

# Unit 6-3
# 倫理守則的基本倫理原則

　　倫理是一種原則和標準，用來確保專業工作者提供有品質的服務，並對個案的權利予以尊重。許多的助人專業都已發展出專業倫理守則，以保護執業者和個案。這些守則是專業人員據以決策的倫理原則，鼓勵專業人士要有負責的態度、要確保照顧案主的品質，以及對社會有所貢獻。原則並非提供正確答案，而是一種指引，幫助助人者在行為上具有負責的態度，並解決倫理的兩難。

　　許多的倫理守則具有普遍性的倫理原則，通常強調六個基本倫理原則的重要性，說明如下（林美珠、田秀蘭譯，2013）：

## 一、自主性（autonomy）

　　自主性指的是在不影響他人權利下，個人的決定以及行動的權利（同時是消費者及提供者）。這項原則授予個人基於他們的信念而決定其行動的機會。

## 二、受益性／有益性（beneficence）

　　受益性指的是在助人中想去「做好事」以及提升他人的成長。這項原則清楚地指出，助人者應該致力於他人的成長與發展。如果助人者努力提供最完整、具實證支持的服務給他們的個案，那麼就是受益性的具體表現。然而，如果一位助人者僅將個案視為賺錢的工具，並不關心他們的福祉，這將違反這項倫理原則。

## 三、不受傷害／無傷害性（nonmaleficence）

　　不受傷害以一句話來說，那就是「前提，不造成傷害」。專業人士需要確定他們的介入及行動不會反過來傷害他們的個案，助人者的疏失（即使是無心的）會導致問題。

## 四、公正性（justice）

　　公正性可被視為一種公平性，或是確保所有人類均享有平等待遇與資源。有人也許將這解釋為：「助人者有倫理責任讓那些付不起的個案都能享有助人服務，以矯正助人服務的分配不均。」另一個提升公平性的方法是去影響公共政策或立法，讓那些需要的人，不論他們的付費能力、地域、語言偏好或身障，都能享有心理衛生的服務。

## 五、忠誠（fidelity）

　　忠誠指的是在與他人的關係中能信守諾言並值得信賴。忠誠是助人者與案主關係中的一個關鍵要素，如果在助人的過程中，對於兩造同意的事，助人者缺乏守信的能力，那麼助人過程將少有進展。

## 六、真實（veracity）

　　真實是指說實話，這在助人情境中是一個有力且必須的原則。在助人過程中，個案常會依賴他們的助人者所提供的誠實回饋。

## 倫理守則的基本倫理原則之案例

| 基本原則 | 案例 |
| --- | --- |
| 自主性<br>（autonomy） | 助人者幫助個案決定其未來的生涯方向，而不管個案父母要個案去讀法律學校的希望。突然地，個案宣稱她結束諮商，並放棄獎學金，去追尋鄉村歌手的生涯，助人者可能建議她重新評估這個決定，並且想一想鄉村音樂歌手的生活之利弊得失。然而，自主性這項原則允許個案在不傷害他人的情況下，有權做自己的決定。在這個案例中，助人者支持個案的決定，選擇進入一所大學，追求她當音樂家的夢想。 |
| 受益性／有益性<br>（beneficence） | 在性侵害案件中，助人者相信揭露強暴事件給警察，以及接著對性侵犯的起訴可能對個案、個案的男友，以及未來可能的受害者有益；此外，助人者知道，應讓個案相信與助人者、她最好的朋友及性侵案件倖存者的支持團體會談，對她最有幫助。 |
| 不受傷害／無傷害性<br>（nonmaleficence） | 一位正在上助人課程的學生，與朋友一起出去用餐，並談及他在助人課程演練時的情形，接著他可能發現課堂上演練的個案就坐在隔壁，無意間聽到助人者講她的事。雖然助人者沒有講出個案的名字，也不是故意要傷害她，可是助人者仍得負起無心洩漏個案隱密資料之過。 |
| 公正性<br>（justice） | 助人者可以藉由志願服務於非營利單位來建立一個公平的社會。例如：家暴婦女庇護所、愛滋病患醫療中心。 |
| 忠誠<br>（fidelity） | 助人者與個案間的同意，大致上來說包括見面的時間、見面的次數，而如果助人者每次總是遲到20分鐘，那麼將會打破當初對時間的承諾，像這類的事情對於助人關係的發展，將會帶來負面傷害的影響。 |
| 真實<br>（veracity） | 案主在與助人者談了許多個月，在後面幾次中並沒有多大的進展，案主要求助人者對案主在助人過程中的行為給予直接的回饋。助人者給了一些正面的回饋，並且指出案主似乎常常將自己的問題責任丟回去給他人，而不想辦法讓自己更有精力來處理自己的問題，雖然案主聽到這樣的回饋是難過的，但案主還是感謝助人者的誠實，並了解到因為自己的不願負責，而限制了案主在生活中做必要的改變。 |

# Unit 6-4
# 我國《社會工作師倫理守則》之概觀

圖解社會工作倫理

144

我國於86年4月2日總統公布《社會工作師法》，並訂每年4月2日為「社會工作師日」，我國社會工作之專業體制正式邁入里程碑。我國《社會工作師法》第2條第1項規定：「本法所稱社會工作師，指依社會工作專業知識與技術，協助個人、家庭、團體、社區，促進、發展或恢復其社會功能，謀求其福利的專業工作者。」第2項規定：「社會工作師以促進人民及社會福祉，協助人民滿足其基本人性需求，關注弱勢族群，實踐社會正義為使命。」同法第4條規定：「中華民國國民經社會工作師考試及格，並依本法領有社會工作師證書者，得充任社會工作師。」

《社會工作師法》第17條第1項規定：「社會工作師之行為必須遵守社會工作倫理守則之規定。」第2項規定：「前項倫理守則，由全國社會工作師公會聯合會訂定，提請會員（會員代表）大會通過後，報請中央主管機關備查。」此即為我國《社會工作倫理守則》訂定之母法來源。

前述《社會工作倫理守則》係由中華民國社會工作師公會全國聯合會訂定。而依社會工作師法第32條規定：「社會工作師公會之組織區域依現有之行政區域劃分，分為直轄市公會、縣（市）公會，並得設社會工作師公會全國聯合會。」我國社會工作師公會全國聯合會依據社會工作師法第17條訂定《社會工作倫理守則》，作為實務指引及處理倫理申訴陳情之基礎。

我國的《社會工作倫理守則》最早是在97年3月28日經內政部同意核備。後於107年12月15日經中華民國社會工作師公會全國聯合會會員大會通過修訂，並於108年4月26日報衛生福利部核備，本章有關我國《社會工作倫理守則》，係以此版本為準。

我國的《社會工作倫理守則》共分為三章。第一章總則，包括使命、適用對象、核心價值、社會工作倫理原則、倫理衝突的處理原則，以及執業應遵守法令規定等；第二章守則，包括社會工作師對服務對象的倫理守則、對同仁的倫理守則、對實務工作的倫理守則、對社會工作專業的倫理責任、對社會大眾的倫理守則等；第三章附則，則為共2條文，包括社會工作師違反法令、社會工作師公會章程或本倫理守則者，除法令另有處罰規定者外，由違反倫理行為所在地或所屬之社會工作師公會審議、處置；以及本守則經中華民國社會工作師公會全國聯合會會員代表大會通過後施行，並呈報衛生福利部備查，修改時亦同。

本章後續各單元，將依據我國《社會工作倫理守則》中的總則、守則等二章為分析單元，並在守則單元中，再針對其各不同對象倫理守則，依次展開說明，並對倫理守則條文所涉及的相關社會工作意涵加以說明，俾對我國《社會工作倫理守則》有清楚的了解。

## 社會工作倫理守則之法規體系

高

社會工作師法

法規位階

社會工作倫理守則
（依據社會工作師法第17條訂定）

中華民國社會工作師公會全國聯合會會員倫
理申訴及審議處理要點
（依據社會工作倫理守則第三章附則訂定）

低

## 我國「社會工作倫理守則」之架構

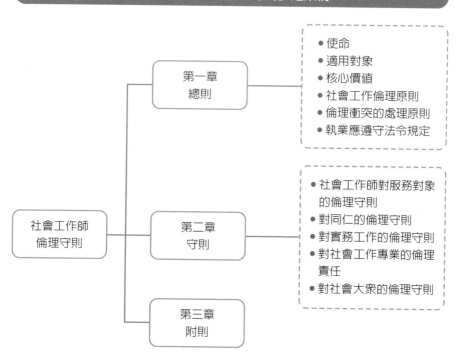

社會工作師
倫理守則

第一章
總則
- 使命
- 適用對象
- 核心價值
- 社會工作倫理原則
- 倫理衝突的處理原則
- 執業應遵守法令規定

第二章
守則
- 社會工作師對服務對象的倫理守則
- 對同仁的倫理守則
- 對實務工作的倫理守則
- 對社會工作專業的倫理責任
- 對社會大眾的倫理守則

第三章
附則

《社會工作師倫理守則》版本：中華民國107年12月15日經中華民國社會工作師公會全國聯合會
會員大會通過修訂、108年4月26日衛生福利部核備。

# Unit 6-5
## 總則

146

「總則」是指列於規章條例前端，可作為分則共同適用及有關係者的概括性條項。我國《社會工作師倫理守則》：第一章總則，即為就社會工作師倫理守則之使命加以說明；並說明適用之對象為社會工作師，並臚列社會工作師倫理守則之核心價值、倫理原則等，並針對在社會工作處遇過程中可能遭遇的衝突之處理原則。

我國《社會工作師倫理守則》的序言中，揭櫫係本著社會工作追求社會公平正義的思潮，以維護社會相對弱勢者的基本人權，讓每個人都能獲有人性尊嚴的生活條件，讓所有不同文化的族群，都能同等受到尊重為我國社會工作的最高使命。並指出我國的《社會工作師倫理守則》核心價值為：「努力促使服務對象免於貧窮、恐懼、不安、壓迫及不正義對待，維護服務對象基本生存保障，享有尊嚴的生活。」並列出6點社會工作倫理原則，包括：1.促進服務對象的最佳福祉；2.實踐弱勢優先及服務對象最佳利益；3.尊重服務對象的個別性及價值；4.理解文化脈絡及人際關係是改變的重要動力；5.誠信正直的專業品格及態度；6.充實自我專業知識和能力。而在我國《社會工作倫理守則》中，對於倫理衝突的處理原則，係以社會工作的價值觀重視生命為最優先的考量，以及以案主利益為優先、案主自覺等社會工作價值觀為主要處遇原則。

此外，依據美國社會工作者協會（NASW）訂定之《社會工作倫理守則》，該守則認為社會工作專業的使命植根於一套核心價值觀，這些核心價值觀，在整個職業歷史中被社會工作者所接受，是社會工作獨特的和觀點的基礎，並在此倫理原則中，列出6項價值，包括：1.服務（Service）；2.社會正義（Social Justice）；3.尊嚴與人的價值（Dignity and Worth of the Person）；4.人類關係的重要性（Importance of Human Relationships）；5.誠信（Integrity）；6.能力（Competence）。這些核心價值反映了社會工作專業的獨特之處。

此外，美國《社會工作倫理守則》明確指出該倫理守則包括六個目的如下：

一、倫理守則確定了社會工作使命所依據的核心價值觀。

二、倫理守則總結了反映該行業核心價值觀的廣泛道德原則，並建立了一套具體的道德標準，這些標準應用於指導社會工作實踐。

三、倫理守則旨在幫助社會工作者在職業義務衝突或出現道德不確定性時確定相關考慮因素。

四、倫理守則提供倫理標準讓社會大眾了解社會工作的專業責任。

五、倫理守則對將新進入該領域的新進人員提供社會工作的使命，價值，倫理原則和倫理標準提供社會化，並鼓勵所有社會工作者增強自我照顧及持續接受教育，以確保他們對專業核心特徵的承諾。

六、倫理守則闡明了社會工作專業本身的標準，用以評估社會工作者是否違反倫理。

無論是我國的《社會工作師倫理守則》，或是美國的《社會工作倫理守則》，在總則中都包括了社會工作專業的使命和核心價值觀，對於社會工作者在後續研讀倫理守則中各面向的倫理標準，建立了綜觀的視野。

## 總則

本著社會工作追求社會公平正義的思潮，本守則提出以維護社會相對弱勢者的基本人權，讓每個人都能獲有人性尊嚴的生活條件，讓所有不同文化的族群，都能同等受到尊重，做為現階段我國社會工作的最高使命。而為達成實踐人權、人性尊嚴和族群平等的使命，要重視社會工作專業工作者和專業組織的相關倫理責任的釐清，並積極重視實務研究、設計、發展等價值實踐相關的制度的建構，進而導引推演形成各面向專業行動的倫理標準。

一、使命
社會工作以人的尊嚴與價值為核心，使服務對象都能獲人性尊嚴的生活條件，讓所有不同文化的族群，都能同等受到尊重。

二、適用對象
社會工作倫理守則適用對象為社會工作師。

三、核心價值
努力促使服務對象免於貧窮、恐懼、不安、壓迫及不正義對待，維護服務對象基本生存保障，享有尊嚴的生活。

四、社會工作倫理原則
4.1.促進服務對象的最佳福祉。
4.2.實踐弱勢優先及服務對象最佳利益。
4.3.尊重服務對象的個別性及價值。
4.4.理解文化脈絡及人際關係是改變的重要動力。
4.5.誠信正直的專業品格及態度。
4.6.充實自我專業知識和能力。

五、倫理衝突的處理原則
社會工作師面對倫理衝突時，應以保護生命為最優先考量原則，並在維護人性尊嚴、社會公平與社會正義的基礎上作為。
5.1.所採取之方法有助於服務對象利益之爭取。
5.2.有多種達成目標的方法時，應選擇服務對象的最佳權益、最少損害的方法。
5.3.保護服務對象的方法所造成的損害，不得與欲達成目的不相符合。
5.4.尊重服務對象自我決定的權利。

六、社會工作師執業，應遵守法令、社會工作師公會章程及本守則。

「社會工作師倫理守則」版本：中華民國107年12月15日經中華民國社會工作師公會全國聯合會會員大會通過修訂、108年4月26日衛生福利部核備。

## 美國「社會工作倫理守則」之六項價值觀

1. 服務（Service）
2. 社會正義（Social Justice）
3. 尊嚴與人的價值（Dignity and Worth of the Person）
4. 人類關係的重要性（Importance of Human Relationships）
5. 誠信（Integrity）
6. 能力（Competence）

# Unit **6-6**
# 守則：社會工作師對服務對象的倫理守則

依據我國《社會工作師倫理守則》第二章中，有關「社會工作師對服務對象的倫理守則」之條文包括1.1至1.9，自本單元起，將分多個單元，就前述條文加以說明其相關意涵。

■ 守則1.1

社會工作師應基於社會公平、正義，以促進服務對象福祉為服務之優先考量。

據國際社會工作聯盟最新的全球社會工作定義（Global definition of social work）指出，「社會正義、人權、集體責任與尊重多元是社會工作的核心原則。」過去幾次對於社會工作定義的修正中，唯一不變的就是社會正義的原則，這也是傳統社會工作所堅持的價值（張英陣，2016）。

什麼是「公平正義」？一般人經常合而為一個概念，但是嚴謹來說，可分為「公平」與「正義」兩個層次。「公平」的概念比較容易了解，它隱含「客觀實質」和「主觀心理」兩方面：在「客觀實質」方面，指的是社會上「各取所需」的分享；而在「主觀心理」方面，則是個人「相對剝奪」的感覺。例如：在就業市場上，使人人「勞有所獲」就是客觀上「公平」的制度；而如果是「勞而不獲」或甚至「不勞而獲」，就是客觀與主觀上不公平的制度。而「正義」簡單的說，是為確保社會上人人能夠獲得「公平」的基本原則。Rawls認為一個符合「公平的正義」要具備三個依序的原則；分別是：自由原則、平等原則、差異原則。

社會正義（social justice）是社會工作者的靈魂，積極地來說，社會工作者應致力於社會公平、正義之實現，且應以服務對象的福祉為優先考量，尤其是涉及福利資源的分配。社會正義是指不論個人、團體或社區（部落）均有權利與賦予被平等對待、接近、包容與處置。基本上，社會正義在處理社會階級、族群、性別、年齡、身體條件間的平等與團結課題。就社會工作者來說，社會正義的追求始於反對不均、壓迫與排除。社會工作者相信不論任何形式的不均、壓迫與排除，例如：性別歧視、年齡歧視、恐同症、身心障礙歧視等都是有害人類社會的，應該被消除，因為其係基於人的某一事實，例如：膚色、身體條件、年齡、性別等，就加諸道德的歸類，據而拒絕以人性來對待之；進而，否定其個別性、身分、價值與信念，這就是社會不正義（social injustice）。

NASW社會《社會工作倫理守則》，對於「社會正義」之倫理原則闡述中提及，社會工作者追求社會變革，尤其是與弱勢和受壓迫的個人和群體一起工作。社會工作者推動社會變革的努力，主要集中在貧困、失業、歧視和其他形式的社會不正義上等議題上。此外，這些活動在致力於提升對壓迫和文化及多元種族的敏感度和知識。社會工作者必須努力確保獲得所需要的訊息、資源、機會均等，以及有意義地參與所有被服務者的決策。

## 社會工作師對服務對象的倫理守則

1.1. 社會工作師應基於社會公平、正義，以促進服務對象福祉為服務之優先考量。

1.2. 社會工作師應尊重並促進服務對象的自我決定權，除為防止不法侵權事件、維護公眾利益、增進社會福祉外，不可限制服務對象自我決定權。服務對象為未成年人、身心障礙者，若無法完整表達意思時，應尊重服務對象監護人、法定代理人、委託人之意思；除非前開人員之決定侵害服務對象或第三人之合法利益，否則均不宜以社會工作者一己之意思取代有權決定者之決定。

1.3. 社會工作師服務時，應明確告知服務對象有關服務目標、限制、風險、費用權益措施等相關事宜，協助服務對象作理性的分析，以利服務對象作最佳的選擇。

1.4. 社會工作師應與服務對象維持正常專業關係，不得與服務對象有不當雙重或多重關係而獲取不當利益。

1.5. 社會工作師基於倫理衝突或利益迴避，須終止服務服務對象時，應事先明確告知服務對象，並為適當必要之轉介服務。

1.6. 社會工作師應保守業務秘密；服務對象縱已死亡，仍須重視其隱私權利。服務對象或第三人聲請查閱個案社會工作紀錄，應符合社會工作倫理及政府法規；否則社會工作者得拒絕資訊之公開。但有下列特殊情況時保密須受到限制：

   a. 隱私權為服務對象所有，服務對象有權親自或透過監護人或法律代表而決定放棄時。

   b. 涉及有緊急的危險性，基於保護服務對象本人或其他第三者合法權益時。

   c. 社會工作師負有警告責任時。

   d. 社會工作師負有法律規定相關報告責任時。

   e. 服務對象有致命危險的傳染疾病時。

   f. 評估服務對象有自殺危險時。

   g. 服務對象涉及刑案時。

1.7. 社會工作師收取服務費用時，應事先告知服務對象收費標準，所收費用應合理適當並符合相關法律規定，並不得收受不當的餽贈。

1.8. 未經服務對象同意不得於公開或社群網站上公開其他足以直接或間接方式識別服務對象之資料。

1.9. 運用社群網站 或網路溝通工具與服務對象互動時，應避免傷害服務對象之法定權益。

《社會工作師倫理守則》版本：中華民國107年12月15日經中華民國社會工作師公會全國聯合會會員大會通過修訂、108年4月26日衛生福利部核備。

# Unit 6-7
# 守則：社會工作師對服務對象的倫理守則（續1）

本單元接續說明倫理守則條文1.1。在條文1.1中提及，社會工作師應基於社會公平、正義，以促進服務對象福祉為服務之優先考量；社會工作師法第2條規定：「社會工作師以促進人民及社會福祉，協助人民滿足其基本人性需求，關注弱勢族群，實踐社會正義為使命。」有關「服務對象利益優先」倫理責任，根據Reamer的看法，有四項標準是社會正義的處理原則，亦即是社會工作如何決定資源分配，包括：平等分配、需求強度、弱勢優先/補償、貢獻多寡。茲說明如下：

## 一、平等分配

平等是指等同的分享（equal shares），不同於公平（equity）的「公正的分享」，是人人得到一樣多。

## 二、需求強度

社會工作者的「案主」通常在經濟安全、心理、社會、權力、健康、住宅、就業、教育等面向上有需求的。但是有需求的人很多，往往超出社會工作者或社會福利機構的能力之外，因此，先解決生存的需求（如急救、食物、緊急庇護）再說。接著，不同的對象有不同的需求，社會工作者要依需求類型與需求程度來分配資源。診斷、評估、鑑定就成為不同的實施領域的專業，用來決定分配資源的工具或技術。對社會工作者來說，迫切需求者優先服務，需求高者多服務，無需求者不提供服務是不變的原則，這是公平的分配。

## 三、弱勢優先

弱勢優先本質上是一種補償（compensation）。羅爾斯（Rawls）在其所著《正義論》中，將積極的差別待遇列為正義的第三個原則，列在自由、機會均等之後。當人類擁有同等的自由之後，接著要考慮同等的發展機會。但是，總有些人無法與他人平起平坐，為了達到公正起見，劣勢優先是不可或缺的。弱勢者通常是先天條件不利者，例如：身心障礙者、老人、兒童或後天受壓迫者，例如：原住民、婦女、新移民。對這些人的補償是給他們一種優先分配的特權（privilege）。

## 四、貢獻多寡

貢獻多者獲得較多的資源分配是在制度式福利裡才會被接受的原則。例如：公共年金保險中的所得相關年金，保險費繳得多，領到的老年年金給付也越多。但是，社會工作並不主張依貢獻多寡來決定資源分配，因為社會工作的「案主」群多半是繳費能力低的人。何況，將貢獻等同於保費也不公平，女性養兒育女的貢獻很大，但其繳保費的能力低於男人，甚至依賴男人（以配偶之名）。所以，才會有普及式的福利的提出，不以貢獻多寡來決定福利多寡。工作福利（workfare）這種自由主義的主張，基本上就是依貢獻來決定福利的有無與多寡。

社會工作倫理通常不會對資源分配作詳盡的規範，但是對服務對象倡導充分的資源以滿足其需求，以所其都能公平地得到所需的資源，以及資源分配流程是公開、公正、適當、無歧視的，是應當遵守的原則。社會工作者必須謹記，資源分配的方法，並沒有任何一種方法可以處理所有可能遭遇的問題，因為資源永遠不會全然可得。不論最後的選擇為何，社會工作者所依據的倫理考量，必須是社會工作者有能力證明的。

## 相對剝奪感之意涵

- 相對剝奪感被定義為在個體與他人進行負向比較後,所經驗到的一種不滿意的感覺。根據這個定義,相對剝奪感具有兩種不同的成分,分別為認知以及情感:
  ▸ 認知:指的是個體與相似或不相似他人的比較。
  ▸ 情感:包含了知覺到自我與他人的差距後所產生的不滿意感。
- 相對剝奪感是一種主觀的感覺,而非事實的呈現,當一方與另一方比較時,感到趨於弱勢或較為匱乏時,即產生相對剝奪感。

## 平等分配的三種可能

**01** 將現有資源平均分配給所有需求者,即使不能完全或適當滿足需求,至少是最公正的方式。

**02** 當資源少於需求時,資源又不能切割(如床位、托兒所名額)時,應採先到先服務的方式。

**03** 當先到先服務的方式不公正時(例如:有些人住得遠、交通不便、工作環境不允許、身體不便、資訊不流通等),則應採抽籤方式,讓每個人都享有機會均等。

# Unit **6-8**
# 守則：社會工作師對服務對象的倫理守則（續2）

圖解社會工作倫理

152

■ **守則1.2**

社會工作師應尊重並促進服務對象的自我決定權，除為防止不法侵權事件、維護公眾利益、增進社會福祉外，不可限制服務對象自我決定權。服務對象為未成年人、身心障礙者，若無法完整表達意思時，應尊重服務對象監護人、法定代理人、委託人之意思；除非前開人員之決定侵害服務對象或第三人之合法利益，否則均不宜以社會工作者一己之意思取代有權決定者之決定。

守則1.2條文指陳「社會工作師應尊重並促進服務對象的自我決定權」，即為「自我決定」（self determination），或稱「案主自決」（client self-determination）。社會工作師應以尊重服務對象自我決定為主要原則，在可能的範圍內，社會工作者要做到極大化服務對象自我決定的機會。服務對象自我決定是實踐社會工作的基本信念，服務對象案主有權決定也有能力掌握自己的生活，社會工作者和案主一起工作，達成案主的目標。

社會工作對於「案主自決」的觀點與專業價值的演進有密切相關。自1920年，社會工作開始被認可為一門專業。在1920至1930年，逐漸認識到案主有權利（right）和需要（need）在個案工作過程中參與決定和選擇。這樣的概念源自於對人有與生俱來的自由之認同，以及在個案工作中，發現在案主自己做決定下，才會有最有效的處遇的情況下所產生。1930至1940年，案主自由之概念逐漸被明確化，案主的權利也由僅是「參與」，擴大到「自助」和「自己做計畫及決定」。Biestek於1975年在其《個案工作的關係》一書中提到，案主自我決定原則是個案工作關係的原則之一，每一個人對自己的生活，都有自己選擇和自己決定的需要，他不希望被無理壓制、被支配，以及被告訴應該怎麼做（謝秀芬，1977）。

就助人專業而言，社會工作者認為每個人都有自我做決定的權力和能力，相信唯有經過不斷的省察，並且能夠自己面對問題和負擔起抉擇的責任，才能成長並管理自己；當服務對象尋求協助時，不表示服務對象要放棄自決權。實踐服務對象自我決定，除了是對服務對象能力的信任，更清楚的表達社會工作者協助但不掌控服務對象生活的重要界線。因此，由社會工作的角度觀之，由於服務提供的方向，可能涉及服務對象的價值判斷，因此需要由服務對象決定。社會工作者的角色是提供分析和解決的方法，故社會工作者在過程中，應敏感察覺自我價值的涉入，盡量減少主觀的價值判斷。

服務對象的行為係源自於案主己身的自由意願、選擇與決定，這是服務對象自我決定的基本原則；個體透過對自己的擘劃而存在、而活出自己的風格，種種擘劃非關它們是否是最好的，而是因為那是獨特且最適的，這是服務對象自決的內涵（鄭麗珍、江季璇，2002）。

## 案主自決的意涵

「案主自決」強調的「尊重、自由、自主」之價值，主要是希望案主能在不被壓迫的狀況下自主的表達其個人之意願和權益。

資料來源：鄭麗珍、江季璇（2002）。

## 案主自決的兩個層次（價值原則與實踐的關聯）

**01**

**第一層次**
指案主察覺困難而向社會工作者求助。

**02**

**第二層次**
工作者針對案主的困難，提供解決方法，依據案主的決定與步驟工作。

# Unit **6-9**
## 守則：社會工作師對服務對象的倫理守則（續3）

　　本單元接續說明倫理守則條文1.2。在條文1.2中提及「除為防止不法侵權事件、維護公眾利益、增進社會福祉外，不可限制服務對象自我決定權」。亦即，社會工作者無法保證完全的服務對象自我決定，因為服務對象自我決定與社會工作者專業責任有一定的衝突。讓服務對象自我決定不表示案主可以為所欲為，服務對象個人有權利決定，但也必須尊重別人的權利。因此，服務對象自我決定不允許傷害自己，不能傷害自己之外，亦不能傷害他人。

　　NASW《社會工作倫理守則》中，對於服務對象「自我決定」之倫理原則闡述中提及，社會工作者應尊重和促進個案自我決定的權利，並協助個案自己努力去定義與澄清其目標。但當個案的行為或潛在的行為對他們自己或他人可能造成嚴重的，可預見的和迫在眉睫的風險，在社會工作者的專業判斷下，社會工作者有可能會限制個案的自我決定權。

　　社會工作者讓服務對象確信自我決定的意義，或許會使人認為社會工作者是扮演著被動的角色，是在逃避責任。但事實上，社會工作者是將自助、自己訂定計畫的能力轉移到服務對象身上，以此來協助服務對象心理、社會功能的改善 。因為，通常服務對象到機構來尋求幫助時，常是沒有信心希望聽取社會工作者的建議，或者希望別人替自己出主意，顯現出依賴的現象。社會工作者為了使服務對象能發揮自助潛能，在助

人過程中，必須促使服務對象有積極參與處遇的動機。因此可見，社會工作者在此所下的功夫，要比替服務對象作決定來得深遠，但並非所有的服務對象都能了解社會工作者對服務對象「自我決定」的信念。社會工作者應在可能的情況下，盡力協助服務對象思考問題，引導服務對象自我決定。

　　服務對象自我決定係透過自治而展現出自由、真實、有意義的內涵，但自治仍有其限制之處，當服務對象自我決定後的行動會傷及他人時，服務對象自我決定就有必要受到限制；社會工作者有其倫理責任不僅要尊重服務對象的自我決定，同時也要顧及服務對象的健康或福利，而這些標榜慈善或是「為善」（doing good）的行動更應該要考慮其他人利益與社會正義的實踐。

　　社會工作者一方面要保護服務對象不做傷害自己與傷害他人的事，一方面要協助服務對象達成期望目標，服務對象的需求與機構及社會的目標不一定一致。此外，服務對象的能力因為年齡、智力有很大差異，最大可能的做到服務對象自我決定或除移自我決定的障礙，例如：患精神疾病的案主的自決範圍是有限制的；也不接受未成年人自願從事性交易，因為未成年人是在知識不完整的狀態下決定。

## 社會工作者為促使案主有積極參與處遇動機之相關工作

**1** 協助案主看清楚自己的問題及需要

**2** 使案主知道社區中適當的資源

**3** 使案主潛在的資源加以刺激，引導其活動

**4** 製造能使案主成長，解決自己問題的信賴關係的工作環境

## 案主自決實施之相關概念

### 充權 （empowerment）

充權係指增加案主控制生活的可能性；自我決定則強調自我管理的權利。因此充權與自我決定在概念上是互有關聯的。

### 動機建構 （motivational construct）

自我決定是個人行為表現的內在需求，所以是「選擇」及「擁有選擇」的能力。而動機建構是一種能力、自尊、自我控制與自我的目標。

# Unit 6-10
# 守則：社會工作師對服務對象的倫理守則（續4）

本單元接續說明服務對象自我決定的受限，如守則條文1.2所述身心障礙者，若無法完整表達意思時，其案主自決權會受到限制。但社會工作者應尊重服務對象監護人、法定代理人、委託人之意思，因此，除非前開人員之決定侵害服務對象或第三人之合法利益，否則均不宜以社會工作者一己之意思取代有權決定者之決定。

社會工作者投入專業工作，常因有強烈的助人渴望想幫助在生活上遭遇嚴重問題的人們，如兒童虐待、家庭暴力、心理疾病、貧窮、身心障礙等。原則上，社會工作者應遵循專業承諾，支持服務對象自我決定的原則，讓服務對象的權利與需求以能夠自由的做選擇和決定。但社會工作者是否可以為了服務對象的利益而干涉服務對象的權力，此即涉及專業父權主義的介入。

在同時必須權衡服務對象受益與避免服務對象受傷害時，具父權主義（Paternalism）色彩的行動往往是專業工作者經常運用的方式之一（Regehr & Antle, 1997）。父權主義與服務對象自我決定兩個觀念有如錢幣的兩面，一面是為案主的自主權力，一面是善意的干涉行動，但是其目的都是為服務對象「好」（鄭麗珍、江季璇，2002）。

服務對象「自我決定」原則是社會工作者在專業關係中的規範與價值基礎，但在應用上因為情境的複雜性，因此在運用上有其適用程度及限制。Biestek在個案工作中指出，影響服務對象自我決定的權利有四項限制（Biestek, 1975），包括如下：

（一）案主實際及建構決定的能力

沒有任何一項原則或策略能普遍適用於每一位案主。個案工作會隨著案主的人格、需求、機構功能，及社會工作者的能力而個別化，因此案主自決的原則也必須個別化地運用。社會工作者應該察覺並評估案主的能力，不能強迫案主作超乎能力的自我決定。

（二）來自公民法律（civil law）的限制

權威與法律是組織社會的事實。一般的案主會接受並適應來自合法權威的限制。權威取向有時候是必要的，它客觀地存在於法律或條例中，但必須有技巧地運用。

（三）來自道德律（moral law）的限制

重實際的社會工作者知道超出道德範圍的決定會是未來問題的來源。尤其當工作者與案主認同不同的道德標準時，會產生複雜的問題。有許多一般的道德是包含在公民法律的。尤其當個案工作者的宗教信仰與案主不同時，必須尊重案主，並幫助他在其觀念的範圍中選擇及決定。如果案主違反其道德觀，則他自己會受到精神上的譴責。

## 四、來自機構功能的限制

每個社會機構都會界定或多或少的功能。為達此目標，機構有權利及需要建立服務的限制。這些範圍包含機構功能，並具體呈現了其規定、標準及服務提供的類型等。

實務上，服務對象自我決定原則很容易被違反，但社會工作者仍應尊重服務對象自我決定權，維護服務對象最大可能的選擇權。服務對象自我決定不是目的，卻是發展正向助人關係的重要工具（Kadushin & Kadushin, 1997）。

## 案主自決的限制

**1** 案主實際及建構決定的能力
（案主無能力做積極及建設性的決定）

**2** 來自公民法律（civil law）的限制
（案主的決定違反法律和社會善良風俗）

**3** 來自道德律（moral law）的限制
（違反道德的行為）

**4** 來自機構功能的限制
（機構功能的限制）

資料來源：Biestek.（1975）；謝秀芬（2016）。

## 父權主義意涵的社會工作專業行動具有五項檢驗指標

**1** 為案主好
（for the person's good）

**2** 確認是為案主的利益

**3** 該專業行動必然會牽涉到道德規則的破壞
（通常是破壞告知義務規則）

**4** 該為案主利益的專業行動不必考慮案主的過去、現在或未來

**5** 案主終究會相信
（通常是不可能的），該行動確實是為他好

資料來源：Abramson, M.（1985）。

# Unit 6-11
## 守則：社會工作師對服務對象的倫理守則（續5）

■ **守則1.3**

社會工作師服務時，應明確告知服務對象有關服務目標、限制、風險、費用權益措施等相關事宜，協助服務對象作理性的分析，以利服務對象作最佳的選擇。

守則1.3係有關對服務對象的「知情同意」（informed consent），亦常稱之為「告知同意」或「告知義務」。「知情同意」這個概念來自於醫學界的醫師要對於病患進行治療或人體研究，必須要對於病患說明，再由病患做決定是否要接受此治療計畫或研究（胡永崇，2013）。在人體研究的倫理準則中，告知後同意涵括「意思能力、自願、同意或拒絕、資訊揭露、理解」五要素。在人體研究中，那些較無能力保護自身利益的人，因缺乏權力、專業知識、智能及資源，所以無法透過告知後同意來保障自身權益，因此對於這樣的人，更要提供保護機制來維護其權益。

社會工作者對服務對象的告知，能夠協助服務對象做出最符合自己利益的決定，也是判斷社會工作是否具專業表現的標準之一。社會工作者有必要告知案主他可以接受的服務內容、時間的長短、可能有的危險和成功的可能性，以及費用和機構的相關政策。

Reamer認為，知情同意是服務對象權利的中心議題，意指社會工作者有責任告訴服務對象何種處遇將會介入其生活，且應事先徵得服務對象的同意。這長久以來即賦予社會工作者的責任，意涵著社會工作珍視服務對象作自我決定，且能完全參與做決定所蘊涵的價值意義。就廣義而言，告知義務具有兩項目標，分別為提升個體自治以及鼓勵作理性的抉擇。

社會工作的藝術在於協助服務對象發展其作決定的潛力，因此，社會工作者在確保服務對象是否具備精確、完整的資訊去了解整個治療過程與處遇方案等內容時，告知義務原則經常扮演著關鍵的角色。服務對象自我決定是社會工作實務的核心原則，服務對象有權被告知有關自己將接受的可能處遇內容及成效如何，且社會工作者無論在法律或倫理層面均有責任提供此方面的資訊。

即使社會工作者面對的是非自願性服務對象，例如：某些服務對象因為涉及家庭暴力、兒童虐待、藥物濫用或是單純的觸犯法律而被法院裁定接受特定的強制性處遇，此類服務對象因多具有抗拒、難以接近、滿懷敵意與缺乏動機等特性，即使如此，無論是從理論面或實務，都認為社會工作者在面對此類非自願性的強制性服務對象，社會工作者仍有告知義務。

在社會工作直接服務中，初次與案主會談時，社會工作者須與案主分享溝通的權利與限制，包括討論隱私權與其限制、取得知情同意與分享政策與法規的限制。這個部分的會談必須使用案主能了解的語言，這樣才能符合知情同意的精神。社會工作者需真誠的執行這項責任，而不是例行公事般給一份資料，表面上取得知情同意，卻忽視了其意義（曾華源等譯，2010）。

## Reamer提出有意義的告知義務應具備的五個要素

**1** 所提供的資訊充分地提供案主權衡將進行的處遇之利弊或風險

**2** 對於將進行的處遇之可預見的利弊或風險，案主確實已被告知

**3** 案主確實具備接受訊息（被告知）的能力

**4** 案主的同意係在自願且無任何強迫影響的前提下所做的

**5** 案主有被告知其有權拒絕或撤回其同意（強制性案主不適用此原則）

## 告知義務進行時必須注意的考慮因素

**01** 提供資料給當事人，讓他知道如何做決定。

**02** 自願，自動自發，不能強迫。

**03** 工作者必須衡量案主的資格是否能做決定？有時是法律的限制，有時是案主的身心因素不適合。

**04** 透過口語解釋或其他輔助方式讓案主能夠理解。

# Unit 6-12
## 守則：社會工作師對服務對象的倫理守則（續6）

圖解社會工作倫理

160

本單元接續前一單元，說明「知情同意」之相關內容。NASW 的社會工作倫理守則中，對於「知情同意」之倫理原則闡述中提及，社會工作者應僅在知情同意的專業關係為個案提供服務。社會工作者應使用清晰易懂的語言告知個案服務的目的、與服務有關的風險、第三方付費者的要求之服務限制、相關費用及合理的替代方案。個案有權利拒絕權或撤回同意，且社會工作者應該為個案提供提問的機會。如果案主不識字或難以理解實務工作中使用的主要語言，社會工作者應採取措施確保案主理解，包括為案主提供詳細的口頭解釋或安排通譯服務。如果案主缺乏提供知情同意的能力，社會工作者應尋求合適的第三者，協助提升案主的理解程度，並確保第三者的作為能以符合案主的利益與期望的方式行事。即使案主是在非自願接受服務的情況下，社會工作者仍應提供有關服務性質、範圍及案主拒絕服務權利等資訊給予案主。

社會工作的服務過程面對著服務多變、弱勢服務對象，及服務對象特殊境遇等挑戰，舉凡案主權益、工作者取得處遇權力的專業正當性以及維持服務品質等，都與社會工作者如何善盡告知義務有相當的關聯性。依據專業的要求，社會工作者履行告知義務的行為應該包括告知的時機、內容、方式與態度等四方面（胡慧嫈、曾華源，2002）。

在社會工作直接服務中，對於服務對象的告知義務（知情同意），係在對服務對象進行處遇前，必須要向服務對象說明處遇過程中可能會面臨的風險，再徵得服務對象的同意後，才進行各項處遇及服務。但告知義務並非僅發生在社會工作直接服務中發生，更多的情境是發生在社會工作間接服務中，尤其是在社會工作研究領域中（胡永崇，2013）。

在社會工作研究領域中，社會工作研究常需要受訪者透露他們的個人資訊透露給陌生人。研究倫理的主要原則是參與者必須是自願的。沒有人可以被迫參加。所有的參與者必須知道他們正在參與一項研究，被告知所有研究的後果並同意加入。社會工作研究者從事研究之前，應在適當時機取得研究參與者自願簽下的知情同意書，拒絕參與者不應受到任何暗示性或實質性的剝奪或懲罰；不得利用不正當的誘因吸引參與者，應注意參與者的福祉、隱私及尊嚴。當研究參與者為兒童或因故無法提供知情同意書，社會工作研究者應對參與者提供適當的解釋說明，給予對研究流程表達同意或反對的機會，取得參與者在其能力範圍內的同意，並由其法定監護人／代理人自願簽下的知情同意書。社會工作研究者在取得知情同意時，知情同意書的呈現應以研究參與者可以理解的語言文字或溝通能力為準，知情同意書的內容應包含研究的本質、範圍及研究參與者所被要求參與的時間、參與研究所可能帶來之風險及利益，以及提供研究參與者之申訴管道。社會工作研究者應充分告知研究參與者有「拒絕參與研究」和「隨時退出研究」的權利，且於研究中所接受的任何專業服務及未來獲取社會工作服務之管道並不會因此受到影響。

## 社會工作研究「知情同意書」陳述所應包括的項目

- 關於研究的目的與程序的簡要描述，包括期望的研究執行期限。
- 說明參與研究可能涉及的風險與不適。
- 對紀錄的匿名保密與絕不外洩，提出保證。
- 關於研究者的身分職稱，以及何處可以取得關於受試者權利或是關於該研究問題的資訊。
- 關於參與完全是出於自願，並且隨時可以中止，而且不必受罰的陳述。
- 可能使用替代程序的陳述。
- 關於任何支付給受試者給付或報酬，以及受試者人數的陳述。
- 提供研究發現摘要報告的陳述。

## 研究倫理實踐準則：自願參與，告知後同意與保密

1.1 社會工作研究者從事研究之前，應在適當時機取得研究參與者自願簽下的知情同意書，拒絕參與者不應受到任何暗示性或實質性的剝奪或懲罰；不得利用不正當的誘因吸引參與者，應注意參與者的福祉、隱私及尊嚴。

1.2 當研究參與者為兒童或因故無法提供知情同意書，社會工作研究者應對參與者提供適當的解釋說明，給予對研究流程表達同意或反對的機會，取得參與者在其能力範圍內的同意，並由其法定監護人/代理人自願簽下的知情同意書。

1.3 若研究參與者來自社會福利機構，社會工作研究者應主動配合機構內之相關審查規定，研究計畫及訪談內容應事先通過該機構之審查過程，並獲得機構同意後始得進行研究。

1.4 社會工作研究者在取得知情同意時，知情同意書的呈現應以研究參與者可以理解的語言文字或溝通能力為準，知情同意書的內容應包含研究的本質、範圍及研究參與者所被要求參與的時間、參與研究所可能帶來之風險及利益，以及提供研究參與者之申訴管道。

1.5 社會工作研究者應充分告知研究參與者有「拒絕參與研究」和「隨時退出研究」的權利，且於研究中所接受的任何專業服務及未來獲取社會工作服務之管道並不會因此受到影響。

1.6 社會工作研究者應以書面或其他影、音方式妥善保存研究參與者所自願簽署之知情同意書，確保參與者及其資料的匿名性及保密性，並應告知參與者有關保密的限制、保密所採取的方法步驟及研究資料未來將銷毀的時間。

1.7 除非知情同意書明確陳明，社會工作研究者在報告研究結果時應刪除任何可辨識研究參與者之資訊，以保護其隱私。若牽涉研究參與者之聲音、影像、肖像之資料，社會工作研究者必須經參與者授權同意後，始得發表。

1.10 社會工作研究者應確保所蒐集之資訊僅和所牽涉之相關專業人士進行討論，資料之使用僅限學術目的且不可挪做他用。

# Unit 6-13
# 守則：社會工作師對服務對象的倫理守則（續7）

圖解社會工作倫理

162

■ **守則1.4**
社會工作師應與服務對象維持正常專業關係，不得與服務對象有不當雙重或多重關係而獲取不當利益。

■ **守則1.5**
社會工作師基於倫理衝突或利益迴避，須終止服務服務對象時，應事先明確告知服務對象，並為適當必要之轉介服務。

當案主遇到困難無法解決而前往助人機構尋求專業人員協助，此時助人者與受助者兩者便產生關係，這種關係稱之為「專業關係」（professional relationship）或「助人關係」（helping relationship）。換言之，專業關係建立之目的，是為了讓有適應困難的案主能以有效的方法解決其問題，或是讓當事人能善用自己的能力及社會資源，達成其目標。

Keith-Lucas指出，專業關係必須具備以下的八項特質，包括如下：

1. 專業關係是一種雙向而非單向的關係，需要助人者與受助者兩方的投入。
2. 專業關係不一定是令人愉快的，因為在助人過程需要處理及解決問題，而對這些問題往往是令人沮喪、難以面對及充滿矛盾痛苦的。
3. 專業關係包括兩個同等重要的關係，工作者一方面要立基專業知識以分析受助者情況和規劃行動，另一方面需要情感反應與投入，使案主感受到同理與支持，而有意願改變。
4. 專業關係建立之目的是唯一的，那就是以受助者願意接受的方式予以協助。
5. 專業關係強調的是此時此地應該做的事，協助案主從過去的經驗抽離出來，避免責備個案的錯誤，也避免不斷地環繞在過去的挫折中。
6. 在專業關係發展的過程中，要能提供一些新的資源、思考方式和溝通技巧等，使案主有能力自行解決問題。

7. 專業關係是非批判的、接納的、尊重的關係，允許受助者表達負面的感受和情緒。
8. 專業關係必須提供受助者經驗選擇的自由，不剝奪受助者經歷失敗的機會，而工作者能從旁提醒，適時伸出援手。

此外，Compton & Galaway（卡普樂與樂衛）指出，良好的專業關係具備以下幾項基本要素：

1. **關懷他人**：於專業關係中，工作者往往基於無條件肯定案主生活的信念，與案主建立一種溫暖、喜歡、友善、支持的關係，並對案主的問題表示有充分的興趣，期待透過這種了解案主問題與需求的過程，關心案主個人幸福。

2. **承諾和義務**：為了有效達到助人專業關係的目的，無論工作者或案主都必須投注相當的精神和注意力，才能建立有專業關係的契約關係。專業關係除了是契約關係，也是一種承諾關係，在個案專業關係中，透過契約的建立，使雙方都有一種義務與責任感。

3. **接納**：接納並不是意味著工作者依個人的嗜好來選擇個案，也不是放棄個人的價值去接受案主的價值，而是一種尊重的態度。接納並非自然而然發生，而是基於一種對人價值的肯定和尊重的信念。

4. **真誠**：工作者透過一致的語言與非語言的態度，專注傾聽案主對問題的敘述。在專業關係中，工作者不僅要能真誠地面對自我的感覺，同時也要成功地將自己的經驗或情感與案主的經驗或情感相區分。真誠的專業關係只在專業服務的過程中，工作者應避免過度關心案主，而使自我情緒過度涉入，造成反效果。

5. **清晰的溝通**：工作者能清楚地將自己要表達的意念轉達給案主，讓案主完全了解。

## Biestek提出的專業關係建立七原則

**01 個別化**
每一個人面對其所面對的壓力、挫折和挑戰，會有不同於其他人的看法與感受。個案工作者能充分認識和了解受助者心理上、生理上和社會環境上的獨特性質，以適合當事人的工作原則和方法提供不同的協助。

**02 有目的的情感表達**
受助者希望工作人員能充分認知到自己有表達內心感受的需要，能被有目的之傾聽而不受到責難。而這些表達有時是為了宣洩情緒；有時是為了減緩壓力、釋放緊張；有時是為了尋求支持、解決問題等。

**03 接納**
工作者應接受受助者為一個真實的人，接納其優點和缺點、其所具有的特質、其所表達的各種觀點、態度和行為，視案主為一個有尊嚴和有價值的人。不過「接納」並不代表「贊同」不合理或不良的態度和行為。

**04 適度的情感介入**
個案工作者要能敏銳地察覺受助者的感受，並對受助者的反應和情緒，表達出有目的且適當地了解和接納。

**05 非批判的態度**
在助人的過程中不當的面質，會讓案主感覺受到批判。個案工作者不對案主本人或行為加以批判或譴責，不過這並不是說工作者不可以對案主的態度、行為作專業的評估。

**06 案主的自我抉擇**
個案工作者深信案主有其自我抉擇的權利能力。當案主求助於專業人員，不意味著要放棄自我決定權，但是受助者的自決權並非毫無限制的，當其自決權有可能導致自傷或傷害到他人時，此時的自我抉擇權將由工作者基於保護職責而暫代。

**07 保密的原則**
工作人員應善盡專業倫理之職責，對案主的相關資料予以保密。當個案工作者因協助上的需要，得與相關人等討論時，應以獲得案主同意或合法授權的案主代理人之同意為原則。由於保密並非絕對的，個案工作者告知案主資料保密之限制及其可能產生的結果是有必要的。

第六章　社會工作倫理守則

163

# Unit 6-14
# 守則：社會工作師對服務對象的倫理守則（續8）

專業關係是一個動態互動的過程，專業關係的形成是服務對象和社會工作者之間感受和態度表現交互反應的一個過程。對社會工作者而言，專業關係是影響專業品質與成效的關鍵。專業關係的品質將決定服務對象於協助過程中所受到的影響，及實務工作者的干預成效與助人過程的最終結果。因此，社會工作師與服務對象應在專業關係下互動，才能達到建立專業關係之目的。因此，專業關係的界線之維持，是社會工作界必須關注的課題。

專業界線（Professional Boundary）是由一套期望、指導方針與規則所組成的倫理與技術標準，用來解決工作者在實務上遇到的難題。專業界線可以幫助社會工作者可以釐清安全距離、可接受的行為，及有效做處置工作。

社會工作需要專業界線之原因，包括：維持最低的服務標準、幫助建立關係、確保服務輸送一致性、確保資源公平分配、把關係維繫在專業層面、預防工作者身心耗竭、教育服務對象、減少角色混淆、充權服務對象、保有專業客觀性，以及聚焦於處置工作等（Cooper, 2012）。

另Freud和Krug認為，社會工作需要專業界線的原因有下列三點（2002）：

1. **保護治療過程**：界線是臨床社會工作在治療過程中最常觸碰到的議題。例如：當服務對象有意從專業關係進入朋友或者愛情關係時，工作者必須考量無論跨越界線的範圍如何，都有可能會帶來期望之外的結果。同時，嚴謹的界線、階層性的治療關係有助防止情感轉移的現象。

2. **保護服務對象免受剝削**：傳統上，治療關係常被視為一種權力不對等的情形。社會工作之所以強調信託關係，其初衷也是要防止專業者濫用權力，影響服務對象來謀取個人的性、財務與社會需要。

3. **保護社會工作者避免觸法**：嚴謹的專業界線可以降低處置不當的風險，也能避免社會工作者觸犯任何相關的法律，陷入牢獄之災。

無論專業關係的建立始於自願還是非自願，在工作者與服務對象的互動裡，不免涉及權力關係的運作。因此，如果工作者對專業關係裡隱晦的權力運作缺乏警覺與了解，沒有維持適當的專業界線，就有可能在助人過程裡影響到專業判斷、模糊處置目標，發生看似為服務對象著想，但實際上卻是種剝削或是種傷害行為，不但損及雙方的信託關係，也違背為服務對象最佳利益服務的原則。所以，為了保護服務對象與維護專業團體的社會地位，專業界線的規範將有助於減少此類糾紛。

由於專業的助人關係是基於特定目標而形成，運用特定知識、技巧與倫理為服務對象的利益服務、它是手段不是目的、是工作關係不是私人關係、並且有一定的時程，更重要的是，由於擁有先天的權力優勢，工作者負有關係建立、維繫與倫理風險察覺的責任。因此，社會工作者與服務對象必須了解彼此關係的本質與目的，Reamer指出，社會工作者必須和案主的關係保持一個清晰而不模糊的界線。有效的實務工作立基於清楚的專業角色。工作者與案主關係若立基於混淆的界線，或是雙重或多重關係，將具有破壞性。

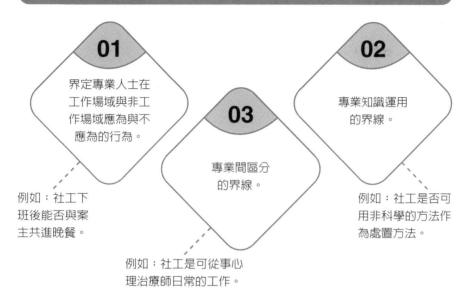

## 專業界線一詞包含三種層面的涵義（Doel等學者提出）

**01**
界定專業人士在工作場域與非工作場域應為與不應為的行為。

例如：社工下班後能否與案主共進晚餐。

**03**
專業間區分的界線。

例如：社工是可從事心理治療師日常的工作。

**02**
專業知識運用的界線。

例如：社工是否可用非科學的方法作為處置方法。

## Cooper提出造成跨越界線的四種原因

**01**
工作者行為所導致：可能的原因有疏失、缺乏訓練、沒有覺察能力、決策考量面向不足、沒有蒐集足夠資訊，或惡意與意圖的跨越專業界線等。

**02**
服務對象行為所導致：不了解彼此的專業關係的性質、沒有能力維持適當的界線，或惡意或意圖的跨越專業界線等。

**03**
意外因素所導致：因某種始料未及的原因，使得工作者或服務對象跨越界線。例如：在處置工作的途中，才發現彼此有共同的朋友。

**04**
機構管理不當所導致：輕視、疏忽、沒有規範、缺乏合適的督導監督等等因素，也會致使跨越界線的行為發生。

資料來源： Cooper, F.（2012）。

# Unit 6-15
## 守則：社會工作師對服務對象的倫理守則（續9）

圖解社會工作倫理

166

在受社會工作專業教育影響下的實務工作者，大多會經歷與案主之間的專業關係界線議題。有效的實務處遇是立基於清楚的專業角色，專業助人者與受助者之間維持一個清晰而不模糊的界線，有助於了解彼此關係的本質與目的。專業界線（professional boundaries）是形成及維繫安全信任專業關係的必要架構。

關係是有深淺層次的，而關係的深淺也會導致界線的距離及程度的不同。Davidson把專業關係界線視為一個連續光譜圖，藉此標示違反界線的位置與傷害程度，藉以說明社會工作專業關係的向度。光譜的兩個極端，分別是情感過度涉入（entangled）、固守規範與僵化（rigid），茲說明如下（Davidson, 2005）：

### 一、情感過度涉入

這端代表社會工作者過度的情感投入，透過關係滿足自己的情感、社交以及生理上需求，而以案主為代價。這端是明顯過度涉入，關係界線幾乎不存在，社會工作者會投入較多的時間、情感，藉以滿足個人的需求，但可能對服務對象造成傷害。這端社會工作者易因過度的投入案主的想法、情感、價值觀等（例如：情感的轉移），容易使關係過於緊密，無法區分彼此的界線。

社會工作者過度投入與案主建立關係，引發私人情感的轉移、反轉移，與角色扮演的模糊，情感過於投入容易使社會工作者的專業工作失去焦點，造成案主依賴的情形。社會工作者的情感過度投入若適時覺察，容易進一步發展親密關係，在助人專業關係中是違反專業倫理的行為，一般來說，此行為是禁止跨越的界線。

### 二、固守規範與僵化

這端代表的是社會工作者只遵循自己的程序，不顧及案主個別化的獨特需求，而過度強調或使用關係中的權力。這端代表的是僵化的界線，社會工作者與受助者關係壁壘分明，社會工作者以規範作為行動標準，不去考量脈絡獨特性，強調專業權力，但可能降低服務對象的信任與溝通關係。這端可能會有過多的界線涉入（例如：權力的掌控），造成規範太多而沒有協調空間，或是針對案主個別差異提供需求，以至於溝通不良而產生疏離的關係。社會工作者固守規範，形成僵化，不利於專業關係的發展。

### 三、平衡/理想狀態

在連續光譜兩端之中，只有「平衡/理想狀態」的社會工作者是真實且具關懷的，因其保有明確的界線，以滿足案主需求的同時，也保持專業的角色。這個光譜的位置是最理想的專業界線，以人性的關懷來維持清楚的關係界線，同時社會工作者可以察覺到自己的權力位置，不會利用服務對象的弱點來剝削與侵害他們的權利。

在界線之外的行為視為違反專業界線，專業關係建立過深或過淺對專業工作的發展會有不同的影響。「情感過度涉入」、「固守規範與僵化」這兩種過深與過淺的關係，容易影響社會工作專業關係所要達到的目的與目標。此外，在專業關係中，不同文化、情境、角色、時間、地點等，都可能因為不同的狀況而有不同的界線存在。

**專業關係界線光譜圖**

情感過度涉入
（Entangled）

平衡／理想狀態
（Balanced）

固守規範與僵化
（Rigid）

侵害 ← 破壞　　　　　　　　　　　　破壞 → 侵害

| 光譜　項目 | 情感過度涉入 | 平衡／理想狀態 | 固守規範與僵化 |
|---|---|---|---|
| 特質 | 情感過度涉入案主問題與需求 | 專業理想上的狀態 | 死守規定、沒有彈性 |
| 社會工作者的態度及方式 | 1. 社會工作者特別偏愛這段關係，投入較多的時間、情感。藉此滿足個人在情感、社會或身體上的需求，但卻可能損害案主。<br>2. 社會工作者過度涉入，關係界線不存在。 | 1. 了解案主的真實情況，以人性的關懷來維持的關係界線。<br>2. 社會工作者覺察到自己的權力位置，小心不去利用案主弱點進行剝削或侵犯他們的權利。<br>3. 運用專業判斷和自我反思的技巧進行評估，並對決策負責，可向其他專業說明如何完成決策與評估。<br>4. 以專業角色為案主的獨特性需求進行服務來維持專業關係界線，而不會情感涉入或不知變通。 | 1. 在道德上的責任與案主利益相衝突時，遵從社會工作者自己的規範成為行動的首要準則。沒有變通餘地，不考量案主的獨特性。<br>2. 社會工作者不願意了解真實狀況，或是敏感覺察案主的需求。<br>3. 強調或甚至誇大社會工作者與案主間權力地位差距，利用案主的脆弱性進行剝削或壓迫。 |
| 可能影響 | 1. 增加案主依賴。<br>2. 減少案主自我決定。 | | 1. 降低案主對社會工作者的信任意願、溝通關係及自我揭露。<br>2. 案主產生持續的低自我價值和存在不適當的協助關係。 |

資料來源：Davidson, J. C.（2005）。

# Unit **6-16**
# 守則：社會工作師對服務對象的倫理守則（續10）

傳統的專業界線觀點認為，權力濫用潛藏於所有助人專業關係裡，因此清楚的界線非常重要。舉例而言，工作者該不該在結案後與服務對象成為朋友，必須考慮到其問題是否已解決，以及將來再發生的可能性有多大？而且成為朋友之後會不會影響將來的專業判斷？由於未來的事難以預料，特別是如果涉及性關係更使事情增添複雜度，為了避免任何可能的傷害，有些人以「一日案主，終生案主」作為專業關係指導原則（Mattison et al., 2002）。

為了避免可能的潛在傷害，抱持「一日案主，終生案主」的傳統專業界線其實源自於醫療模式觀點，它把助人者放置在權力結構中心，以此表示理性的一方，同時暗示著受助者無法分辨關係的利弊得失（Kane, 1982）。傳統的專業界線觀點為了善盡保護責任，在專業助人者與服務對象間築了一面高牆，使雙方的關係維持在「安全距離」。

前述的傳統專業界線二元化的備受各界挑戰，O'Leary等學者從家庭治療得到啟發，提出再概念化的專業界線模型，強調互為主體性，專業與服務對象不再處於分離的位置，界線作為一種關係連結而存在，是以雙方互動為基礎，經由彼此同意及特定脈絡所劃定。在關係界線內圈，皆與社會工作倫理、目的與功能有關的元素。這些元素包括保密、謹慎的生理接觸、完成雙方同意的工作項目、相信專業等等都是型塑專業關係很重要的成分，當然也會因脈絡不同而有商議的空間。至於，以虛線來區隔內圈的第二個圓圈，表示可以跨越的界線，這部分對於專業關係的建立較屬不重要，是否會違反倫理得視情況而定。最後，外圈所臚列的各項行為，均屬於侵犯界線的範圍，為專業關係所不允許與妥協的，這些行為嚴重違背專業倫理（O'Leary et al., 2011）。

此外，Doel等學者認為專業界線由社會建構，界線範圍並非一成不變，而是可以協商變動，因此，跨越界線不一定就等於違背倫理，更準確地說，界線是不同系統重疊後的「影子地帶」，在這裡，所謂「適當」的專業行為是指誰握有詮釋權。在Doel等學者所提出的模型中，包括四種主要系統，分別是：

1. 社會工作者。
2. 服務使用者。
3. 社會工作專業。
4. 機構。

這四個系統都是影響工作者專業界線的因素，例如：個人的道德價值、生命經驗及宗教信仰等等皆會影響社會工作者自己的界線：同樣的，機構的政策也會劃定符合機構宗旨的界線，當兩種以上的系統互相重疊時，所產生的影子地帶，除了C區外，A區與B區都是可能發生倫理爭議的地方。另外，外在系統的因素如文化脈絡、法律制度以及主流意識等等，也會有形無形地影響到四個系統的界線（Doel et al., 2010）。

## O'Leary等學者提出的社會工作專業界線再概念化

### 關係界線

金錢交易

暴力與歧視行為

工作者自我揭露

留私人電話　其他場合打招呼

保持文化敏感度

保密

明確的處置目標及結案後的關係

詢問與處遇工作無關的問題

分享資訊　覺察處遇工作有時間性　相信專業

謹慎的生理接觸　　　　從服務對象上學習

展現幽默與耐心

期待獲得優惠待遇

了解與警惕專業權威的運作

完成雙方同意的工作項目

發生性關係

非上班時間通電話或約出來會面

一起用餐

收受高價的物質性禮物

在公眾場合揭露服務對象的資訊

―――― 界線不可穿透，禁止違反　　　‥‥‥‥ 界線可穿透，能斟酌研議

資料來源：Doel et al.（2011）。

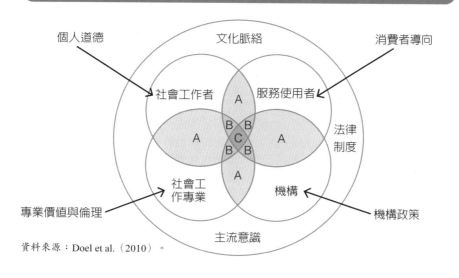

## Doel 等學者提出的界線區域

個人道德

文化脈絡

消費者導向

社會工作者

A

服務使用者

B B

個人道德

A

C

法律制度

B B

專業價值與倫理

社會工作專業

A

機構

機構政策

主流意識

資料來源：Doel et al.（2010）。

# Unit 6-17
## 守則：社會工作師對服務對象的倫理守則（續11）

圖解社會工作倫理

170

在社會工作助人專業關係裡，由於權力的不對稱與服務對象缺乏選擇的特性，因跨越界線（Boundary Crossings）與侵犯界線（Boundary Violations）而引發的倫理訴訟，使得社會工作者與服務對象的信託關係本質受到檢視與多方討論。多重關係（Multiple Relationships）是指社會工作者同時或連續扮演好幾種角色，與服務對象或同僚有了專業以外的其他關係（例如：社交性、性關係、宗教性或商業性等關係）。由於這些專業以外的關係可能潛藏著利益衝突，因此在倫理議題上，它可能是不違反的、違反的，或者處於模糊地帶的。基於專業以外的關係可能涵蓋二種的不當關係，稱之為「雙重關係」，涵蓋二種以上的不當關係，則稱之為「多重關係」。

NASW《社會工作倫理守則》對多重關係的定義為：「當社會工作者與案主發生兩種或以上的關係時，無論這關係是專業性、社會性或是商業性，即為雙重關係或多重關係。雙重關係或多重關係可以同時發生或是連續發生。」簡而言之，多重關係即為社會工作者與服務對象在專業關係外，還存在其他的角色（例如：親人、朋友、性伴侶、上司、下屬、同僚、消費者、鄰居、孩子班導師等等）。通常，多重關係發生在：1.社會工作者與當前服務對象；2.社會工作者與前服務對象間。在時間點方面，關係的開展可能是在開案前、接案中或結案後的任一階段出現。至於發生的場域，大致可分為在臨床實務場域與非臨床實務場域兩種。

在實務工作中，雙重或多重關係可以同時或連續發生，且當社會工作者與個案有不止一種關係時，無論是在專業，社交還是商業層面，都有可能會出現雙重或多重關係。因此，NASW的《社會工作倫理守則》中，對於服務對象「利益衝突」之倫理原則闡述中提及，社會工作者不應與個案或前個案建立雙重或多重關係，因為個案可能會遭受剝削或潛在傷害的風險。在雙重或多重關係不可避免的情況下，社會工作者應採取措施保護個案，並有責任設定清楚，適當和符合文化敏感度的界線。

此外，NASW社會《社會工作倫理守則》對服務對象「利益衝突」之倫理原則中亦提及，社會工作者不應從任何專業關係中獲取不當利益，或剝削他人以得到個人、宗教、政治或商業利益。因此，社會工作者應警覺並避免干擾行使職業自由裁量權和公正判斷的利益衝突。當出現實際或潛在的利益衝突時，社會工作者應告知個案，並以個案的利益成為優先並盡最大可能保護個案的利益的方式，採取合理的步驟解決問題。在某些情況下，保護個案的利益可能需要以適當轉介個案來終止專業關係的方式。另當社會工作者為兩個或多個彼此有關係的人（例如：夫妻，家庭成員）提供服務時，社會工作者應該向所有人澄清誰將被視為個案，以及社會工作者對接受服務的每個人的專業責任的本質。社會工作者面對接受服務的個人間的利益衝突，或預期必須扮演可能相互衝突的角色時（例如：當社會工作者被要求在兒童監護權糾紛或涉及個案的離婚訴訟中作證時），應向所有有關人員澄清其角色，並採取適當行動，盡量將任何利益衝突減到最低。

## 多重關係的倫理議題：Reamer歸納出的五種多重關係倫理議題（類型）

| 倫理議題 | 類型 | 案例 |
|---|---|---|
| **一、親密關係**<br>指性關係與生理上的接觸，包含親密的行為表現。 | 1. 與服務對象發生性關係。 | 在處置工作的過程中，雙方產生情愫，在互相同意的情況下發生性行為。 |
| | 2. 與前服務對象發生性關係。 | 在結案後的一年，與前服務對象交往，雙方發生性行為。 |
| | 3. 提供服務給前交往對象。 | 為了幫助前交往對象解決生活問題，提供處置服務。 |
| | 4. 與服務對象的親屬或熟人發生性關係。 | 在處置過程或結案後，與服務對象身邊的人發生性關係。 |
| | 5. 與督導、實習學生、學生或同事發生性關係。 | 工作者與暑假前來實習的學生發生性關係。 |
| | 6. 身體接觸。 | 接吻、擁抱、親臉頰等等親密動作。 |
| **二、個人利益**<br>指工作者為了滿足個人利益而涉入多重關係。在形式上，可分為金錢、貨物、服務及有用的資訊四種。 | 1. 物物交換。 | 服務對象提供油漆服務作為工作者的服務費用。 |
| | 2. 有生意或財務上的關係。 | 為了解決服務對象事業問題，介紹其到親友公司上班。 |
| | 3. 從服務對象身上獲取消息或服務。 | 藉由服務對象在金融領域的長才，了解股市脈動。 |
| | 4. 接受服務對象的禮物或幫助。 | 服務對象為表達感激之意，贈送名錶。 |
| | 5. 利益衝突。 | 工作者在離職前，發信邀請服務對象到新任職機構接受服務。 |
| **三、情緒與依賴需求**<br>指工作者為了滿足個人情緒需要而涉入多重關係。這種關係很微妙，有時候能促進專業關係，有時候卻違反倫理。 | 1. 與服務對象成為朋友。 | 不想侷限工作關係，雙方想深入來往，分享生活大小事。 |
| | 2. 採取非正統的處置方式。 | 工作者以過來人的經驗，私下邀請服務對象參加靈修團體，當成一種處置方法，協助其解決生活壓力。 |
| | 3. 過度自我揭露。 | 工作者為促進彼此關係，在會談上只顧談論自己的經驗及生活瑣事。 |
| | 4. 充滿深情、個人式的溝通方式 | 為了表達關切之意，工作者使用手寫的個人書信寄給服務對象。 |
| | 5. 與服務對象有社區性的接觸。 | 同性戀工作者常在工作場合外遇到服務對象。 |

備註：類型四、五於次一單元圖解頁接續。

資料來源：Reamer（2001, 2003, 2012）。

# Unit 6-18
## 守則：社會工作師對服務對象的倫理守則（續12）

　　儘管並不是所有的多重關係都是不符合倫理的，但卻可能會帶來實質與潛在的利益衝突，產生界線不清的難題。Mayer認爲，大部分反對多重關係的聲音，總離不開三大理由，即是界線議題、角色混淆與權力剝削。

　　Kagle和Giebelhausen指出，當專業工作者涉入多重關係時，會容易侵犯專業界線，其原因爲：「他們跨越了治療關係，這第二重關係破壞了治療關係的獨特本質，模糊了實務工作者與案主間的角色，允許了權力濫用。在治療關係中，實務工作者依據專業倫理和其他專業實務工作協定而影響案主。當專業關係變成雙重關係，實務工作者的權力仍然保持著，但並不受專業行爲規範的約束，甚至沒有在一些案例裡被察覺。」（Kagle & Giebelhausen, 1994）

　　而Kagle和Giebelhausen亦指出：「在任何的雙重關係，工作者影響力與案主脆弱性仍然在第二種關係裡存在。即便雙方沒有親密性接觸，工作者也只是在滿足自己的利益甚於案主的利益。再者，雖然正式的處置工作已經結束，社會工作者專業影響力卻繼續束縛著案主憑自己的能力追求幸福。」（Kagle & Giebelhausen, 1994）

　　一般來說，多重關係可以區分成：
1. **性多重關係**：所謂性多重關係，泛指工作者與服務對象發生了性關係或性接觸等行爲。根據美國的一項研究，從1986至1997年間，在所有NASW受理的違反專業界線訴訟案裡，有37%的案件是與性活動有關（Strom Gottfried, 2000），其具體內容包括：(1)在處置過程中發生性關係；(2)在結案後發生性關係；(3)把性行爲當成處置方法；(4)與服務對象的重要他人發生性關係；(5)性騷擾或性暴力；(6)在監督中發生性關係。根據研究指出，

不當的性多重關係，性別因素占了很重要的位置，比起女性工作者與男服務對象，男性工作者與女服務對象較容易涉入性多重關係。
2. **非性雙重關係**：非性多重關係不像性關係那樣有明確的具體指涉範圍，倫理爭議性也比較大，一般而言，除了性關係外的關係皆屬之。依據Ringstad的見解，非性多重關係可分成四種類型（Ringstad, 2008）：
   (1) 偶然發生的關係：通常意指一次性的事件或受邀出席特別的活動。例如：服務對象贈送自家栽種的蔬果，或邀請出席其兒女的婚禮等。
   (2) 社交關係：在工作場合外有非關處置目標的社會性接觸。例如：邀請服務對象參加個人派對、與服務對象一起用餐、揭露自己的生活壓力、結案後成爲朋友，以及發生性關係等。
   (3) 財務關係：與服務對象有財務或生意上的安排。例如：銷售與購買產品或服務、僱用服務對象等。
   (4) 雙重角色：工作者扮演兩種或多種角色所導致的利益衝突。例如：提供給親屬或朋友服務、提供給曾爲案主但現爲同事服務等。

　　此外，從務實的觀點看待多重關係，特別是在鄉村地方，當地社區的規模、與外界連結的程度，以及居民期待等因素，皆會使得社會工作者在每天的日常不由自主地涉入社區事務，因此，迴避多重關係除了不利於工作外，在現實上也是完全不可能的。此外，國外學者研究發現，在鄉村社區的社會工作者傾向把多重關係視爲符合倫理與接受的。因此，相較都市，在鄉村地區與其討論如何預防與設定嚴謹的倫理標準，不如著重於如何管理多重關係來得實際。

| 倫理議題 | 類型 | 案例 |
|---|---|---|
| **四、利他行為**<br>指工作者基於行善的動機而不經意地涉入多重關係。 | 1. 贈送服務對象禮物。 | 把家裡的老舊個人電腦轉贈給服務對象孩子。 |
| | 2. 與服務對象在社交場合或社區上有來往。 | 服務對象突然邀請到訪的工作者一塊共用午餐，工作者見其誠意不予婉拒。 |
| | 3. 提供專業工作外的協助。 | 服務對象邀請工作者幫助其策劃婚禮。 |
| | 4. 隨時提供額外的幫助。 | 工作者在放長假前，把手機號碼留給服務對象，告知說遇到生活難題隨時電話連絡。 |
| | 5. 利他的自我揭露。 | 工作者在參加戒酒無名會前，得知服務對象也在名單上，一方面擔心雙方在同一團體會模糊專業關係的界線，但另一方面，如果適當的自我揭露，也能提供一種好的角色模仿機會。 |
| **五、無法預期的環境因素**<br>工作者被突如其來的事件所捲入，而不得不捲入多重關係。 | 1. 地緣關係。 | 在人際網路緊密的鄉村社區，工作者在日常生活很難與服務對象維持專業、單一的關係。 |
| | 2. 難以迴避的利益衝突。 | 在婚姻治療裡，若夫妻雙方訴請離婚，並爭奪兒女撫養權。此時工作者可能接到任一方的傳票要求其出庭提供不利於另一方的證詞。 |
| | 3. 多重專業角色的衝突。 | A 教授除了在學校教導社會工作，也長久在校外擔任某學術機構的研究審查委員。若某日，A 教授意外接獲學校同僚的研究申請案，便產生了多重專業角色的衝突。 |
| | 4.社會性相遇。 | 服務對象在工作者常上的健身房工作。 |

資料來源：Reamer （2001, 2003, 2012）.

## Reamer指出專業關係結束後，社會工作者仍必須謹慎處理與前服務對象的關係的理由

Reamer指出，就算專業關係已經結束，社會工作者也必須小心處理與前服務對象的關係，稍有不慎也可能違反專業倫理。工作者保持謹慎的理由，包括：

1. 社會工作者不應為了要與服務對象建立第二種關係而終止服務。例如：為了成為生意夥伴或戀人而中斷服務。
2. 即便關係已經結束，前服務對象仍然面對生活中的難題，因此回頭尋求協助乃是常見的事。例如：新的關係、家庭或情感議題都可能使先前的服務對象想要再找社會工作者的幫忙，而多重關係將影響服務對需求協助的努力。
3. 先前的服務對象可能常常發現，思索先前社會工作者對其所說的或所建議的事情是有幫助的，不需要再與工作者建立正式的關係，而多重關係將阻礙前服務對象運用這種方式的能力。

# Unit 6-19
# 守則：社會工作師對服務對象的倫理守則（續13）

**■ 守則1.6**

社會工作師應保守業務秘密；服務對象縱已死亡，仍須重視其隱私權利。服務對象或第三人聲請查閱個案社會工作紀錄，應符合社會工作倫理及政府法規；否則社會工作者得拒絕資訊之公開。但有下列特殊情況時保密須受到限制：

a. 隱私權為服務對象所有，服務對象有權親自或透過監護人或法律代表而決定放棄時。
b. 涉及有緊急的危險性，基於保護服務對象本人或其他第三者合法權益時。
c. 社會工作師負有警告責任時。
d. 社會工作師負有法律規定相關報告責任時。
e. 服務對象有致命危險的傳染疾病時。
f. 評估服務對象有自殺危險時。
g. 服務對象涉及刑案時。

社會工作者保守服務對象的秘密，是建立專業關係的重要原則之一。社會工作師法第15條規定：「社會工作師及社會工作師執業處所之人員，對於因業務而知悉或持有他人之秘密，不得無故洩漏。」例如：兒童及少年福利與權益保障法第66條規定：「因職務上所知悉之秘密或隱私及所製作或持有之文書，應予保密，非有正當理由，不得洩漏或公開。」或例如：同法第15條規定的兒少收出養機制，規範從事收出養媒合服務，以經主管機關許可之財團法人、公私立兒童及少年安置、教養機構為限，並在同法第21條進一步規定中央主管機關應保存出養人、收養人及被收養兒童及少年之身分、健康等相關資訊之檔案。辦理收出養業務、資訊保存或其他相關事項之人員，對於前項資訊，應妥善維護當事人之隱私，除法律另有規定外，應予保密。此即對服務對象資料保密的嚴謹規範。在其他諸如家庭暴力防治法、老人福利法、性侵害犯罪防治法、人口販運防制法等諸多社政法規中，亦均有對保守服務對象秘密之相關規定，這是對服務對象隱私權的保障。此外，對於第三人之保護，例如：兒童及少年福利與權益保障法對於知悉有兒虐事件之通報者，對通報人之身分資料亦應保密，此即為避免第三人之傷害。

在NASW《社會工作倫理守則》中，對於服務對象「隱私和保密」之倫理原則闡述中提及，社會工作者應尊重個案的隱私權，社會工作者應針對在專業服務過程中獲得的所有資訊加以保密，且除非有令人信服的專業理由，社會工作者不應揭露服務對象的資訊，或向個案詢問私人訊息。當需要披露以防止對個案或他人造成嚴重，可預見和即將發生的傷害時，社會工作者保密原則是不適用的，且社會工作者應披露實現預期目的所需最少量的機密訊息，只應披露與披露目的直接相關的訊息。社會工作者不應該透露機密訊息給第三方付款人，除非已獲服務對象事前客戶已經授權這種披露。而且，社會工作者除非能夠確保隱私，否則不得在任何環境中以電子方式或親自討論機密資訊。社會工作者不應該在公共或半公共領域，如走廊、等候室、電梯和餐館等討論保密訊息。

## Biestek 對保密的定義

Biestek在她的《個案工作關係》專書中，對保密的定義，做了如下的說明：

**對當事人在專業關係中所透露的相關資訊保守秘密。**

## 保密原則（confidentiality principle）

保密原則是一種適用於個案提供助人者資訊的規範，期待助人者在除了特殊情況下，不可將內容洩漏給他人知道。亦即，保密原則即是指，助人者為尊重及保障當事人個人隱私，對於其個人資料及晤談內容有不公開及不外洩的責任。

# Unit 6-20
# 守則：社會工作師對服務對象的倫理守則（續14）

圖解社會工作倫理

176

本單元接續說明守則1.6。保守服務對象秘密雖是建立專業關係的重要原則之一，但並非是絕對的。社會工作者會因為個人的責任與他人的權益而受限。因此，案主的隱私權會在實務工作中產生一些衝突，Biestek提出以下五種狀況為保密的限制，說明如下（Biestek, 1957）：

## 一、與案主本身的權利衝突

即保密使案主其他的權利受到衝擊。當然保守秘密的權益大於其他的權益則不成問題；反之，保守此秘密就值得商榷。例如：案主前夫因戰爭失蹤二十多年，案主已改嫁，如今前夫回來相認，案主不想讓他破壞自己現在的婚姻而與前夫談條件，不幸卻被現任丈夫認為她在外面有情夫而爭吵甚至鬧離婚，如此為了守住前夫回來這個秘密，使現任丈夫造成誤會而影響案主的權利，這樣的保密就受到限制。

## 二、與他人的權利衝突

這是案主的資料若被保密，會傷害到他人的權利時，工作者就需要考量二者間的權利，除非個人的權益受到明顯破壞，否則還是以案主的權利為優先。例如：案主的朋友替其承擔過失殺人的罪過，若案主不出來承認，他朋友就得受刑責，如此保密傷害到別人的權益，應是受到限制的。

## 三、與社會工作者的權利衝突

當案主將自己的秘密告訴工作者之後，工作者如果保守這個秘密會喪失自己的權利，且其權利是比案主的權利更重要時，工作者不能因此喪失他自己的人權，這就是個明顯的限制。例如：一個被通緝的罪犯成了案主，當工作者知道狀況後還保密，就會使工作者成為共犯而觸法，此種秘密即為受限制的秘密。

## 四、與社會機構的權利衝突

不論是公立或私立的福利機構，都有其服務的宗旨與目標，機構對個人、家庭或社區居民都負有特殊的責任，為履行這些責任應享有特殊權利。若為了保守案主的秘密而可能違反到機構的服務目的、權利和責任時，機構就不一定要為案主保守秘密。例如：案主是個施虐者，被法院判決喪失監護權，但不服的情況下要偷偷將孩子帶走，遠走他鄉。當機構知道了案主的計畫，但為機構保護兒童的宗旨和責任，此種案主的隱私權就受到限制。

## 五、與整個社會權利衝突

個人權利和社會大眾的福祉發生衝突，社會有維持和平、秩序和增進公眾福利的責任。個人是大眾社會的一份子，若是案主的權利影響到大眾的福利時，應該有責任和其他公民共同來維持和增進大眾的福利。雖然個人的基本權利不能被剝奪，但應在不危害大眾福利的原則下為之，否則此權利則應放棄。

## 保密原則與預警責任

# WARNING

- 保密原則並不是絕對而是有限度的。經常會與「保密原則」一同被提起討論的，「預警責任」是其中之一，它是一項和保密相關的倫理概念，也經常是兩相對立的倫理考慮。
- Gehring在論及預警責任的概念時表示，雖然沒有法律上的責任去強制要一個人控制另一個人的行為，但是也有例外的情形，當一個人與另一個行為需要被加以控制的人，或者與此行為的可能受害者，有一特定的關係時，法律強制要求去警告此等可能的受害者，而此種預警責任對助人者格外重要，因為他們一般是與其當事人有著特別的關係。
- 助人者在專業關係中其實是有雙重責任的，當發現自己的個案可能存在潛在的危險性——亦即個案可能會去傷害他人，助人者有責任去保護其他人免受個案的傷害；而在另一方面，助人者也要保護個案不受到自己的傷害，後者可能會牽涉到當事人的自傷或自殺行為，因此必須審慎的處理及判斷。

177

## 社會工作者在保密原則面臨的三種困境

| 前提情況 | 社會工作者面臨的三種困境 | 抉擇的思考 |
|---|---|---|
| 社會工作許多倫理兩難都與保密及隱私權有關，如保護案主的權益、保護第三者等。當案主反對社會工作者揭露某些可能影響他人的重要資訊時。 | 1. 他人受到案主傷害的風險程度。 2. 暴露未授權揭露的資料對專業關係的傷害。 3. 被案主控告無法保密或受到倫理申訴。 | 社會工作者必須在兩者間抉擇，尊重案主的隱私權、自我決定權，或要保護那些可能受傷害的第三者。 |

# Unit 6-21
# 守則：社會工作師對服務對象的倫理守則（續15）

本單元接續說明守則1.6。保護服務對象雖是社會工作者建立專業關係的重要原則之一，但亦可能受限於法律之規範，社會工作者基於法律之義務，必須在司法過程中，揭露服務對象的相關資料，期使這些服務對象的隱私資料揭露未獲服務對象事先知情同意，社會工作者仍須依法陳述或揭露。

NASW《社會工作倫理守則》中，對於服務對象「隱私和保密」之倫理原則闡述中提及，社會工作者可在適當的情況下，在個案或法律授權代表個案同意人的有效同意下披露機密訊息。前述的情況，在個案同意下，揭露個案的機密訊息是較沒有問題的，但更多的情況下，是案主並不知情或並不同意社會工作者揭露資料，但社會工作者依法必須如實陳述。例如：社會工作師法第14條規定：「社會工作師受主管機關或司法警察機關詢問時，不得為虛偽之陳述或報告。」

在社會工作者負有法律規定相關報告責任時，社會工作者必須依法通報。例如：社會工作者知悉服務對象將對其女友不利，由於事涉有緊急的危險性，基於保護第三者的生命安全，社會工作者負有警告的責任，因此，應告知該女性友人以採取必要的防範措施，這是基於防止傷害人們生存行動之規則。所以，為了防止服務對象傷害他人，對服務對象所分享的訊息，將可以不視為秘密保守。此外，如果服務對象向社會工作者透露有尋短的意念，社會工作者除應予勸阻外，並應通報相關的心理防治機構介入，以防止自殺行為的發生，這是基於保護生命的原則，因為保護服務對象的生命是最基本，也是最重要的原則，排列在其他倫理原則之上，在考量服務對象生命原則優先下，違反其他倫理原則的行為是可以被接受的。

此外，在常見情況下是，社會工作者負有法律規定相關報告責任，此即為法定通報責任。例如：《兒童及少年福利與權益保障法》第53條規定，醫事人員、社會工作人員、教育人員、保育人員、教保服務人員、警察、司法人員、移民業務人員、戶政人員、村（里）幹事及其他執行兒童及少年福利業務人員，於執行業務時知悉兒童及少年有符合通報情形者，應立即向直轄市、縣（市）主管機關通報，至遲不得超過二十四小時。因此，前述兒童及少年福利與權益法，課予相關法定通報人員必須依法通報，除非有正當理由，否則依法處新臺幣六千元以上六萬元以下罰鍰。同樣地，在《家庭暴力防治法》、《老人福利法》、《性侵害犯罪防治法》等諸多社政法規中，亦有相同之通報責任規範。

另一種值得特別注意的情況是與非自願性服務對象的資料守密。在與非自願性服務對象工作的工作中所獲得的資訊交換中，誰可以知道、誰不可知道，以及那些資料必須依法向誰報告（例如：法院的要求）。在和非自願性服務對象工作時，服務對象告知工作者的資訊通常會傳到他處，例如：可能會運用在法庭報告中；可能會是和工作人員的督導討論時；可能會在工作單位的個案計畫會議中加以討論；或可能傳到其他機構，如毒品戒治或精神醫療單位。因此，「誰可以知道」這個議題需要和服務對象仔細討論。

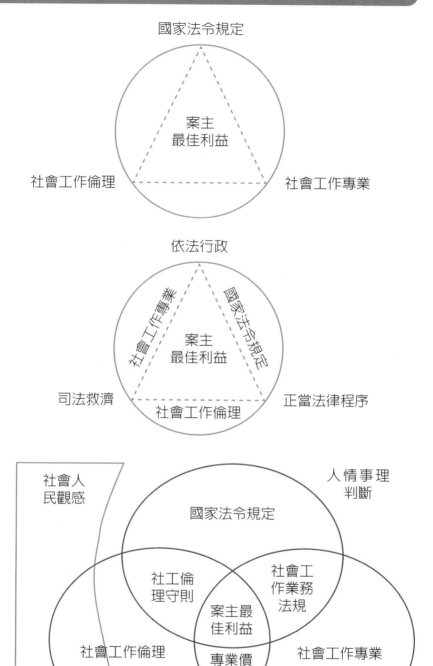

社會工作專業、法律、倫理之關係

國家法令規定

案主
最佳利益

社會工作倫理                社會工作專業

依法行政

社會工作專業    國家法令規定

案主
最佳利益

司法救濟    社會工作倫理    正當法律程序

社會人
民觀感

人情事理
判斷

國家法令規定

社工倫
理守則

社會工
作業務
法規

案主最
佳利益

社會工作倫理

專業價
值與倫
理

社會工作專業

# Unit 6-22

## 守則：社會工作師對服務對象的倫理守則（續16）

### ■ 守則1.7

社會工作師收取服務費用時，應事先告知服務對象收費標準，所收費用應合理適當並符合相關法律規定，並不得收受不當的餽贈。

《社會工作師法》第12條規定，社會工作師執行下列業務：

1. 行為、社會關係、婚姻、家庭、社會適應等問題之社會暨心理評估與處置。

2. 各相關社會福利法規所定之保護性服務。

3. 對個人、家庭、團體、社區之預防性及支持性服務。

4. 社會福利服務資源之發掘、整合、運用與轉介。

5. 社會福利機構、團體或於衛生、就業、教育、司法、國防等領域執行社會福利方案之設計、管理、研究發展、督導、評鑑與教育訓練等。

6. 人民社會福利權之倡導。

7. 其他經中央主管機關或會同目的事業主管機關認定之領域或業務。

《社會工作師法》第25條規定：「社會工作師事務所之收費標準，由直轄市、縣（市）主管機關核定之。社會工作師事務所收取費用，應掣給收費明細表及收據。社會工作師事務所不得違反收費標準，超收費用。」在NASW的社會工作倫理守則中，對於服務對象「服務付費」之倫理原則闡述中提及，在訂定社會工作服務費用時，社會工作者應確保費用是公平合理，並與所提供的服務相稱，另也應考慮個案的支付能力。

倫理守則1.7所述，社會工作師收取服務費用時，應事先告知服務對象收費標準，此即是所謂的知情同意（informed consent）。亦即，收費標準應在服務提供前，即清楚的告知服務對象，在服務對象同意服務的收費標準下，再進行後續的專業服務。

我國的社會工作師事務所在成立時，須將收費標準報直轄市、縣（市）主管機關核定之，以利社會工作師事務所向服務對象進行收費之公告。雖然我國的社會工作師事務所也有自行付費提供服務的對象，但更多的是承接政府委託方案，透過強制競標的方式，取得政府方案委託後，向服務對象提供服務。這類的服務提供，通常係由第三方付費，此即為契約外包，亦即是政府的角色由供給者轉為購買者。契約外包是指將福利服務以競標方式，指透過契約關係，由公部門向私部門購買福利服務，以提供特定對象的一種策略，亦稱為購買服務（purchase service）或購買服務契約（Purchase of Service Contracting, POSC）。

目前我的社會工作師事務所的服務對象，主要以政府契約外包的服務對象為主，在大部分的情況下，多數是服務對象不需付費，或是僅需部分負擔，而係由第三方付費(委託方案的政府)，但社會工作者仍需在服務提供前，向服務對象說明是否收費；如果不需收費，應說明已由何者付費；如需部分收費或自行付費，亦須說明須付費的金額。

## 社會工作師執業模式

**01 機構社會工作**
指社會工作師受僱於機構提供服務的方式。

**02 開業社會工作**
指成立社會工作師事務所透過收費來提供服務的方式。

## 社會工作師事務所的經營模式

**1 獨立執業**
由一位社會工作師單獨經營運作,提供專業服務,與個人工作室性質近似。

**2 共同執業**
由社會工作師事務所的開業者聘請一位以上的社會工作師、心理師,共同將執業登記於該社會工作師事務所,共同經營管理事務所並執行事務所的所屬業務或方案。

# Unit 6-23
## 守則：社會工作師對服務對象的倫理守則（續17）

■ 守則1.8
未經服務對象同意不得於公開或社群網站上公開其他足以直接或間接方式識別服務對象之資料。

■ 守則1.9
運用社群網站或網路溝通工具與服務對象互動時，應避免傷害服務對象之法定權益。

　　社群網站或網路溝通工具，均是屬於資訊與通訊科技（Information and communication technology, ICT）的一種類型。ICT係透過電子化工具傳送、操作及儲存訊息的技術。包括電子郵件、簡訊、視訊聊天和線上社群軟體，甚至亦包含執行各種資訊與通訊功能的設備，如智慧型手機、筆電等。ICT在社會工作實務的使用，已在無形之中揉合於服務輸送，為社會工作專業帶來新的實務挑戰和機會。

　　Mishna等學者的研究指出，ICT納入社會工作中使用，促進了正向的工作關係，有助於豐富面對面實務，並為社會工作處遇帶來正向效果。但即便ICT的使用看似是有助於工作關係的提升，亦不能否定的是它正在挑戰專業關係的傳統觀點。但網路溝通情境與面對面接觸有所不同，便容易產生「專業界線不清」的難題。綜整如下（Gabbard et al., 2011）：

(一) **倫理議題**：此類問題具備涉及違反倫理原則的隱憂。例如：成為社群媒體的好友。在社群媒體成為「朋友」關係將涉及自動構成雙重關係或多重關係的倫理議題。或許，專業人員能夠清楚區辨兩種關係的角色定位，但對服務對象而言，不會因此知道在網路空間不能發生與處遇無關的聯繫，服務對象的認知是他們與社會工作者是朋友關係。在社群媒體進行交流，將間接造成工作關係的複雜化，甚至可能使工作關係帶來損害，進而失去處遇的效果。此外，社會工作者在線上搜尋個案資訊及窺探其行蹤，其可能

沒有意識到他們可能在未經服務對象允許的情況下，透過搜尋引擎或是社群媒體掌握服務對象的去向，此行為可能有違反專業界線之虞。

(二) **損害專業形象**：此該類問題與維護社會大眾對於專業形象的問題有關。例如：社會工作者在個人社群媒體評論服務對象，或是不慎提及有關服務對象或其家庭相關訊息，將涉及違反保密原則之虞，即便未提及姓名，但提供足以識別身分之可能性時，經過轉發後仍易陷入服務對象個案身分曝光的風險，除對服務對象造成傷害外，更損及社會工作專業形象，更可能間接危害與服務對象間的工作關係。此外，社會工作者使用社群媒體詢問對服務對象處遇的意見，其所留下的「數位足跡」（Digital footprint），亦可能被服務對象案主透過網路搜尋找到，且未來仍可被進行搜尋，使得網路發言存在著相對永久性，這令社會工作者在維護網路上的個人與專業界線將日趨困難。

(三) **使用ICT而衍生的實務議題**：例如：社會工作者在個人帳號的私領域個人資訊揭露，服務對象可以從社會工作者的網路社群了解其大量之個人資訊，像是關於社會工作者的家庭和交友關係、政治觀點、社交活動和宗教信仰等。這些發現突顯了一個新時代的議題，透過資通科技使得服務對象能取得過去社會工作者不會向服務對象揭露或分享的個人訊息（Lehavot et al., 2010）。此外，ICT的使用，增加了服務對象與社會工作者在非上班時間的額外接觸，這主要是ICT具有即時性的特性。Reamer認為社會工作者應謹慎選擇如何及何時回覆案主，若社會工作者在工作時間外與案主進行線上訊息傳遞，可能就更加容易造成個人與專業生活的混淆，無形中拓展與案主專業關係以外的非正式關係，引起專業關係中界線的跨越及增加雙重關係發生的風險。

## Reamer對社會工作實務以科技提供遠距服務之型態區分

### 1 線上諮商
（Online counseling）

服務對象只要透過網路搜尋引擎，就可以搜尋到能夠提供線上諮商服務的社會工作者，並透線上支付方式購買諮商時數，服務對象能自行決定增加線上諮商時間。

### 2 電話諮商
（Telephone counseling）

社會工作者透過電話提供諮商服務，甚至包含從未見過面的個案。向第三方支付平台提供用戶名和信用卡資訊後，服務對象就會接到來自社會工作者的電話。

### 3 視訊諮商
（Video counseling）

社會工作者利用網路攝影機和視訊螢幕，提供即時遠距諮商

### 4 網路治療和化身治療
（Cyber therapy and avatar therapy）

社會工作者透過3D虛擬世界的化身，來提供個人和團體諮商服務。在視覺效果上，案主和社會工作者的3D虛擬人像化身互動，而不是現實生活的照片或即時影像。化身是數位化形成的圖形圖像或漫畫，案主和社會工作者使用它來代表自己在虛擬世界中電腦螢幕上出現的形象。案主和社會工作者加入線上治療社群，創造他們的化身，並透過電子化登入虛擬治療室進行個人或團體諮詢。

備註：其他以科技提供遠距服務之型態，於次一單元接續。
資料來源：Reamer, F.G.（2015）。

# Unit 6-24
## 守則：社會工作師對服務對象的倫理守則（續18）

圖解社會工作倫理

184

本單元接續前一單元延伸說明。無論是社群網站或是網路溝通工具，都是資訊與通訊科技的使用。社會工作實務將因服務資訊化及網路化等，面臨資訊倫理議題。尤其是面對多元化的自媒體時代，社會工作者在使用數位科技與社群媒體於社會工作實務中，必須謹慎的使用這些工具或媒介，其在社會工作實務應留意的十一項相關倫理議題，分三個單元說明如下：

### 一、知情同意

許多機構為訓練或督導目的要求晤談時要錄音。案主有權利在一開始就知道相關程序，讓案主知道為什麼要錄音、錄音紀錄將如何被使用、誰可以接觸錄音資料及紀錄將如何被保存。無論錄音的目的多具正當性或益處，重要的是在做任何電子錄音之前，社會工作者都要確定案主的同意保證。NASW《社會工作倫理守則》提及，社會工作者使用科技提供社會工作服務，應獲得服務使用者的知情同意；社會工作者對個案進行錄音或錄影，或允許第三方觀察服務之前，應取得服務對象的知情同意。此外，社會工作者為教學與訓練目的而討論到服務對象時，除非服務對象的同意或有強制性的需要，否則不可洩露任何可供辨識的資訊。這些狀況包括：提供服務、使用電腦、錄音、電話、電視等電子媒體提供服務。因此，機構若準備透過電腦及網路，對個案提供服務，不論是登錄在資料庫內，或是藉由網路來傳輸資料，均應事先告知，且取得服務對象同意。若未來涉及網路服務的提供，更應進行知後同意的程序，對於電腦科技、服務功能、保密的限制、何種問題不適於使用網路服務、社會工作者本身的資格、能力，收費標準、收費方式和可能承擔的風險等，社會工作者都應告知服務對象。此外，服務對象是未成年人時，應先取得監護人或家長的同意，並應確認同意者的身分。

### 二、電子溝通設備的隱私問題

電子溝通設備的使用，都會涉及案主隱私的倫理問題，社會工作者必須小心保密性或特權訊息。社會工作者應維護個案隱私，社會工作者應採取合理安全措施保護電子通信的保密性，例如：加密、防火牆和密碼。此外，資料的傳送與接收者，必須格外的小心，避免危及案主的隱私。此外，網路中傳遞的訊息，有可能中途被攔截，因此工作者應告知當事人溝通保密的方法，以協助確保溝通內容不會外洩，可以採取數位化簽名認證或用通關密語的方法，讓會員獨享可以進入網站等方式。

### 三、保密義務與通報責任

社會工作者應維護個案隱私，不得在任何環境中以電子方式討論機密資訊；同時必須尊重個案的隱私權，在未經取得個案同意下，應避免以電子方式搜索或蒐集個案資料，除非搜索目的是為了保護個案或他人免於可預見或立即性之傷害，或出於其他迫切的專業理由時；且社會工作者應避免在專業網站或其他形式的社群媒體上張貼任何有關個案的身分或機密資訊。

## 5 智慧型手機
應用程式
（Smartphone apps）

社會工作者將智慧型手機應用
程式作為服務對象的實務工
具，並鼓勵或要求服務對象於
智慧型手機下載相關應用程
式，包括以記錄有關其臨床症
狀、行為和情緒相關資訊；或
為了接收來自社會工作者的積
極和支持性的自動發送簡訊；
查詢心理教育資訊、當地資源
的友站連結等功能。

## 電子社群網站
（Electronic social
networks）

社群網站像是 Facebook或其
他，普遍存在於個案與社會工
作者的日常生活中。部分實務
工作者認為，與案主維持社群
網站的網路線上關係，可以被
當作一種治療工具。支持此論
點者認為與案主在社群網站進
行非正式接觸可充權案主，使
專業關係更為人性化，並使實
務工作者具有可近性。

## 7 電子郵件
（E-mail）

許多線上諮商網站是藉由與社
會工作者交換治療性電子郵
件，來為案主提供心理健康服
務。社會工作者通常邀請服務
使用者透過電子郵件發送與治
療相關的問題並回覆。

## 8 文字簡訊
（Text messages）

部分實務工作者會選擇與案主
非正式傳送簡訊。例如：當案
主欲取消或重新安排預約，或
在危機期間向社會工作者提供
簡短現況更新時。但也有部分
實務工作者及社會服務方案已
將文字簡訊納入正式處遇服務
模式。

## 9 自動導向網路遠距介入
（Self-guided Web-based interventions）

使用者只要完成相關心理健康和行為的線上調查問卷，接著就會接收到電子回
饋建議和相關遠距諮商服務鏈結，提供服務對象自行決定是否選擇進一步尋求
專業協助解決自身的問題。

資料來源：Reamer, F.G.（2015）。

# Unit 6-25
# 守則：社會工作師對服務對象的倫理守則（續19）

本單元接續前一單元，說明社會工作實務在使用資通訊科技時應留意的相關倫理議題之四至八，如下：

## 四、資料庫濫用的保密議題

網路資訊公開且不受時空限制，雖是便利但也可能危及個人隱私，違反保護隱私倫理。許多的福利機構由於工作需要，開始建構個案管理資料庫，但若不小心使用，可能產生資料庫濫用的問題，例如：個人資料未經服務對象同意，而作非專業用途，或是不同管理機構資料合併後隱私被暴露的可能。機構之資料庫，不僅要預防外部駭客入侵，亦要慎防內部網路洩密。利用網路傳輸個案資料，或使同僚經由內部網路，探詢與職務無關的個案資料，都是可能違反的倫理問題。另外，機構公關部門的社會工作者如何在募款、媒體壓力與保護案主隱私之間的倫理兩難中取得平衡，就須依靠智慧以及謹守專業倫理規範。

## 五、電子紀錄保存期限與管理

社會工作者在提供服務的過程中，應有充分、確實與合乎時效性的紀錄，以協助服務的提供，並確保未來亦能持續地為案主提供服務。紀錄的文件處理亦盡可能與適當地保護案主的個人隱私：故應只包括與提供服務直接相關的訊息之外，專業守則也要求社會工作者必須妥善保管紀錄，以確保未來需要。此外，相對於書面文件，電子資料保存容易，但電子資料會因資訊科技的演變，而導致新、舊系統間無法相容，先前低階資料無法判讀。以機構個案管理資料庫為例，在規劃系統時，宜先進行資料庫需求調查，預估服務量與年限，並因應軟硬體的更新和改變，以免新舊作業系統資料格式若不能相容，產生潛在問題。

## 六、案主自我決定

透過網站提供服務資訊或個案管理，機構將申請人個人資料轉介給相關社福機構，轉介機構社會工作者再提供服務，但個案是否同意或表達其接受該機構服務就非常重要。案主擁有的選擇權利，並獲得充足的資訊以決定是否接受任一機構的服務，或是服務對象改變主意，經表明拒絕接受服務後，可要求刪除個人資料，這些均需服務對象的同意與決定，但在追求時間效率與知後同意的兩難困境下，自決的尊重將更顯重要。

## 七、避免傷害

服務對象在資訊化的轉變下可能造成的傷害包括：違反保密的規定、心理上的傷害等。為避免案主受到傷害，應對提供服務者加以篩選，以避免案主受到傷害。此外，為了降低對案主的非意圖的傷害或不當行為，網路服務者更應接受督導。

## 八、轉介服務

在轉介服務上，透過傳統的資源手冊，雖可蒐集相關的服務訊息，但藉助於網路大量的服務資訊管理系統，可更快速搜尋，立即更新，找出可供運用的服務資源。社會工作者若能善用網路，有效掌握完整的服務資源，其服務效能必能提升。在當社會工作者要將案主轉介給其他專業人員時，應採取適當步驟以促進並依序地完成轉介的責任。因此，即便使用電子資訊進行轉介程序，亦應如親自交付個案一般的品質，應於電子文書傳達後進行雙重確認，以確認服務對象獲得有效服務，不至於依賴電子工具後，而使服務大打折扣。

## 社會工作應用ICT的三大樣態

**（依據ICT使用與面對面實務兩者間的比重，及正式化程度加分類）**

**1** 正式線上資通技術
（**Formal Online ICTs**）

強調線上溝通途徑之單一模式介入治療，藉由獨立的ICT方案／介入作為實務處遇工具，完全取代傳統的面對面實務。服務方式諸如線上諮商（e-counseling）、遠距心理諮商（tele-psychology）等，並與個案簽訂明確的服務契約，詳定採用具備安全防護的電腦及指定軟體（如：非同步電子郵件、同步聊天室等）、或行動應用程式〔mobile applications（app）〕和簡訊服務（messaging services）進行治療介入。另外，線上資通技術ICT亦包括視訊諮商或虛擬世界的溝通。

**2** 正式混合資通技術
（**Formal Blended ICTs**）

結合傳統面對面實務與計畫性和結構化的線上元素，經由有目的地執行線上練習，作為傳統面對面實務的一部分，以替代或補充部分面對面會談，且線上和面對面均屬於正式服務，兩者搭配組合皆為結構化及被監控下實施。線上元素包括家庭作業、日記、電子郵件發送提醒、簡訊監控、心理教育活動，和評估和測試儀器。

**3** 非「正式線上資通技術」
（**Informal Intersession ICTs**）

社會工作者利用資通技術作為面對面實務的非正式輔助工具。社會工作者與案主雙方有時在等待下次會談期間，透過電子郵件、簡訊或社群網站（social networking）進行同步或非同步的溝通，而且往往是非結構化、非計畫性額外增加的情況；使用範疇從單純行政聯繫到複雜會談，例如：約定時間、傳達緊急事件等。特別強調的是，非「正式線上資通技術」並不是要取代面對面服務，主要正式的服務方式仍是面對面會談。

資料來源：Mishna et al.（2017）。

第八章　社會工作倫理守則

187

# Unit 6-26
# 守則：社會工作師對服務對象的倫理守則（續20）

本單元接續前一單元，說明社會工作實務在使用資通訊科技時應留意的相關倫理議題之九至十一，如下：

## 九、工作者能力

社會工作者在資訊化趨勢下，應具備資訊之技能。關於社會工作者提供資訊化服務的能力掌控部分，社會工作者必須僅在其所受教育、訓練、執照、證書、所受的諮詢或受督導的經驗，及其他相關專業經驗的範疇內提供服務和展現自己。準此，當社會工作者在新的領域提供服務、使用新的介入技術或取向，應在相當的研習、訓練、諮詢或接受具備該介入技術或取向的專家督導下才可運用。在一般認知標準尚未存在的新興實務領域中，社會工作者應謹慎的判斷，並採取必要之步驟，包括適當的教育、研究、訓練、諮詢和督導，以確認其工作能力並保護案主免受傷害。

## 十、服務的公平性

社會工作資訊化後對服務對象是達到社會促進，抑或產生另一種社會排除？高度資訊化意味著個體可能因其擁有資訊資源的能力不同，而造成資訊上的貧富不均，產生所謂的「數位落差」（digit divide），致使弱勢者陷入於困境中。例如：如果服務對象案主不識字或對機構所使用的基本語言難以了解；或其無法使用電子服務，但機構的服務卻只能在電子資訊登錄後，才可提供服務。此時社會工作者應採取行動以確保案主能理解這些訊息，包括提供服務對象詳細的口頭說明，或安排合格的翻譯人員，以促進案主「公平、不受歧視，及擁有同樣的機會」。雖然，電腦或網路較以往普及，但仍有民眾無法負擔，倘若透過資訊服務只是限制資源原本就缺乏的服務對象，使其無法接受公平服務的機會，是違反平等原則。因此，提供多樣型態的選擇機會是該思考的方向。另外，社會工作者應具備對案主文化背景的知識基礎，並在提供服務時，能展現對案主文化的敏感度，也要能分辨不同人群和文化族群間的差異，覺察這些背景上的差異，做出適當介入策略，是重要的社工服務基本原則之一。由於接受網路服務的對象可能來自不同背景或國家。因此，社會工作者未來進行網路服務時，必須要培養並具備多元文化的能力，避免做出排除與歧視的社會工作服務。

## 十一、研究倫理

許多研究者在資料蒐集過程依賴網路上的大量的學術論文與研究報告。但由於資訊取得容易，加上電子檔案容易被竄改和複製，使用時應更加謹慎求證其正確性，這是作為專業人員的倫理責任之一。

## 數位落差（digit divide）

- 數位落差（digital divide）一詞，於1995年被首次提出，1997年美國國家通信及資訊委員會（National Telecommunications and Information Administration, NTIA）正式加以採用，並將數位落差定義為：「資訊擁有者（have）與資訊未擁有者（have not）之間所產生的落差。這個定義，是以電腦之有無，作為衡量數位落差的指標。」
- 隨著網路普及與新科技不斷發展，數位落差也有不同的定義。例如：2001年，經濟合作發展組織（Organization for Economic Co-operation and Development, OECD）將數位落差定義為：「不同社經背景與居住地理區域的個人、家戶或企業，在取用資訊通訊科技（ICTs）的機會以及運用網際網路各項活動上所產生的落差。」
- 將這兩個定義相互對照，不難發現衡量數位落差的指標，已由電腦擁有率，逐漸轉換為上網率，並開始關注不同社經背景與居住區域者的數位落差問題。
- 近來，有些國家已不再使用「數位落差」的負面陳述，而以「數位機會」（digital Opportunity）取代。這種數位機會的概念，超越了以往對於數位「差異」的單純探討，蘊含著對於數位發展的影響及其解決方案的關注。

資料來源：林勝義（2017）。

## 因應數位落差的對策

1. 擴大資訊經費補助對象，提高弱勢者資訊設備擁有率。
2. 提供弱勢者資訊教育機會，提高資訊使用技術。
3. 更新政府網路環境的設計，讓介面更加友善。
4. 妥善處理政府公開資訊的內容，轉化為易了解及有意義的資訊。
5. 改變政府網站資訊的呈現方式，以改進資訊近得性。

# Unit 6-27
## 守則：社會工作師對同仁的倫理守則

依據我國《社會工作師倫理守則》第二章中，有關「社會工作師對同仁的倫理守則」之條文包括2.1至2.4，自本單元起，將就前述條文加以說明其相關意涵。

### ■ 守則2.1

社會工作師應尊重同仁，彼此支持、相互激勵，與社會工作及其他專業人員合作，共同增進服務對象的福祉。

對於社會工作者間應彼此尊重，為服務對象謀求福祉，NASW《社會工作倫理守則》中提及，社會工作者應尊重同事，並應公正地陳述同事的資格、觀點和職責。社會工作者應避免在與個案或其他專業人士進行口頭、書面和電子交流時對同事進行無端的負面批評，包括：貶低同事能力程度的評論或個人的屬性，如種族、民族、國籍、膚色、性別、性取向、性別認同或表達、年齡、婚姻狀況、政治信仰、宗教、移民身分，心理或身體功能。社會工作者應與社會工作專業及其他專業的同事合作，以增進個案的福祉。

由於服務對象問題的複雜化，社會工作者必須與其他專業人員，相互協調以整合資源。當面對各專業領域的分化，各專精領域的工作者以專業團隊的方式，以提供服務對象整體性的服務。跨專業合作的團隊成員，通常由不同專長的專業工作者所組成，因此這樣的合作關係能夠突破專業服務的藩籬，共同對服務使用者進行評估及服務，協助服務對象獲得最適切、最完整的服務。NASW《社會工作倫理守則》中亦提及，社會工作者擔任跨專業領域團隊的成員時，應基於社會工作的觀點、價值與經驗，為服務對象的福祉做出貢獻。

然而，在與其他專業人員合作的過程中，卻也常面臨專業整合的困境，包括如下：

1. 機構服務對象重點工作的觀點不同：每個機構都有他們自己不同於別的機構對於案主問題處遇的觀點，不同的觀點影響到所採取的行動。
2. 專業角色不同的差異性：機構彼此之間很少有機會去了解別機構在專業中所扮演的角色與壓力。
3. 對於對方專業的刻板印象：因刻板印象造成機構間無法溝通或障礙，因而阻礙服務的推展。
4. 工作項目的優先順序不同：因為每個機構所採取角色不同，因此對於優先順序的看法亦不同，因而影響到團隊的合作。
5. 缺乏專業間的共同訓練：每個工作人員都被要求在團隊系統中工作，可是卻沒有教導工作者如何在團隊中工作的訓練。
6. 不同專業間的結構與權力：團隊中不同的專業人員專業體系的組織、財務及合法性基礎不同，造成權力不均等，容易有衝突產生。
7. 專業溝通間使用專業用語的差異：彼此使用的專業術語用語不同，造成溝通上的阻礙及合作的困難。

此外，守則中揭櫫社會工作者應尊重同仁，但不幸的是，社會工作者有時會遇到專業中的不當行為，其中之一就是遇到同事作出不合理倫理的行為。但此時最困難的抉擇為是否要對同事指正其不當行為，是否要向督導或其他單位通報。可以理解的是，社會工作者通常都會猶豫是否揭發同事的不當行為。揭發的結果可能會害了同事的專業生涯，而揭發者可能會被機構或專業團體所排擠。但是，大部分的社會工作者也了解為何有時揭發同事的不當行為是必須的，通常是因為案主的福祉與方案運作，可能因為同僚的不當行為而受到影響。在這種情況下，社會工作者必須衡量揭發與否的利弊。

WORKING TOGETHER

REACH GOALS　SUPPORT　TEAM SPIRIT　COLLABORATION　COMMUNICATION　EXCHANGE

**01**

### 單一專業團隊合作模式（Uni-disciplinary）
由單一專業提供服務，同一專業人員間有互動、相互溝通。

**02**

### 專業間團隊合作模式（Inter-disciplinary）
很多專業進行治療服務，有專業間的互動和個案討論的機制，雖然各專業式各自進行評估，但是透過團隊會議，專業人員之間有正式的溝通管道，共同決定個別化教育計畫，各專業能融入其他專業的目標及專業意見是可以相互溝通的。

**03**

### 多專業團隊合作模式（Multi-disciplinary）
各專業單獨進行評估與治療服務，專業之間並沒有正式的溝通機制，常會造成專業意見不一，無法提供整合性的療育服務。

**04**

### 單一專業團隊內部合作模式（Intra-disciplinary）
由單一專業提供服務，但同一專業人員間沒有互動、各做各的治療。

**05**

### 跨專業團隊合作模式（Trans-disciplinary）
此模式由評估階段開始就是由所有需要的專業人員進行評估，且專業團隊成員中選定一位對於個案來說是最重要的專業人員為「個案管理員」（case manager）負責執行評估、介入和追蹤評鑑，其他的專業人員則跨越專業界線，提供專業上有關評估和療癒的建議。專業人員共同擬定介入計畫，並且透過定期的會議，討論實施的問題及提供專業技巧的訓練。

# Unit 6-28
# 守則：社會工作師對同仁的倫理守則（續1）

圖解社會工作倫理

192

■ 守則2.2

社會工作師不宜或無法提供服務對象適切服務時，應透過專業或跨專業分工，尋求資源整合或為適當之專業轉介；在完成轉介前，應採取適當之措施，以保護服務對象權益；轉介時應充分告知服務對象未來轉介服務方向，並將個案服務資料適當告知未來服務機構，以利轉銜服務。

Compton和Galaway認為結案的類型有四種：1.案主和社會工作者都已滿意已完成了彼此同意提供的服務，且案主沒有其他的需要；2.服務目標沒有達成，但雙方都認為可以結束工作了；關係停止，是因為社會工作者離開機構或轉到其他單位服務；4.已完成了計畫中的服務，但案主所需要的服務，機構無法提供，所以必須轉介。

前述所提及結案的第四種類型中，係因案主所需要的服務，機構無法提供，所以必須轉介。「轉介」是社會工作處遇的開始，社會工作的服務到什麼時候，以及以什麼方式服務，常以最初轉介的理由為依據，也就是要回答：社會工作的服務是否可以回應「轉介」的理由？是否另一個機構較可能提供服務？是否能提供所需要的訊息？

通常在下列幾種情況發生時，社會工作者需要考慮是否將案主轉介給其他工作人員、部門或是機構：
1.案主的問題不符合機構的服務範圍。
2.案主求助的意願非常低。
3.社會工作者考慮個人的能力或其他因素，無法處理此一類型之案主。
4.案主接受機構的服務已經告一段落，接續服務並非本機構所能提供。

機構的功能往往是有限的，有時機構的服務或社會工作者的能力無法有效協助服務對象，或服務對象的部分問題和需要，必須再向其他機構申請服務時，就必須要透過轉介的程序，使案主能獲得問題的解決。轉介是以案主需要和有效資源的評估為基礎，而採取的一種聯絡和協調的服務，而非推諉責任的方式。在實務經驗中，有機構或團體將需要幫助的個人或家庭轉介至可提供所需服務的機構。每一個轉介都秉持了案主當時的需求。

「轉案」不同於「轉介」，「轉案」常發生在社會工作者接到的是在同一個機構另一社工轉來的個案，可能因為這位社工者調離單位或離開機構，如此接到的個案稱之為「轉案」。原先的社會工作者宜先告知其案主將轉案之事，並獲同意。在與案主接觸之前，社會工作者要先閱讀此案主的紀錄，如由原先之社會工作者會同新的社工者與案主三方面有一次會面的機會則更佳。之後，新的社會工作者開始與案主建立關係，過去的紀錄和評估應作為參考，社會工作者應重新了解案主此時的問題。

轉介的歷程主要可以分為轉介前評估、尋求受轉介機構、服務轉銜、追蹤輔導四階段。

社會工作者在進行轉介工作過程，必須做到的各項工作：
1.確定案主已經準備好被轉介至其他機構。
2.必須考量與決定何種資源最能滿足案主的需要。
3.雖然轉介過程，社會工作者要提出個人對案主最佳利益的建議，但仍須尊重案主自決。
4.避免幫助被轉介之機構，做出不必要的承諾或不切實際的保證。
5.雖然需要澄清被轉介機構的功能和可能選用的方法，但要避免明確指出被轉介之機構，將會如何處理個案。

## 有效的轉介應遵循之原則

**01** 引導案主表達感受,以確定其準備好接受轉介。社會工作者應提供合理的解釋,讓案主放心,包括轉介的必要性、轉介的潛在利益、不轉介的成本,以及不得不轉介的必要性。

**02** 配合案主所需。案主需要轉介,意即本機構資源不足以提供最佳的服務。較有效的作法是先建立社區資源清單,並隨時聯繫更新。

**03** 尊重案主自決,案主有權利決定要不要接受轉介與轉介到哪一個機構或設施。不過,社會工作者有職責推介最有利於案主的待轉介資源,以及說明案主接受有利於其問題解決的轉介。若法律有強制,案主不可能拒絕轉介。但,社會工作者仍必須以案主的最佳利益來考量轉介資源。

**04** 避免虛假與非現實地承諾。社會工作者可以樂觀地說明轉介可能帶來的利益,但避免為了說服案主接受轉介而給予不可能實現的承諾。

**05** 避免先確定下一個服務者是誰。社會工作者可以告知轉介資源的服務者有哪些、他們的特色如何,但是,不可保證一定是誰會提供案主服務。

## 轉介注意事項

1. 確認轉介的需要:評估案主的能力和動機,以誠懇的態度向案主說明轉介的必要;並確定案主已經準備好要轉介。
2. 說明何種資源最能滿足案主的需要:尊重案主的自決,但亦要提出社會工作者對案主最佳利益的建議。
3. 協助案主與轉介機構的接觸:填寫轉介單,向被轉介機構說明轉介理由和案主的問題與需求。
4. 避免替被轉介機構做不確定的承諾或不實際的保證。
5. 要求被轉介機構填寫並寄回「轉介回覆單」。

# Unit 6-29
## 守則：社會工作師對同仁的倫理守則（續2）

■ 守則2.3

當同仁與服務對象因信任或服務爭議，應尊重同仁之專業知識及服務對象合法權益，以維護服務對象權益與同仁合理之專業信任。

社會工作者應秉持專業知識、價值、技巧提供服務對象符合社會工作倫理的服務，且應以中立的、不偏頗的，以及社會工作專業的立場處理同仁與服務對象的爭議，避免損及服務對象的權益，以及打擊社會工作同事的專業信心，致喪失服務對象與同仁、同仁與同仁之間的專業信任。

當同仁與服務對象因信任或服務爭議，NASW《社會工作倫理守則》中提及，社會工作者不應利用同事與雇主之間的爭議，以謀取職位或其他個人利益；社會工作者與同事發生爭議時利用個案，以及不應該與案主討論社會工作者與同事間的衝突。

此外，在同仁與服務對象因信任或服務爭議，除或許有可能是服務對象對處遇的方式、進程或結果的不符合期待或是落差，但許多的爭議或申訴案件中，起因於社會工作者的錯誤，而多來自於社會工作者個人的問題。例如：在處遇過程中，社會工作者在處遇前，未詳盡告知並事前徵得服務對象的同意。

社會工作者同事因為能力不足或無能力，致與服務對象產生爭議，是必須要面對的嚴肅課題。NASW《社會工作倫理守則》中提及，社會工作者已經直接知悉同事缺乏專業能力，社會工作者應在可行的情況下，與同事諮商討論，並幫助其採取補救的行動；當社會工作者認為其同事缺乏專業能力，然而社會工作者並沒有採取適當的措施去面對處理時，社會工作者應透過由雇主、機構、社會工作者協會、證照及管制單位，以及其他的專業組織所建立的適當管道來採取行動。

除了前述的能力不足或無能力之外，另一種與服務對象產生爭議的情況，是社會工作者的同事之個人問題。NASW《社會工作倫理守則》中提及，當社會工作者直接知悉同事因個人問題、心理社會壓力、物質濫用或心理健康的困難，而損及他們的表現及影響他們的實務工作成效時，應在可行的方式下，與同事諮詢討論，並幫助其採取補救的行動；社會工作者認為其同事的個人問題將影響其實務工作的成效，但其並未採取適當的步驟加以處理時，應透過由雇主、機構、社會工作者協會、證照及管制單位，以及其他的專業組織所建立的適當管道來採取行動。

而在同仁與服務對象因信任或服務爭議，同事違反倫理行為，亦是重要的課題。NASW《社會工作倫理守則》中提及，社會工作者應採取適當的規範來勸阻、預防、揭穿和糾正同事的違反倫理行為；社會工作者應該清楚了解處理有關同是違反倫理行為的現有政策與程序。社會工作者必須熟悉國家、州和地方政府處理倫理的投訴程序，這些包括社會工作者協會、證照及管制單位、雇主和其他專業組織所訂的政策和程序；社會工作者認為同事的行為違反倫理行為應尋求解決辦法，在可行的情況下應與同事討論並尋求解決；當社會工作者認為同是違反倫理，如果必要時，社會工作者可透過適當的正式管道採取行動（例如：州政府認證委員會或監管單位、社會工作者協會全國倫理委員會，或其他專業倫理委員會）；社會工作者應該為受到不正義的違反倫理行為而被起訴的同事辯護並給予幫助。

## 學者Labm對「專業人員的個人問題」之定義

專業功能受到干擾,以下列的形式呈現:
1. 沒有能力或/和不情願去學習專業的標準並運用到專業行為上。
2. 沒有能力去學習專業技巧以達到專業應有的能力。
3. 不能控制個人的壓力、心理失功能,或/和過度的情緒反應,以致妨害專業的職責。

## 不當實務

### 定義

Reamer:不當實務是指實務工作者的疏忽,而無法提供專業要求應提供的照顧。

- - - - - - - - - - - - - - - - - - - - - - - - - - - - - - - - - - - - - -

Backer:不當實務是指專業人士違反的專業守則上要求善盡其責的部分,而造成案主的傷害。例如:訊息曝光、遲到的服務、不當的結案、不當的運用知識與技巧、故意提供不正確的資訊、財務上的剝奪,以及身體上的傷害……等。

195

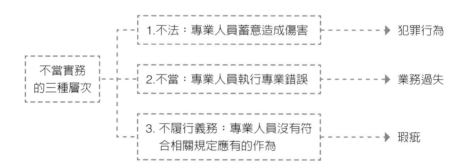

## Unit 6-30
## 守則：社會工作師對同仁的倫理守則（續3）

■ 守則2.4

社會工作師為維護社會工作倫理，協助保障同仁合法權益，面對不公平或不合倫理規範之要求，當事人或代理人應向服務機構或各地區社會工作師公會、中華民國社會工作師公會全國聯合會、社會工作主管機關申訴，以保障合法權益，落實社會工作專業倫理。

《社會工作師法》第31條規定，社會工作師非加入社會工作師公會不得執行業務；社會工作師公會亦不得拒絕其加入。當社會工作師面對不公平或不合倫理規範之要求，依程序應先向當事人或代理人應向服務機構或各地區社會工作師公提出申訴。

依中華民國社會工作師公會全國聯合會110年11月27日第七屆第五次理監事會議通過之《中華民國社會工作師公會全國聯合會會員倫理申訴及審議處理要點》（中華民國社會工作師公會全國聯合會，2022），在總則中揭櫫前述要點係依據《社會工作師法》第49條、中華民國社會工作師公會全國聯合會組織章程第6條及《社會工作倫理守則》第三章第1條規定辦理。此規定之制定要旨為倫理審議的目的在於維護專業紀律、檢視不足並促進改正，基於公平、公正、客觀原則處理中華民國社會工作師公會全國聯合會及各縣市公會倫理申訴及審議案件，落實社會工作倫理守則。會員倫理事件之申訴案件，採申訴、再申訴二級制。申訴對象為縣市社會工作師公會時，向中華民國社會工作師公會全國聯合會提出申訴；申訴對象為全國各縣市社工師公會之會員時，依會員會籍所屬縣市之《倫理申訴與審議辦法》，向縣市公會提出申訴，若不服縣市公會之倫理審議結果者，可向中華民國社會工作師公會全國聯合會提出再申訴。

以臺北市社會工作師公會《社會工作倫理委員會組織簡則》為例（臺北市社會工作師公會，2022），該公會在組織簡則中指出，該倫理委員會的宗旨是本會為提升社會工作師專業倫理，審定倫理相關案件、預防並降低違反倫理事件之發生而成立社會工作倫理委員會。該委員之任務包括：1.針對違反社會工作倫理之案件進行審議、調查及仲裁事宜；2.社會工作師執業倫理之促進；3.社會工作倫理案件之諮詢；4.社會工作倫理教育之促進與推展；其他與社會工作倫理有關事項之辦理；另在該組織簡則中就「倫理申訴案件處理程序」，由該委員會另訂之，並經理事會通過，報會員代表大會備查。

依前述臺北市社會工作師公會《社會工作倫理委員會組織簡則》所訂定之《倫理申訴案件處理程序》規定，受理之申訴資格與對象，包括：1.凡認本公會會員執行業務有違反社會工作師或倫理風紀之行為，依《社會工作師法》、《社會工作師倫理守則》，應受懲戒者，得由本公會會員或一般民眾以書面向本公會提出申訴；2.政府機關或公益團體如認本公會會員有前項情形，亦得發函移送本公會，由本公會逕依職權調查之；各理事或監事如認本公會會員有第1項之情形，亦得於理事監事聯席會議主動提案，經決議通過後，立案調查。

此外，《社會工作師法》第19條規定，社會工作師依法執行公權力職務，有受到身體或精神上不法侵害之虞者，得請求警察機關提供必要之協助；涉及訴訟，所屬機關（構）並得提供必要之法律協助；同法第20條規定，社會工作師依據相關法令及專業倫理守則執行業務，涉及訴訟，所屬團體、事務所得提供必要之法律協助。

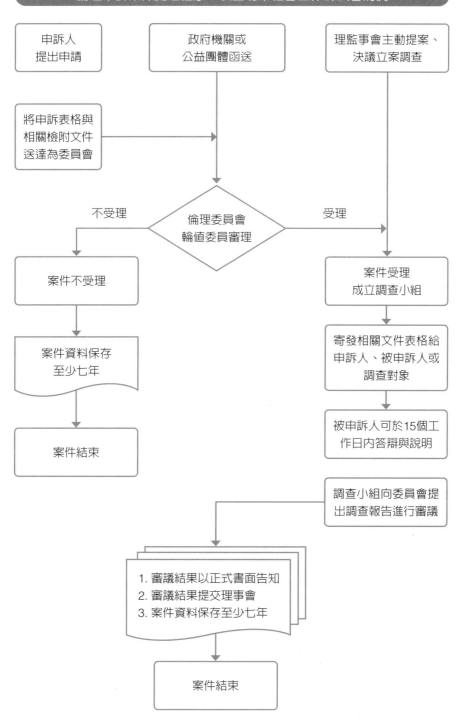

**倫理申訴案件處理程序：以臺北市社會工作師公會為例**

申訴人
提出申請

政府機關或
公益團體函送

理監事會主動提案、
決議立案調查

將申訴表格與
相關檢附文件
送達為委員會

不受理　　　　倫理委員會　　　　受理
　　　　　　　輪值委員審理

案件不受理

案件受理
成立調查小組

案件資料保存
至少七年

寄發相關文件表格給
申訴人、被申訴人或
調查對象

案件結束

被申訴人可於15個工
作日內答辯與說明

調查小組向委員會提
出調查報告進行審議

1. 審議結果以正式書面告知
2. 審議結果提交理事會
3. 案件資料保存至少七年

案件結束

資料來源：臺北市社會工作師公會（2022）。

# Unit 6-31
# 守則：社會工作師對實務工作的倫理守則

■　守則3.1

　　社會工作師應致力社會福利政策的推展，增進福利服務效能，依法公平進行福利給付與福利資源分配。

　　社會福利政策的推展，涉及到社會福利意識型態和價值的兩個理念因素。如同Titmuss所稱，社會政策是由人所制定的，社會政策包含許多的社會目的與選擇，不可完全「價值中立」。福利體系甚至會反映出社會的主流文化與政治特色（黃源協，2021）。福利意識型態（welfare ideology）是一種關於社會福利的價值體系與信念，社會中的個人依此來理解、描繪、判斷、發展社會福利。但並非該社會中只有一種福利價值體系與信念，而是指該價值體系與信念被視為比其他更正確與優越而接受。社會工作師在推展社會福利政策時，政策的選擇易會受到個人福利意識型態的影響，甚至有可能有截然不同的政策規劃與推展方式。

　　傳統上，社會福利給付的形式以現金給付（in cash）、實務給付（in kind）兩大類，社會工作師在進行福利給付時，應考量其優缺點：
1. **現金給付**：⑴優點：攜帶方便、可儲存、有較高的選擇自由、案主可自由支配、行政成本低、支付單位可不受限制；易計算；可因各種原因只給部分給付而成為津貼；⑵缺點：無法控制真正被使用的情形、給付不足時未必能滿足需求；未必能購得福利財。
2. **實務給付**：⑴優點：可針對需要提供、案主獲得給付可立即使用；可對案主使用上有一定程度的控制效果、集體採購時有具議價效果；⑵不一定是案主喜歡的、選擇性少、未必真正

符合實用、案主的滿足程度或較低而成浪費、行政成本太高、不易儲存、有污名效果。

　　影響福利資源分配的重要因素之一，是福利服務的輸送。Gilbert 和 Terrell指出社會福利服務輸送體系的建置中，可近性（accessible）、整合性（coordinated）、連續性（continuous）與責信（accountable）是最重要的。服務輸送失敗的問題包括：1.片段（fragmentation）：指若干個服務或部分並無法串連成一個完整的服務而滿足需求；2.不連續（discontinuity）：指的是銜接的不連貫，包括不同服務間的銜接不連貫，也指服務期間的不連貫；3.權責不符（unaccountability）：指服務未能達到其所宣稱或承諾的目標或效果；4.不易接近（inaccessibility）：指服務的設計排除或阻礙特定人口群體的接近與使用；給付的結構：是指保障的範圍（事故）與水準的組合。

　　正如Titmuss所提醒的，在所有有關社會政策的理論原則中，最根本的問題就是不斷被提出的「公平分配」（distributive justice）問題。而過去常用的方法有四種。分別是按個人的需求（need）、價值（worth）、功績（merit）和努力來分配，而我們要加上：「按我們的需要（our need）來分配」。Titmuss這句話提醒了我們，社會價值固然可以是社會政策的目標，也可以是社會政策制定的參考，更重要的是「社會」和「社會的需求」是什麼？回歸到從「社會」的角度來看，什麼對社會政策才是最重要的（李易駿，2017）。

## 社會福利分配的原則與福利概念

| 歸因性需求 | 補償 | 診斷差異 | 資產調查需求 |
|---|---|---|---|
| 制度式<br>社會福利概念 | ←------------------------→ | | 殘補式<br>社會福利概念 |

資料來源：黃志忠等譯（2012）。

## 社會福利分配的權利

| 分配的權利 | 請求權利資格 |
|---|---|
| 福利請求權利<br>與審查標準 | 1. 過去的貢獻：指狹義、對福利體系、特別是社會保險制度的貢獻、即為所繳納的保險費。 |
| | 2. 行政規則：指依政府政策所制定的行政規則，而成為審核條件。亦即，這些行政規則本身帶有較強烈的對象性。 |
| | 3. 行政裁量：指的是政府的行政人員，在法律及行政規則授權下，對於福利給付的申請人，依職權所進行裁量與決定。 |
| | 4. 契約：在透過非營利部門與營利部門所提供的服務，會有立基於契約為基礎的情況。 |
| | 5. 專業裁量判斷：是指案主是否應獲得給付是依據專業人員的專業判斷。 |
| | 6. 司法判決：是指在個別個案的情況中，案主的權利乃是透過司法判決而確定。 |
| | 7. 資產調查：即對貧民家戶的財產及所得進行查核，以決定是否為貧民及獲得救助。 |
| | 8. 附加在勞動關係上的給付：以達成特定的政策目的，特別是在資本主義經濟體系中，社會安全制度具有維護勞動力、經濟體制運作之目的。在這些設計中，福利僅提供給具勞動力或勞動關係人口群，如職業年金保障或企業所提供的企業福利。 |
| 公民權與<br>居留權 | 公民權是指基於國籍而擁有該國國民資格及權利，但福利權中的公民權概念的實務運用並不限制於公民，尚包括準公民的權利，即擴張到擁有合法居留權利者。 |
| 附條件與無條<br>件的請求權利 | 全民性福利又進一步區分為附條件的，如社會保險，以及無須附條件的給付，如兒童津貼。 |

# Unit 6-32
# 守則：社會工作師對實務工作的倫理守則（續1）

■ **守則3.2**

社會工作師應具備社會工作專業技能，不斷充實自我；擔任教育、督導時，應盡力提供專業指導，公平、客觀評量事件；接受教育、督導時應理性、自省，接納批評與建議。

NASW《社會工作倫理守則》中關於社會工作者的能力時提及，社會工作者必須僅在其所接受的教育、訓練、執照、證書、所受的諮詢或受督導的經驗，以及其他相關專業經驗的範疇內提供服務和展現自己；當社會工作要在獨立的領域提供服務，或使用新的介入技術或取向，應在相當的研習、訓練、諮詢或接受具備該技術或取向的專家督導下才可施行；當新興的實務工作領域尚未建立公認的標準時，社會工作者應謹慎的判斷，並採取必要的步驟（包括：適當的教育、研究、訓練、諮詢和督導），以確保其工作能力並保護案主免受傷害。此外，《社會工作師法》第18條規定，社會工作師及專科社會工作師執業，應接受繼續教育，並每六年提出完成繼續教育證明文件，辦理執業執照更新。

社會工作者在擔任教育和訓練時，應遵循NASW《社會工作倫理守則》中提及的，社會工作者擔任教育者、實習督導或訓練時，應僅限於自己的知識與能力的範疇內提供指導，且應根據該專業的最新資訊和知識提供指導；社會工作者擔任教育者或實習督導時，對學生的表現的公正與尊重的評量；社會工作者在擔任教育者或實習督導時，若是由學生提供對案主的服務，則有責任採取行動確認案主已依程序被告知；社會工作者在擔任學生的教育者或實習督導時，不應和學生發生雙重或多重關係，以避免對學生產生剝削或潛在傷害的危險，社會工作者和實習督導，有責任設定一個清楚的、適當的，和具文化敏感度的界線。

社會工作者應充實知能，所謂知能（competencies）是指「有能力轉換技巧與知識到新的情境，包括：組織與規劃工作、創新與應付非例行的活動，以及人事的效能。」社會工作者要根據社會工作相關的知識來提供服務，社會工作者要依現有的能力來提供服務。當社會工作者能力越強時，提供服務的品質也越高。因此，社會工作者提升應具備的能力的意願也要很高，否則案主能得到的服務必然受限於社會工作者的能力。社會工作倫理在這方面的要求是社會工作者應努力使專業實施可以熟練，且不斷進步。許多社會工作者常抱怨工作太忙，沒有時間讀書進修。一方面是機構制度設計的問題，健全的督導體系是必要的，人力資源的發展也是追求專業成長的重要支柱，員工的進階訓練應該制度化，讓每位社會工作者具備其職位應有的知能。另方面是社會工作者的心態問題，有些社會工作者不相信知識，只相信實務經驗，把知識都窄化成理論，使理論與實務相對立，這是莫大的錯誤。知識與實務間本來就是相通的，有些知識來自實務的累積、轉化，有些實務是基於知識的指引（林萬億，2013）。

如果社會工作者要變換領域服務時，應先經過相當時數的研習、訓練、諮詢後，或接受具有該專長的專家督導才可，目的是為了保證案主可以得到高品質的服務。總之，作為一位社會工作者，應以維持高標準的社會工作實施為職志，這是社會工作者的承諾之一。這個承諾包括支持倫理守則的推行，貢獻心力於擁護社會工作的價值，以及促進社會工作知識的進步，並且戮力於防止不合格或違反社會工作倫理與價值的實施，這是一位廉潔正直的社會工作者應有的作風（林萬億，2013）。

**1** 認定自己是專業社會工作者，並依此表現行為。

**2** 運用社會工作倫理原則到實務上。

**3** 運用批判性思考俾利供輸資訊與溝通專業判斷。

**4** 能運用多樣性與差異性一起工作。

**5** 促進人權與經濟；社會正義。

**6** 從事研究提供資訊的實務（research-informed practice）與實務提供資訊的研究（practice-informed research）

**7** 運用人類行為與社會環境的知識

**8** 參與政策實務，以促進社會與經濟福祉，並輸送有效的社會工作實務

**9** 回應型塑實務的脈絡。

**10** 與個人、家庭、團體、組織、社區建立關係、評估、介入、評鑑。

- **研究提供資訊的實務（research-informed practice）**

  是指社會工作者轉化當前的研究發現在實務工作上，以增進「以證據為本」的介入、評鑑自己的實施。亦即，運用研究所發現的知識，促進其實務、政策，以及社會服務輸送，達成最佳實務。例如：針對家庭暴力的目睹兒童，社會工作者在進行服務前或中期，蒐集最近有關的研究發現，包括：創傷理論、保護因子等研究證據，作為建立關係、評估、規劃、介入、評鑑成效、結案的依據。

- **實務提供資訊的研究（practice-informed research）**

  是社會工作者嫻熟質化與量化的研究，了解知識建構的科學與倫理途徑，並供輸實務智慧到科學研究上，以增進研究對促進實務工作效果的可運用性。

# Unit 6-33
# 守則：社會工作師對實務工作的倫理守則（續2）

本單元接續說明守則3.2。社會工作督導，顧名思義是運用於社會工作實務之指導與培育專業人力之方法。社會工作督導是社會工作間接服務的一種。社會工作督導係由督導者對受督導者定期且持續的指導，經由加強受督導者之專業知識與技術，確保專業服務的素質，以及機構目標的達成。

督導在社會工作中的重要性，包括如下：

1. **就專業工作而言**：社會工作是為了因應社會問題而發展的助人專業，因此，社會工作者為了要經常提供有效解決問題的服務，也需要靠嚴謹的督導制度，始能發揮與勝任。

2. **就機構而言**：社會工作是透過機構來服務案主，而一個機構往往具有科層結構，必須協調整合，才能有效運作，透過督導制度，得以順利完成工作，並維持機構的品質管制。

3. **就受督導者而言**：透過定期、持續地督導過程，社會工作者才能體會理論和概念，並學習有效運用專業的原理原則。

4. **對案主而言**：案主前來機構尋求協助，希望得到高品質的服務，社會工作者在服務過程中，亦可能有負向的情緒需要紓解，透過督導給予支持與指導，可以提升社工者應對壓力的能力，對案主的服務將因此而維持良好品質。

社會工作諮詢（social work consultation）是一種間接社會服務工作，係指一種專業人員間互動的過程，也是一種用於改善和擴展服務的技術，藉以探究案主的問題，並尋找滿足案主需求的最佳解決方法。換言之，它是一種藉由在某一特殊領域具有專業才能的諮詢者（consultant），提供其專業的知識和技術，以協助或加強受諮詢者（consultee）在專業角色上的能力，以便能有效地執行其專業職責，協助解決案主的問題或滿足案主的需求。

社會工作者擔任督導與諮詢時，應遵循NASW《社會工作倫理守則》中提及的，社會工作者應具備適當的知識和技能，以提供督導或諮詢，以進行適當的督導，並且應只限於自己知識與能力範疇內提供督導與諮詢；社會工作者在提供督導與諮詢時，有責任設定一個清楚和適當，且具文化敏感度的關係界線；社會工作者不應該和受督導者發生雙重或多重關係，以避免對受督導者產生剝削或潛在傷害的危險；社會工作者在擔任督導時，對於受督導者的表現，應予公正與尊重的評量。

此外，NASW《社會工作倫理守則》中提及性騷擾的禁止，社會工作者不應對受督導者、學生、受訓人員或同事進行性騷擾。性騷擾包括：性挑逗、性誘惑、性行為要求，以及其他含有性本質的語言或肢體的接觸。而在擔任教育、督導時，應盡力提供專業指導，其中亦涉及性關係的禁止，NASW《社會工作倫理守則》中提及，擔任督導或教育工作的社會工作者，不應與實習生、學生、受訓人員或其他行使專業權威的同事進行性活動或接觸（包括：口頭、書面、電子或身體接觸）；當有利益衝突的可能時，社會工作者應避免與同事發生性關係。社會工作者已經或是即將與同事有性關係時，社會工作者有義務在必要時轉換專業職務，以避免利益衝突。

## Kadushi 提出的三種社會工作督導

**01 教育性督導**

- 教育性督導著重專業知識的再加強、改善社會工作者之能力，使工作有效進行，亦即幫助社會工作者專業成長和發展，盡可能加強其臨床專業知識技術，以有效幫助案主。
- 教育性督導常產生「臨床中心取向」督導行為，意指督導的焦點集中在增進受督導者的專業智能，包括受督導者覺察、面對或處理臨床工作中遭遇有關案主、自我與工作等因素的阻力與助力。例如：督導者幫助受督導者探索和了解自我、對個案的處遇方法和技術、理論知識與實務的整合和連結、處理「自我」對工作的影響、限制和困境等。

**02 支持性督導**

- 社會工作者為解決案主問題，經常須面對許多的挑戰及壓力情境，這些壓力更是需要獲得紓解，此時，社會工作督導就是很重要的支持之一，因為督導者在改善社會工作者的工作士氣和工作滿意程度，即在社會工作者的工作範圍內做好萬全準備，以有效完成工作，也幫助社會工作者深信自己能勝任工作。
- 支持性督導常產生「受督導者為中心取向」的督導行為，意指督導行為中幾乎是以受督導者個人為唯一主體，關心的是受督導者的想法、感受、情緒及需要與能力。例如：給予鼓勵、支持等。

**03 行政性督導**

- 所謂行政性督導並非指行政工作，而是在關懷機構政策執行程序上是否正確、有效和適當；以及社會工作提供服務時，必須面臨行政問題的督導工作。例如：指導社會工作者如何填寫報表、工作紀錄。
- 行政性督導多產生「任務中心取向」的督導行為，意指協助受督導者有效達成任務之有關安置、溝通、協調，以及監督等行為，多是行政工作上或任務達成上的協助。例如：協助受督導者了解機構與自身之制度、運作、角色職責等；協助受督導者對機構內外、上下、同儕、案主之間的溝通與協調；指派、授權與監督工作、任務之執行。

# Unit 6-34
## 守則：社會工作師對實務工作的倫理守則（續3）

圖解社會工作倫理

204

■ 守則3.3

社會工作師的服務紀錄應依法令相關規範，適時、正確及客觀的記載並妥善保存，以確保服務對象之權益及隱私。

NASW《社會工作倫理守則》中提及，社會工作者有責任確保紀錄的正確性，而且能反映出所提供的服務；社會工作者應保持紀錄的內容是充分且及時的，以利未來服務的提供和確保服務的延續性；社會工作者文件應盡可能地和適當地保護案主的隱私，且僅記載與服務輸送直接相關的資訊。社會工作者在服務結束時，應保存紀錄，以供未來需要時的使用。紀錄應依相關的法律、機構政策和契約所要求的保存年限加以保存。《社會工作師法》第16條規定，社會工作師執行業務時，應撰製社會工作紀錄，其紀錄應由執業之機關（構）、團體、事務所保存，紀錄保存年限不得少於七年。

記錄並不是將所有的服務過程鉅細靡遺的寫下，而是由受過專業訓練的工作者，經過思考與判斷，有組織、有目的之記載。威爾遜提出撰寫社會工作紀錄的目的，包括如下：

1. **持續服務工作**：在社會工作提供案主服務的過程中，通常工作者是在一段時間內，定時或不定時的進行服務。為了下一次的服務仍須順利接觸下去，不因間隔時間的拉長而對個案狀況產生遺忘或記憶不清，所以工作者必須將每一次會談的要點作明確的記錄。此外，當工作者有升遷、離職等職務變動或休長假，無法照常服務案主時之服務銜接。

2. **服務品質的掌握**：個案紀錄主要是呈現個案的問題及為尋求解決之道。記錄工作者從接案、了解案主的問題、問題的預算、到擬定處遇計畫，一步步地檢視服務過程的適當與否，不但

能適時發現過程中工作者所遇到的障礙或不當的服務方式，及時改進。

3. **組織工作者的思慮**：個案的問題有時複雜且困難，無法決定那一種解決方法最合乎案主的需要。透過紀錄有助於社會工作者思考、分析、評估問題，有助於對案主問題準確的預估和干預。

4. **供機構、督導的查閱**：機構與督導通常會在工作者工作每隔一段期間（每週或每月）查閱個案紀錄，確保工作者服務的品質，與案主是否得到良好的服務。當發現有違反機構原則或專業倫理的情況時，才能夠及時修正，並依工作者不足之處給予指教。

5. **專業間的溝通**：有些案主的問題是跨越許多不同專業的，紀錄有助於與其他專業的溝通協調。此外，紀錄可避免各單位一再詢問案主同樣的問題對案主造成的傷害。

6. **法律行動中的機構自衛工具**：有時案主對服務不滿意可能會訴諸法律來控告服務提供者，工作者就能以其詳載服務過程的個案紀錄，作為有力的佐證。

7. **處遇的工具**：工作者能藉由個案紀錄的分析，讓案主了解他所面臨的問題為何、應如何處理改善，依循那些步驟等等，工作者與案主「一起」工作，以提供適合案主的需求。

8. **教學的工具**：在培養社會工作專業人員時，需要運用到實際案例的說明才能使學習更具體，以做為專業訓練的基礎。藉著紀錄可以累積更多的知能，對將來遇到真實對象的工作處遇時才會更有概念，不至於理論與實務無法連結而亂了陣腳。

9. **評估與社會研究**：紀錄是專業評估研究的重要來源，以透過研究與分析、更深入的了解案主情境、社會問題和部分的社會現象，擬定日後改進措施或制定社會政策的參考。

## 1. 過程紀錄

過程紀錄（process recording）是與案主接觸時一份敘述性的報告，包括工作者的感情與對所發生的事情的想法。過程紀錄最常被使用於教育與督導的過程。

## 2. 摘要紀錄

摘要紀錄（summary recording）主要包含記錄日、社會歷史、行動計畫、不定期地摘要有意義的訊息、社會工作者採取的行動及結案所完成的事項。摘要紀錄對長期服務的個案或正在進行接觸的工作者，是很重要的。這些紀錄對於一個特定案主來說，提供了過去經歷的畫面。

紀錄
的形式

## 3. 問題取向紀錄

問題取向紀錄（problem-oriented recording）
通常被使用於記錄健康狀況。這個方法不僅被社會工作領域使用。使用這種方法會很容易將紀錄轉換成電腦數據而且簡潔易聚焦。問題取向紀錄包含四個部分。

## 4.進度紀錄

進度紀錄工作者有義務將整個服務的步驟做記錄，在每個步驟中，能反應當初的預估目標達成的進度等都記錄下來。目標部分可記錄原始目標修正後的內容，而計畫可在確定的計畫旁寫想要採取改變措施的內容。SOAIGP的格式是常被使用的方法。

- 第一部分是基礎資料，這一部分包括年齡、性別、婚姻狀況、功能限制、介入的人員（家庭及其他專業人員）、經濟狀況或其他測驗的結果。
- 第二部分是初步問題敘述及相關人員預估的問題清單。
- 第三部分是每一個被確認問題之計畫和目標。
- 第四部分是接下來做了什麼行動及行動結果的紀錄。

- S-supplement：從案主或家人得到補充訊息。
- Observations：將觀察到的做記錄。
- Activitie：工作者、案主及其他成員所從事的活動。
- Impressions：工作者的印象、假設、預估或評價。
- G-goals：現在的目標。
- P-plan，額外的活動或行動步驟的計畫。

# Unit 6-35
## 守則：社會工作師對實務工作的倫理守則（續4）

■ 守則3.4

社會工作師在轉介服務對象或接受服務對象轉介，應審慎評估轉介後可能的利益與風險，並忠實提供服務對象轉介諮詢服務。

社會工作者在預估案主需求後，受限於社會福利機構服務類型、範圍或項目，或者是社會工作者本身專業能力，以致無法有效協助案主時，就必須要透過轉介的程序，使案主能有效解決問題。社會工作者要將服務對象轉介給其他具特殊特殊知識或專長的其他專業人員時，應採取適當的步驟以完成轉介的責任。社會工作者將案主轉介給其他專業人員時，在獲得服務對象的同意下，要將所有適切的資訊提供給新的服務提供者。

社會工作者寫好轉介單（或轉介紀錄）後，例如：醫院中一位慢性病患即將出院，需要其社區中長期照護機構的服務，則醫院社會工作者需填具正式轉介單給對方機構，應主動和被轉介之機構相關人員聯繫，說明轉介個案的理由，並對個案問題進一步溝通，讓被轉介之機構與工作人員，對案主的問題有初步了解。接受轉介的機構也需設定開案指標，特別是需要排出輕重緩急的情況，確定哪些轉介必須立即處理。

當社會工作者沒有尋求適當的協助，致使案主的權益或利益受到嚴重的損害，社會工作者在面對倫理方面的責難及處遇過失的控訴時，會比較弱勢。這種弱勢的情況，也同樣發生在社會工作者沒有將案主適當地轉介給其他的專家進行診斷與處置。例如：如果一個長期因為憂鬱症而接受治療的案主，不斷地向社會工作者抱怨他的頭痛的話，社會工作者應該要將其轉介給內科醫師來檢查其是否有身體器官上，如腦瘤的毛病。如果社會工作者假定沒有器官上的毛病，但是後來被證實這個處遇有疏失的話，社會工作者可能會因此而吃上官司，故此，某些社會工作者會將鼓勵案主做身體檢查當作是處遇計畫的一部分（包承恩、王永慈譯，2009）。因此，社會工作者必須對案主的問題保持敏銳度，並覺察案主所陳述的問題可能的相關層面，如果案主的問題超出了社會工作者的專業範圍，社會工作者就必須尋求外界的協助，或是做出適當的轉介。

此外，NASW《社會工作倫理守則》中提及，社會工作者為了服務對象的利益著想，應尋求同事的建議與諮詢；社會工作者應了解同事的專長領域與能力，社會工作者在尋求同事的諮詢時，應僅就與服務對象主題相關知識、專長和能力的同事為限；社會工作者為達成諮詢目的而向同事諮詢服務對象的問題時，有關服務對象的資訊，應僅披露達到諮詢目的所需的最少量資訊；社會工作者對於同事在其專業關係和轉介流程中所分享的服務對象資料，應予以保密，且應確保同事了解社會工作者尊重保密義務，及有關隱私權保護的例外情況。

最後，社會工作者對於向同事的諮詢，以及轉介案主給同事或其他專業人員的相關文件，社會工作者應仔細地記錄在個案紀錄中。當社會工作被案主或其他的人質疑其處遇是否具適當性時，這些紀錄就顯得相當重要了。藉著確實、有意義與具有時效性的記錄，社會工作者可不只是在描述、解釋證實其所提供的服務，他們也盡到倫理上的責任（包承恩、王永慈譯，2009）。

## 依資源分類轉介類型

### 機構內轉介

指轉介到機構內其他處室或專業人員。例如：醫療社會工作者轉介精神科醫生、心理師等。

### 機構外轉介

指轉介外機構或專家。例如：社區心理衛生中心、法院、警察局、律師等。

## 依歷程分類轉介類型

### 接案評估

接案評估轉介：主要針對案主本身特質（年齡、性別、種族、國籍等）、問題類型（家庭暴力、婚姻問題、心理問題等）、案主資格限制（社經地位、居住地等）等不符合機構服務需求；或者是社會工作者不能提供案主所需服務，例如：醫療診斷、心理治療、課業輔導等，而轉介案主至適當機構、單位或專業人員。

### 處遇歷程

- 處遇性轉介：係視轉介為處遇計畫的一部分。即視案主需求轉介其至專業機構或人員處接受協助。例如：針對性侵害受害者轉介心理衛生中心接受長期心理治療，或轉介律師提供法律諮詢等。但是，原社會工作者仍是主責社會工作者或個案管理者。

- 結案性轉介：與接案評估轉介相似，都是將案主完全轉介至其他機構，而主責社會工作者或個案管理者，則由新機構社會工作者負責。差別則在於結案性轉介源自於處遇評估，認為經由轉介將使案主得到更周延且適切的服務，相較於接案轉介應更強調追蹤輔導（或是服務轉銜的輔導），並需要協助案主到穩定接受轉介機構服務後結案，以避免案主產生被拋棄感及其他延伸問題。

# Unit 6-36
## 守則：社會工作師對實務工作的倫理守則（續5）

圖解社會工作倫理

208

■ 守則3.5

社會工作師應恪遵法律規範，忠實有效呈現工作成果，協助社會工作教育與人力發展；爭取社會工作師公平合理的工作環境。

社會工作教育的實踐場域，就是社會工作實務的各個領域。而在實務領域中，社會工作者面對的是錯綜複雜與多變的日常生活世界，如果沒有一套方法去發現與理解其規律性、模式和規則，並尋找事件間的關係，就必須花費更多的時間去摸索經驗。實務的內涵應有理論依據地建立在「知識」、「價值」和「技巧」的應用上，亦即，唯有立基在「價值」之上，並藉由「知識」的批判性分析，與具反省後所形成的介入「技巧」之實務工作，才是有專業勝任能力的實務工作。

因此，社會工作者可應用社會工作理論，指引社會工作實務達成處遇的企圖與目的。但沒有唯一的理論可以解釋複雜的社會各種現象，也沒有完美無瑕的理論可完全依循，社會工作者在實務工作的過程中，理解理論、選擇理論、應用理論，並在實務過程中發現理論的不足或缺漏，透過反饋的過程，協助社會工作教育者反思並修正理論，透過教育及討論的過程，提升社會工作專業人力的品質。社會工作實務者應追求社會工作實務學術化，與社會工作學術界建立夥伴關係，藉由彼此的交流以提升社會工作族群彼此的知能，進而有益社會工作實務與學術的成長，亦可避免可能引發社會工作實務向學術體制靠攏或趨於同質性的疑慮，最終受益的將是整個社會工作體制，以及需要協助的社會大眾（黃源協，2021）。

此外，依據我國社會工作者勞動現況的文獻，均指出社會工作者人力不足、工作負荷量大、壓力大、薪資低、專業自主未受肯定；此外，有時還要面對法律、案主利益、工作流程的兩難，再加上所處的常常是組織不成熟的工作環境，因而導致流動率大。臺灣社會工作專業發展實務面的危機，主要來自於組織與制度面問題，如社會工作者任職公部門則失去專業自主性，而任職於民間組織者，其專業地位不被肯定、低薪、組織的不成熟導致高的流動率；資深工作者處在整個社工大環境下，實務經驗累積也未獲得相對肯定（周月清，2002）。政府或社會對社工服務之過度期待，再加上社工職場不友善事件時有所聞（例如：薪資回捐），致使社工從業者往往處於一種「高壓力／高案量、高工時、高流動率／高流失率及高風險（人身安全受到威脅）」以及「低薪資、低士氣、低成就感／低認同感、低發展性」之「四高、四低」的工作環境脈絡裡（黃源協、莊俐昕，2020）。

因此，在爭取社會工作師公平合理的工作環境層面上，社會工作者應關心自己的勞動條件、權利與義務，積極參與機構勞動條件相關事宜的研修，與機構共同改善勞動條件。若本身的勞動條件受到剝削、不合理之處或不當勞動行為時，可透過各地區社會工作師公會的力量來保障自己基本的權益，以確保並督促機構在可能的情況下提供較佳的勞動條件（陳政智等，2005）。

## 社會工作專業勝任能力

「社會工作專業勝任能力」意指社工員的能力或才幹的表現在於工作上可看得到的成就,而非僅是取得學術會專業上的成就;換言之,社會工作專業勝任能力即是有能力將工作完成到工作場所所要求的標準。

## 能力、技巧、知識及情境的關係

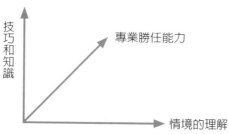

資料來源:Stanto, G.(1989)。

## 社會工作專業能力的三支柱

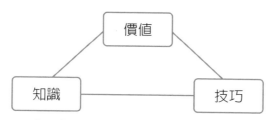

資料來源:O'Hagan, M.(1996)。

## 社會工作實務工作與社會工作專業三要素的關係

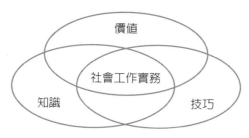

資料來源:陳麗欣(2007)。

# Unit 6-37
# 守則：社會工作師對實務工作的倫理守則（續6）

■ 守則3.6

社會工作師應在社會工作倫理規範下，參與權益爭取活動，並忠實評估其對服務對象、社會大眾所衍生可能之利益與風險。

由專業群體制定的專業倫理守則，對於專業的運作具有多方面的功能。但社會工作者和服務對象的互動關係，在許多方面上，都屬於一種具不確定性後果的接觸，因此，社會工作者應在可控制的範圍內，提供服務對象需要的服務，並應極力避免服務對象可能遭遇的危險。而善於了解社會工作者對於服務對象的倫理責任，則是確保服務之質量的保障（徐震、李明政，2004）。

專業雖是一個獨占市場，但專業發展過程必定注重倫理守則的制訂來規範專業人員行為。在專業主義（professionalism）制度之下，須審慎走每一步。而專業主義是一套與社會行為相關之任務取向的行為，包括高層次的專門技術、監督每項工作管理的自主性和裁量權、對任務的承諾和自由、認同同儕以及一套倫理和維持標準的方法（黃源協，2007）。

社會工作者在社會工作的過程中，扮演諸多不同的角色，其中，行動者的角色是指為了有利於弱勢者的社會、政治、經濟結構與制度而參與權利與資源的重組活動，透過行動的方式，爭取為弱勢者的權益。例如：在社會工作中，Rothman所提出的社會行動模式，是針對弱勢社區及社區中的弱勢地位者提供協助，其面對生活的壓迫，受到不公平政策的壓制與剝削，處於孤立的地位，因此，社會工作者組織人們採取行動，以爭取權益。這些權益爭取活動常用的方式，包括：示威遊行、聯合抵制、站

哨杯葛，以及採用談判的方式來爭取權利與資源，並達成改變制度的目的。

社會工作者在協助弱勢者爭取權益活動時，必須在社會工作倫理的規範下進行，其中知情同意、案主自決是重要的課題。每一項爭取活動的進行，都有可能會面臨利益與風險的考量。利益指的是該活動成功推動後，弱勢者可能獲得的利益，但相對的，亦有可能在取得相對利益時，亦可能喪失部分利益，甚或是在活動失敗後，除喪失原先的所擁有的利益外，更有可能造成其他利益的損失。這些可能面臨的利益、風險，在推動任何爭取活動前，必須完整的評估可能衍生的利益與風險，並充分的向參與者揭露及說明，並由案主自決後做出是否行動決定。

此外，社會工作專業價值強調每一個體都能獲得基本的人權和尊嚴，而且不同族群與文化亦能獲得尊重。但案主的利益被放置在多數的群體中，畢竟少數的利益主張與大多數團體成員的利益相互衝突時，如何取捨。是服從多數原則，還是尊重少數？這涉及社會工作倫理的兩難的抉擇。

Barsky在《助人專業的衝突解決》提及：一個符合倫理思考的決策應以「利益為基礎的協商」（interest-based negotiation）為原則，主要的方式有：1. 聚焦在「利益」；2. 創造選擇；3. 應用客觀的指標；4. 增進溝通；5. 建立正向的協商關係；6. 考慮其他替代選擇；7. 獲得承諾。社會工作者在進行各項權益爭取行動前，應整合並分析各種決定的優缺點，及忠實評估各決定的「風險」與「預期利益」。

# ROLE

| 角色 | 說明 |
|------|------|
| 使能者 | 使能者幫助個人、團體、家庭、社區精確地了解需求,澄清與認定其問題,探討解決問題的策略,選定適用的策略,並發展處理問題的有效策略之能量。 |
| 經紀人 | 經紀人是串連案主與社區資源的角色。也就是將案主的需求與最適當提供服務的機構、設施或個人搭上線。 |
| 倡導者 | 倡導或稱辯護,是借自法律的概念。社會工作者為案主的最佳利益爭取、辯解,通常包括:個案辯護、政策辯護、立法辯護。 |
| 行動者 | 行動者是為了有利於弱勢者的社會、政治、經濟結構與制度而參與權力與資源的重組活動。行動者或稱為社會改革者。 |
| 調解者 | 調解者是指社會工作者介入對立的雙方,如性騷擾的雙方,使用妥協、協商、調和、溝通雙方的意見與利益,使爭議得到公平合理的處理。 |
| 協商者 | 協商者有點像仲裁者,不過,協商者面對的不一定是對立的雙方,也有可能是具有衝突的多方,或有意見不一致的雙方或多方,透過討價還價與妥協,使涉入者取得共識或同意。 |
| 教育者 | 社會工作者經常要扮演教導案主解決問題的技巧,以及教導部屬、新進員工或社會大眾的工作。 |
| 發動者 | 所謂發動者是指敏感到社會問題的存在,且常先提醒或預測可能的後果。例如:人口老化。 |
| 協調者 | 協調者是將組織中的部門串連在一起工作,例如:多重問題的家庭,需要有不同的機構或部門提供服務,社會工作者就是扮演協調者的工作。 |
| 研究者 | 社會工作者不可能期待所有實務成果或對社會議題的看法,都由其他專業來研究或提供研究發現,社會工作者已有「實務工作者就是研究者」的走向。 |
| 團體催化員 | 針對團體的經驗,社會工作者應能有效地推動團體的發展,帶出團體動力,促成團體教育、治療、任務達成。 |
| 公眾發言人 | 社會工作者受到社會認可,可就弱勢權益進行代言,爭取社會福利資源。 |

# Unit 6-38
# 守則：社會工作師對專業的倫理責任

■ 守則4.1

社會工作師應包容多元文化、尊重多元社會現象，防止因種族、宗教、性別、性傾向、國籍、年齡、婚姻狀態及身心障礙、宗教信仰、政治理念等歧視，所造成社會不平等現象。

歧視（discrimination）指的是某些群體特別地被社會選擇，而加以不同及不平等對待的行為。歧視是指因某些人作為某個社會團體或階層的成員，便公然給予他們負面與不平等對待的行為。偏見是一種態度，而歧視則是一種表現在外的行為。

文化（culture）是信仰、態度、價值和行為標準的綜稱，並一代傳承一代；族群文化包括語言、世界觀、衣飾、食物、溝通模式、好的傳統、口耳相傳的技術、教養型態和自我認同等。文化有助於自我認同，主要透過三種形式：1.文化提供我們跟外在接觸的參考架構；2.文化協助我們對發生的事，得到解釋與理解；3.文化就像是一種工具當我們與自己切身的感覺緊密接觸時，如面對生老病死的特定經驗。

NASW《社會工作倫理守則》中提及，社會工作者必須了解文化及其對人類行為和社會的功能，並認知到所有文化中存在的優勢；社會工作者應具備案主多元文化背景的知識基礎及技巧，並充權弱勢的個人或團體；社會工作者必須採取行動對抗壓迫、種族主義、歧視和不平等，並認知個人的特權；社會工作者應透過批判性的自我反省（了解自己的偏見並進行自我改正），並將案主視為所屬文化的專家，社會工作者應致力於終身學習，並讓機構對推進不同文化保持謙遜；社會工作者應透過教育並致力於了解多元文化的本質，以及關於種族、族群、國籍、膚色、性別、性取向、性別認同或表達、年齡、婚姻狀況、政治理念、宗教信仰、移民身分或身心障礙的壓迫問題；提供電子社會工作服務的社會工作者，應了解案主使用和獲取電子技術的文化和社會經濟差異，並設法防止此類潛在障礙，社會工作者應評估可能影響提供或使用這些服務的文化、環境、經濟、心理或身體能力、語言和其他問題。

因此，多元文化觀點強調社會工作人員必須具備理解及尊重多元文化差異的能力。Sue認為文化能力是由四部分組成：1.需覺知有關在人類行為中自我假定、價值和偏誤；2.需了解不同文化案主的世界觀；3.發展適當的介入策略和技術；4.需了解組織和機構在強化或否認文化能力的影響性。多元文化社會工作是指社會工作服務對象多樣性，需具備服務多樣性案主的文化能力。所謂「多樣性」分成三個層次：1.個人層次：指個人遺傳的獨特性和個體獨特的經驗；2.群體層次：指案主群在種族、族群、性別、性傾向、年齡、身心狀況、宗教信仰、婚姻狀態、社經地位和區位環境等方面的相似性和差異性；3.一般層次：指共通的生活經驗、生物和生理的相似點、自我覺知和使用語言文化的能力等。

社會工作師應包容多元文化、尊重多元社會現象，時時檢視自己多元文化能力。實務上，要時時反思和覺知自己和機構的服務作為，如社會工作者價值的偏誤和可能產生責備個案的情形。有些社會工作者對於多元文化經驗的不足，可能產生價值的混淆，機構需要營造一個開放的環境，可以公開討論多元思維。最後，機構應該要鼓勵和進用不同文化背景的工作人員，讓機構工作環境就是多元文化的工作環境。

Cross等人提出文化能力光譜（文化能力的交互模型／文化能力階段論），他把文化能力描述為在尊重和欣賞個人以及文化差異的前提下，沿著一個連續體運動。文化能力光譜提供了個人和機構一個評估文化能力的架構。

## Cross 文化能力光譜的六個階段

### 文化摧毀（Cultural Destructiveness）

這是連續體最消極的一面。此階段的個人在文化能力上，包括：(1)將文化視為問題；(2)相信如果文化或人口可以被壓制或破壞，人們會過著更好的生活；(3)相信人們應該更像「主流」；(4)假定一種文化是優越的，應根除「較少」的文化。在組織層面，這種極端觀點導致了種族滅絕和十九世紀後期的寄宿學校，這些學校試圖摧毀許多美國原住民部落的文化。

### 文化無能（Cultural Incapacity）

此階段的個人在文化能力上，包括：(1)缺乏文化意識和技能；(2)可能是在同質的社會中長大的，被教導要以某些方式行事，從不質疑所學的內容；(3)相信優勢群體的種族優勢，並假設對他人的家長式態度；(4)維持刻板印象。在組織層面，轉化為支持種族隔離或對來自其他文化的人們的期望較低。

### 文化盲點（Cultural Blindness）

此階段的個人在文化能力上，包括：(1)根據自己的文化看待他人，並聲稱所有人完全相同；(2)相信文化沒有區別（我們都是一樣的）；(3)相信無論任何種族都應被平等對待。在組織層面，在組織級別，服務是如此民族為本及同化為主。

### 文化初始能力（Cultural Pre-Competence）

此階段的個人在文化能力上，包括：(1)意識到存在文化差異並開始教育自己和他人對這些差異的看法；(2)意識到他們在多樣化環境中進行交互的缺點；(3)但是可能會為自己的工作感到自滿。在組織層面，此階段導致機構嘗試解決多樣性問題，例如：僱用多樣化的員工文化敏感性培訓，促進多樣化的員工進行管理等。

### 基本文化能力（Basic Cultural Competence）

此階段的個人在文化能力上，包括：(1)接受、欣賞和適應文化差異；(2)重視多樣性並接受和尊重差異；(3)接受自己的文化相對於其他文化的影響；(4)了解不同文化管理所具有動態性差異；(5)有意願研究跨文化間的互動（溝通、解決問題等）。在組織層面上，此階段致力於招聘無偏見的人員、從有色社區（和其他社區）尋求建議，並評估可以提供給不同案主的相關服務內容。

### 精通文化能力（Advanced Cultural Competence）

此階段的個人文化能力，包括：(1)超越接受、欣賞和容納文化差異，並開始積極教育文化程度較低的人士；(2)尋找有關多元文化的知識，並發展在不同環境中互動的技能，並在多元文化背景下與他人互動。在組織層面，僱用多元文化能力實務的專家對多元文化進行研究，及成為少數群體和多元文化主義的倡導者。此為最高層次的文化能力。

# Unit 6-39
## 守則：社會工作師對專業的倫理責任（續1）

■ 守則4.2
社會工作師應注意自我言行對服務對象、服務機構、社會大眾所生影響。

■ 守則4.3
社會工作師應提升社會工作專業形象，及服務品質，重視社會工作價值，落實倫理守則，充實社會工作知識與技術。

社會工作是一門助人的專業，社會工作者是社會工作專業達成專業目標的媒介，因此，社會工作的身分與權威也是來自於人們或社會對專業的信任，因此，專業形象的提升，是社會工作師對專業的倫理責任之一，尤其是社會工作者的不當言行，常對社會工作專業形象造成嚴重的傷害。因此，社會工作師應注意自我言行對服務對象、服務機構、社會大眾所生影響。

「專業形象」是指專業人員在該職業中所表現的思想、語言、行為及態度，給予社會大眾的印象，或社會大眾對專業團體的印象，而專業形象的建立從專業人員對專業的體驗，深入了解後逐漸內化形成專業理念，透過專業理念的引導，進而產生專業行為，再經由社會互動之後，社會大眾就對此專業形成專業形象。

專業形象建立可劃分成有形及無形，有形的專業形象稱為外在專業形象，可透過服裝禮儀、容貌表情、談吐等方面進行著手；無形的專業形象則稱為內在專業形象，則是透過專業人員對該專業的體認，逐漸內化形成專業理念，在專業理念的引導下產生專業行為，再經由社會互動後，該專業的形象即在社會大眾中產生，因此專業能力、專業信念等皆為內在專業形象。

影響專業形象的因素可能有三，分別為個人背景、親身接觸、傳播媒體及專業因素等方面，個人背景是指由於接受者的性別、年齡、教育程度、學歷及子女數等因素，而對專業形象有不同

看法；親身接觸則是常有與其專業有所影響外，接觸的時間點也是影響因素，當接觸的時間點愈近，則形象認同度愈高。在大眾傳播則是透過傳播媒介的傳播，有助於提升專業形象的認知。

身為社會工作者必須重視工作價值，社會工作價值的目的在於協助社會工作者了解個人的價值觀，釐清與個人相互衝突的價值與倫理兩難困境，是一套為社會工作者共同認定且遵守的價值標準，並讓工作者在實務工作有適切的判斷基礎或參考準則，藉此提供專業使命的指引及實務工作遵循的方向，換言之，社會工作價值是實務工作的指南針。

此外，社會工作師充實專業知識與技術，可以幫助社會工作者處理職務上的工作，面對服務對象可展現專業能力，獲得他人的尊重及自我滿足，在團隊合作時可使其他專業人員認識社會工作專業之必要及價值，以建立社會工作的專業形象。

除了具備專業的知能之外，專業倫理更是其中的關鍵。社會工作倫理為社會工作者對職業的一種道德，更是對服務對象的一種道德責任與行為規範。而社會工作倫理守則是一套所有從事社會工作相關人員與機構單位都該共同遵守的規範準則，其作為判定行為是否合宜之標準。社會工作者需將專業哲理與價值取向內化於專業，並將社會工作倫理付諸於社會工作者所從事的專業活動表現之中。因此，《社會工作倫理守則》揭櫫了社會工作的共同信念與行為規範，更闡明社工人員於實務工作領域上的任務與使命。助人工作的目的就在於提升當事人的福祉，專業人員除了對專業倫理的涵義與重要性要有所了解之外，更要能知行合一，在專業行為中實踐倫理的信念，表現合乎倫理的行為。

## 社會服務品質要素

| 品質要素 | 說明 |
| --- | --- |
| 有形資產（tangibles） | 具備設備、設施、人員以及公共器材等物理環境。 |
| 安全性（security） | 服務的提供是在一種能適切管理風險與危險，且安全無虞的環境提供，包括保密性。 |
| 可近性（accessability） | 服務是易於被取得的或提供服務的機構是易於接近的。 |
| 夥伴／合作關係<br>（partnership/collaboration） | 不同服務提供部門能以共同合作方式提供整合性的服務，且提供者與服務使用者之間亦能建立良好的關係。 |
| 公開（openness） | 提供充分的訊息以告知服務使用者、透明的決策及易於感受到民眾觀念的改變。 |
| 保證性（assurance） | 工作人員對服務對象是有禮貌，且能夠抱持著尊重和體貼的態度。 |
| 才能／技術和知識<br>（competence／skills and knowledge） | 工作人員具備提供服務所需之必要的相關知識與技能。 |
| 同理心（empathy） | 工作人員展現對服務對象特定需求的了解，並提供其個別而非刻板的關懷和服務。 |
| 溝通（communication） | 服務提供者以簡單易懂的語言告知使用者有關服務的相關資訊。 |
| 參與（participation） | 讓服務使用者能夠參與決策、監測和評估的過程。 |
| 選擇（choice） | 讓服務使用者對其所需求的服務有選擇的權利。 |
| 可接受性／回應性<br>（acceptability／responsiveness） | 所提供的服務能夠彈性並適時回應個別使用者的需求和偏好。 |
| 可靠性<br>（reliability／trustworthiness） | 能夠以可靠、一致和穩定的方式提供服務，並持守對服務的承諾。 |
| 公平性（equity） | 服務可提供給所有潛在的服務使用者，不管使用者是甚麼樣的文化、種族或社會背景。 |
| 效率（efficiency） | 在可用的資源內盡可能提供有效率的服務，且服務要具備成本效益。 |
| 持續性（continuity） | 避免因更換照顧者或服務提供者而影響到照顧者和服務使用者之間的信賴關係。 |
| 效能（effectiveness） | 服務要能達到所欲的好處和成果。 |
| 持久性（durality） | 服務方案的績效和結果不會很快就消失。 |

# Unit 6-40
## 守則：社會工作師對專業的倫理責任（續2）

■ 守則4.4
社會工作師應致力社會工作專業的傳承，促進社會福利公正合理的實踐。

■ 守則4.5
社會工作師應增進社會工作專業知能的發展，進行研究及著作發表，遵守社會工作研究倫理。

社會福利是指各種的社會安排，透過這些安排來滿足社會中個人和群體的需求，以及處理社會問題（李易駿等譯，2006）。尤其是社會工作者常會在執行政策與方案時，遇到資源不足的問題，例如：經費缺乏、預算被刪、福利服務的需求增加等，都會讓社會工作者在分配稀少或有限資源時很難做決定（包承恩、王永慈譯，2011）。社會福利的資源的公正合理分配，除了社會工作專業養成的訓練外，社會工作專業的經驗傳承，亦具有相當大的影響力。

NASW《社會工作倫理守則》有關社會工作職業道德責任中提及，社會工作者應努力成為並保持精通專業實務和專業職能的表現。社會工作者應該認真審視並保持與社會工作相關知識與時俱進。社會工作者應該經常進行審查專業文獻並參與和社會工作實務及社會工作倫理相關的繼續教育。我國《社會工作師法》第18條規定，社會工作師及專科社會工作師執業，應接受繼續教育，並每六年提出完成繼續教育證明文件，辦理執業執照更新。另NASW《社會工作倫理守則》在專業的完整性中提及：

1. 社會工作者應努力維持和提升高標準的實踐。
2. 社會工作者應堅持和推進價值觀、倫理、知識，和專業的使命。社會工作者應該藉由適當的學習和研究，積極討論以及對專業負責任的批評來保護，增強和提高專業的完整性。
3. 社會工作者應為促進尊重社會工作專業的價值，誠信和能力的活動貢獻時間和專業知識。這些活動可能包括教學，研究，諮詢，服務，公聽會，社區演講以及參與其專業組織。
4. 社會工作者應為社會工作的知識基礎做出貢獻，並與同事分享實務研究和倫理相關的知識。社會工作者應該尋求為專業文獻做出貢獻，並在專業會議和研討會上分享他們的知識。
5. 社會工作者應該採取行動防止未經授權和不合格的執行社會工作。

就社會工作專業倫理對於專業能力的追求而論，社會工作專業人員在實務工作的領域中，負有對案主群運用實務驗證之處遇計畫的倫理責任。因此，以專業知能為基礎的社會工作實務，便成為社會工作專業奠定社會認可與正當性之關鍵因素與必要條件。就責信與倫理面向而言，持續追求專業能力的發展與提升，使其得以勝任並充分展現社會工作於實務環境適當的專業表現，是社會工作專業繼續教育的積極性意涵。亦即，專業對於維持實務上的能力，使服務得以有效能效率，持續更新適當的處置，除了是專業發展的期待外，也是一種責任，是專業人員的能力，能否符合實務期待的根本核心（O'Hagan, 2007）。以繼續教育強化社工專業能力，不僅是價值、知識與技術移轉概念，需包含維繫在專業倫理責信原則下，所形成之專業勝任能力（professional competence）概念。

而「專業勝任能力」又稱「專業知能」，包含了專業知識、專業技能及專業態度三要素。專業勝任能力係指一個人有資格或適合從事特定工作或擔任某一角色，或指個人在自己專業生涯中，成功地完成與處理每項工作所需的技術、行為、知識和價值（陳麗欣，2009）。面對社會的快速變遷，社會問題日趨複雜，社會工作專業人員需持續提升專業勝任能力，但專業勝任能力會隨時代而有所變化，難以有恆久不變的專業勝任能力。

- 社會工作者應該監督和評估政策，計畫的實施和實務的干預。
- 社會工作者應提倡和促進評估和研究為知識的發展作出貢獻。
- 社會工作者應批判性地檢查和掌握與社會工作相關的新知識，並在其專業實務工作中充分利用評估和研究證據。
- 參與評估或研究的社會工作者應認真考慮可能的後果，並應遵循保護評估和研究參與者而制定的準則。適當的機構審查委員會（IRB）應被諮詢。
- 從事評估或研究的社會工作者應在適當情況下獲得參與者的自願和書面知情同意，不得因拒絕參加而暗示或實際剝奪或處罰，沒有過分誘導參與，並充分考慮參與者的福祉，隱私和尊嚴。知情同意書應包括有關所要求參與研究和評估的性質，程度和持續時間的資訊，以及參與研究的披露風險和利益。
- 當使用電子技術促進評估或研究時，社會工作者應確保參與者對使用此類技術提供知情同意。 社會工作者應評估參與者是否能夠使用該技術，並在適當時機提供合理的替代方案以參與評估或研究。
- 當評估或研究參與者無法給予知情同意時，社會工作者應向參與者提供適當的解釋在參與者能夠的範圍內獲得同意，並獲得相應代理人的書面同意。
- 社會工作者不應設計或進行不使用同意程序的評估或研究，例如：某些形式的自然觀察和檔案研究，除非對研究進行嚴格和負責任的審查，因為其前瞻性的科學、教育，或適用的價值，並且除非不涉及放棄同意的同等有效的替代程序，否則是不可行的。
- 社會工作者應隨時告知參與者他們有權退出評估和研究而不受處罰。
- 社會工作者應採取適當措施，確保評估和研究的參與者能夠獲得適當的支持性服務。
- 從事評估或研究的社會工作者應保護參與者免受無理的身體或精神痛苦、傷害，危險或剝奪。
- 從事服務評估的社會工作者應僅出於專業目的討論所蒐集的資訊，並且僅與在專業關注此訊息的人員討論。
- 從事評估或研究的社會工作者應確保參與者的匿名性或機密性，以及從中獲得的數據。社會工作者應告知參與者保密的任何限制，社會工作者應告知參與者任何保密限度，將採取的措施以確保機密性，以及何時銷毀任何研究數據的記錄。
- 報告評估和研究結果的社會工作者應通過省略識別資訊來保護參與者的機密性，除非獲得適當同意的授權披露。
- 社會工作者應準確報告評估和研究結果。他們不應該捏造或偽造結果，並應使用標準發表格式，採取措施糾正稍後在已發布數據中發現的任何錯誤。
- 參與評估或研究的社會工作者應該警惕避免與參與者的利益衝突和雙重關係，應在發生實際或潛在利益衝突時通知參與者，並應以參與者的利益為主的方式採取措施解決問題。
- 社會工作者應該教育自己，他們的學生和他們的同事關於負責任的研究實務。

# Unit **6-41**
# 守則：社會工作師對專業的倫理責任（續3）

■ 守則4.6

社會工作師應推動社會工作專業制度建立，發展社會工作的各項措施與活動。

1967年行政院擬定的「中華民國社會建設第一期計畫」中提出建立社工員制度，每一救濟院所每二百名應設置一名社會工作員，每五百戶貧戶應有一名社會工作員。然而，真正付諸實施實現是在1970年代才開始。1971年行政院核定省、市政府聘用社會工作員名額，臺灣省政府遂於1972年通過「臺灣省各省轄市設置社會工作員實驗計畫」，國內於1973年起開始有設置社會工作員實驗計畫，逐年擴大辦理社會工作員的聘任。

而擬議將社會工作員制度法制化的文字首見於1976年的「中華民國臺灣經濟建設六年計畫」的第六章社會建設部門中（林萬億，2013）。同年，行政院核定「當前社會福利服務與社會救助業務改進方案」，再次規定建立社會工作專業制度，建議遴選人才正式納入編制或以約聘僱方式，從事社會工作。

1988至1997年期間為我國社會工作專業制度建立期。1990年行政院通過《社會工作人員任用辦法》，以考試方式逐年將現有約聘僱的社會工作員納入編制，社工界復透過立法機制保障社會工作專業制度的發展，於1997年4月2日經總統公布之《社會工作師法》確立了社會工作之專業地位，於焉社會工作正式邁向專業化階段（楊錦青等，2021）。

有關社會工作專業制度發展之現況，面臨之問題綜整如下（楊錦青等，2021）：

1. 社會工作人員工作負荷沈重，人力亟待充實：近年來因應社會環境急速變遷、社會福利需求增加，以及人口結構老化、家庭結構改變及身心障礙人口比率提高、兒少人口下降等趨勢，進而影響社工力需求與配置。另社工人力規劃是一個動態的過程，需持續追蹤並採取適當行動，以維持供需間的平衡狀態。

2. 社會工作人員勞動條件不佳，流動率高，服務品質受影響：面對社會工作職場的高工時、高壓力、高流動率之三高狀況及低薪、缺乏升遷管道等諸多因素，已嚴重影響社會工作相關科系畢業生之從業意願，並對專業經驗傳承與服務品質產生衝擊。

3. 專業訓練缺乏綜整，社工人員重複受訓負擔重：《社會工作師法》施行迄今，各實務領域的社會工作專業蓬勃發展，但因缺少綜整致訓練相互重疊，使實務工作者疲於因應不同領域之調訓，應適時盤點及比較各領域之專業訓練內涵，並通盤檢討訓練之適足性，俾能符合實務工作者的訓練需求，並達到專業訓練之目的。

4. 現行社工專業正規教育、證照考試及法規仍待強化，影響專業制度發展：社會工作教育的品質難以掌握，再加上學校教育在課程內容規劃方面與實務需求存有落差，以致社會工作科系畢業生對於己身專業認同不夠，影響投入社工就業職場之意願；考照及格率遠低於現行相關各類醫事人員等誘因不足，影響實務工作者取得證照之意願，不利專業制度發展。

衛生福利部於2018提出強化社會安全網計畫，其中與社會工作專業配套措施，包含充實社會工作人力、社會工作人員執業安全、社會工作人員薪資制度、社會工作人員繼續教育制度、社會工作學校教育及社會工作師考試制度等面向推動相關計畫並建立制度。

另因政府對於社會福利輸送的思考趨向分散化、民營化與商品化等策略，民間部門參與社會福利服務的輸送，使得社會工作專業的實務內容逐步走向多元化、本土化、專精化的發展。

## 我國「強化社會安全網計畫」與社會工作專業相關之配套措施

### 強化社會安全網計畫（第1期：107至109年）

| 配套措施 | 具體作法 |
|---|---|
| 一、充實社會工作人力 | （一）調整14處偏遠社福中心（含：原住民族地區、離島地區、其他偏遠地區）人力進用資格<br>（二）辦理連江縣社會工作人力培育獎勵計畫 |
| 二、改善社會工作人員勞動條件 | （一）保障社會工作人員執業安全<br>（二）健全社會工作人員薪資制度 |
| 三、推動多元化社會工作人員繼續教育方案 | （一）規劃並辦理社工人員及督導層級性之訓練制度<br>（二）建置創新數位學習資源平臺<br>（三）強化小型機構及團體社會工作督導及培力 |
| 四、推動具實務及多元文化觀點社會工作學校教育 | （一）推廣產學合作<br>（二）建構原住民族社會工作專業制度 |
| 五、提高社會工作師考試及格率與誘因 | 為提高考試及格率，檢討專技社會工作師考試評分標準及命題方式，衛生福利部業整理相關意見建請考選部研議；另核定補助民間單位專業服務費計畫中增加取得專業證照加給，以增加社會工作人員參加證照考試之誘因，逐步推動全面證照化、完備社會工作專業體制。 |

### 強化社會安全網計畫（第2期：110至114年）

| 配套措施 | 具體作法 |
|---|---|
| 一、由教育、考試、訓練及任用持續精進社會工作專業制度 | （一）鼓勵學校配合社會工作師考用制度及實務導向進行課程規劃<br>（二）促請考試院檢討專技社會工作師考試評分標準及命題方式<br>（三）增加以家庭為中心之實務操作與討論課程<br>（四）發展社會工作人力專業精進及留任制度<br>　1. 研議發展社會安全網相關專科社工師制度<br>　2. 檢視社會工作人員工作滿足等因素以提高在職社工人員留任率<br>　3. 提高社會工作畢業生進入社工職場<br>　4. 提升社會工作人員安全防護專業知能及安全防護機制<br>　5. 強化社會工作人員陪同訪視及跨網絡合作機制<br>　6. 研擬建立社工智慧行動決策平臺 |
| 二、研修社會工作師法及相關子法 | 社會工作師法第12條規範執業範圍無排他性，亦即無社會工作師執照者仍可從業，社會工作人員如何適用社會工作師法之倫理規範，抑或參考其他領域對於不適任者以懲戒；為規範如何提高執照比及將社會工作員納入管理及規範等，都將是社會工作師法重要議題。 |

# Unit 6-42
# 守則：社會工作師對社會大眾的倫理守則

圖解社會工作倫理

220

■ 守則5.1
社會工作師應促進社會福利的發展，倡導人類基本需求的滿足，促使社會正義的實現。

■ 守則5.2
社會工作師應致力於社會公益的倡導與實踐。

「倡導」是社會工作者在專業服務中扮演的角色之一。「倡導」實際上源自於法律中的定義，本指在法庭中為被告辯護的一種形式，通常由律師擔任，稱為辯護人。律師在辯護的過程中爭取有利於被告的判決，以被告利益為優先考慮，透過辯護的過程以實現司法的正義。「倡導」是以追求社會正義及社會改革為理想，透過對社會問題及政策的研究分析，企圖以影響社會政策的方式消除社會上的不公義，推動社會系統的變遷，並且促成資源重新分配，創造更合理的制度和社會結構，因此，「倡導」可說是一種檢視社會及其問題的方式，是一個過程，也是最終的目的，倡導有其方向，並且負載了價值。

社會工作辭典對於「倡導」的定義為：「倡導的目的在於保護服務使用者的權益，也期待使服務輸送體能更貼切的回應服務使用者的需求」。亦即，倡導也可作為一個福利工具，社會工作者在自己工作的機構中代表案主利益或為案主從其他機構中爭取利益以保護服務使用者的權益。若社會未能完全在公平正義的情境下，社會工作者則需轉變為倡導者的角色，為個案表達其心聲，以及爭取其應有權利及尊重。

NASW《社會工作倫理守則》中提及：社會工作者應採取社會和政治行動，確保所有人平等獲得滿足他們基本的人類需求並充分發展的資源、就業、服務和機會。社會工作者應該意識到政治舞台上對實踐的影響，並應該倡導改變政策和立法以改善社會條件及滿足人類的基本需求，促進社會正義。

Levy（1974）就「正義」的觀點，提出社會工作者可透過公平正義（Justice）、分配的正義（Distributive Justice）、修正的正義（Corrective Justice）三種層次的倡導來提升個人與群體的福利。社會工作者如果在「公平正義的層次」參與倡導，那麼只要他自覺對服務對象或群體的利益有專業責任，就會致力於為其權益和資格，在法律上和社會上有效影響其他人；有時，人們或群體在以平等的管道取得對其有益的物品或服務時發生妨礙，社會工作倡導者為了要實現平等，就必須補償這些對人們權益的環境限制或剝奪，社會工作者在「分配的正義層次」的倡導，就是在克服任何立法與政策在平等保障方面的運作限制；而「修正的正義層次」的倡導，則著重在一些受剝奪群體的需求，以及對他們的差別條款制度加以考量，優先提供給利於特定個人和群體必須的物品與服務。

就社會工作干預體系而言，倡導包括在不同專業領域中的立法倡導、為案主辯護、社會行動、制度改革、使案主更有權力，均和傳統的治療、協助發展個別取向的助人形式與策略不同。社會工作倡導不再認為案主為失功能，社會工作者不應在將焦點放在個別案主的改變或治療上，而是要運用專業知能使案主知覺到個人可擁有的生存權利，因此在倡導觀點的改變策略中，社會工作者的角色不是治療者或使能者，而是透過倡導過程使案主重新獲得社會權力的人（古允文等，1998）。

# 不同學者對於倡導的分類

## Lewis

- 個案倡導：是為個人的權益做倡導。
- 社會階層倡導：是對於現有的管理者與制度提出挑戰。

## Mickelson

- 個案倡導（微視觀點）：個案倡導意指以服務對象和環境的互動作為介入的焦點。
- 階級倡導（鉅視觀點）：階級倡導則為透過社會政策的介入以改變環境，專業人員必須重視鉅視和微視在實務之間的關係，因為階級倡導若缺乏個案倡導者對個別服務對象所投注的了解，是無法帶來改變的，由於改變社會政策是耗時且緩慢的工作，微視工作者並非總能將時間投入於政策的改革，所以也必須依賴鉅視實務者以社會正義為目的投入工作。

## 社會工作辭典

- 個案倡導：意指以服務對象個人權益為訴求。
- 集體倡導：是針對特定群體的權益為目標。

## 林萬億

- 個案倡導：當服務對象遭遇不公，社會工作者應站出來為服務對象爭取權益並為其發聲。這當中包含資料的蒐集與尋求支援，甚至不惜挑戰對服務對象不公的壓迫端。
- 政策倡導：為有利於弱勢者的政策進行遊說、爭取及倡導，如性別平權、反種族歧視等。
- 立法倡導：為有利於弱勢族群的社會立法進行遊說與辯解等，如《老人福利法》與《身心障礙者權益保障法》之修正等。

# Unit 6-43
# 守則：社會工作師對社會大眾的倫理守則（續1）

圖解社會工作倫理

222

■ 守則5.3

社會工作師應維護弱勢族群之權益，協助受壓迫、受剝削、受欺凌者獲得社會安全保障。

NASW《社會工作倫理守則》中提及：社會工作者應採取行動，擴大所有人的選擇和機會，特別關注弱勢群體，受壓迫者和被剝削者以及群體；社會工作者應促進鼓勵在美國和全世界尊重文化和社會多樣性的條件。社會工作者應促進表現出尊重差異的政策和做法，支持文化知識和資源的擴展，倡導展示文化能力的計畫和機構，並促進保障所有人的權利和確認公平和社會正義的政策；社會工作者應該採取行動來預防和消除任何人，團體或以種族、民族、國籍、膚色、性別、性取向、性別認同或表達、年齡、婚姻狀況、政治信仰、宗教、移民身分或精神或身體能力所造成的階級剝削和歧視。

在社會工作專業服務過程中，需要了解在不同族群間受壓迫的現象，也要破除這樣不平等和不公平的壓迫現象。了解這些壓迫產生的因素，以及個案生命經驗中受壓迫的真實情況，能夠促使我們在社會工作實務挑戰這些壓迫現象。因此，社會工作者必須具備反壓迫觀點的知能。

所謂反壓迫觀點（anti-oppression）是指出清楚評估種族、階級、性別、失能情形、性取向和年齡的社會位置。反壓迫觀點關注權力的使用與濫用情形，這些情形與個人行為和組織有關，也直接或間接和種族主義、階級主義和性別主義關聯。這些因素是以特定方式衝擊到了人們的生活事件，因此有必要加以了解，以充分同理受服務者的社會歷史複雜背景（Clifford, 1995）。反壓迫觀點的實施，亦即有對於來自個人和系統的需要負起責任，並且帶來改變，包括個人和系統都要被改變。

反壓迫觀點是一動態的過程，被社會變遷所影響。反壓迫觀點除了個人因素外，還包括教育、政策、媒體、文化等等社會因素。反壓迫觀點是以人為中心的哲學，平等的價值系統，是以減少不平等結構影響為目標，促使個案充權，減少社會階層所產生的壓迫情形，需要了解壓迫的來源（潘淑滿等編，2013）：

1. **社會差異（Socia l difference）**：社會差異來自於社會群體中，有所謂「支配」和「被支配」權力結構。主要的區別，被描述來自於種族、性別、階層、性取向、失能和年齡等等；其他的差別，像宗教、區域、心理健康和單親等等；這些不同因素的隔閡，在在呈現對壓迫的了解和經驗是有其複雜性。

2. **連結個人與政治的（Linking personal and political）**：個人生活情況是與社會系統有關，這些包括家庭、同儕團體、組織和社區環境。當問題產生時，不是只有個人的因素，應該要去了解個人是如何在社會環境被孤立的。

3. **權力（Power）**：權力是一種社會概念，習慣被放在個人生活的公領域和私領域來討論。實務上，權力可以被視為在個人和結構的層次上操縱。而權力受社會文化、經濟和心理的因素所影響；在分析個人或團體是如何獲得權力和資源的管道，這些因素都應納入考量。

4. **歷史和地理的位置性（Historical and geographical location）**：個人的生命經驗與事件，要放在特定的時間與空間被看待，因此這些經驗會在特定情境、社會事實和不同文化下被詮釋。

5. **互應與互涉（Reflexivity／mutual involvement）**：壓迫是各個因素相互影響且具「持續性」的概念，除要考量如上述個人的價值觀、社會差異及權力因素外，更要考慮他們是如何相互影響和互動的。而這些互動不僅涉及心理層面，也同時和社會、歷史、倫理、政治等等範疇有關。

整體而言，反壓迫社會工作需要了解「壓迫」的產生，並且評估理論所提及的複雜且相互影響因素後；在協助個案時，充分評估和理解個案所處的社會環境，並且協助個案在受壓迫的系統下，挑戰和改變個案所處的情境。

## Dalrymple & Burke提出之反壓迫觀點在社會工作實務之運用原則

**1** 對實務工作者與案主個人的自我了解。

**2** 是對實務工作者與案主所處之主流社會系統的知識與了解。

**3** 對實務工作者與案主所處之不同族群與文化的知識與了解。

**4** 在個人與社會結構層次挑戰面對相關議題的知識。

**5** 對實務工作者與案主所處各個生活事件體察研究的必要性。

**6** 決定付諸行動與改變的使命感。

## Burke & Harrison提出將反壓迫觀點於社會工作實務實施具有效率之重要的原則

**1** 實務操作時,雖然工作實施方法強調彈性,但是不可以失去焦點。

**2** 了解壓迫情形要包括個人的壓迫和群體的壓迫。

**3** 強調理論內涵的應用。

**4** 挑戰和改變既存的想法和實務情形。

**5** 能夠分析組織文化的壓迫本質對實務工作推行可能的影響。

**6** 持續性的反思和評估實務作為。

**7** 促進網絡合作、個案介入、夥伴關係和參與等多面向的改變策略。

**8** 對於權力的議題需要在個人和結構上有基進的分析等。

# Unit 6-44
# 守則：社會工作師對社會大眾的倫理守則（續2）

圖解社會工作倫理

224

■ 守則5.4
社會工作師與媒體互動或接受採訪時，若涉及服務對象，應徵得知情同意並保護其隱私。

■ 守則5.5
社會工作師應促使政府機關、民間團體，及社會大眾履行社會公益，並落實服務對象合法權益保障。

社會工作的保密原則（confidentiality），是專業人員與案主之間公開或未言明的協定，社會工作者須保護任何有關案主隱私的訊息，專業人員除了得到案主的書面授權或法律的要求之外，不可將資料洩露任何人。對於案主的隱私權可說是社會工作倫理非常重要的一部分，除非有可能傷害第三者或是法律有強制規定，社會工作者絕不能透露案主的隱私，即便是用於教學研討或是督導訓練，隱私訊息的透露也以無法供辨認為原則，換句話說，保密實為最高原則。

社會工作者秉持尊重案主的意願、選擇和決定，讓案主有獨立、自主的自由，但要注意知情同意，也就是說要提供詳細資料、幫助案主清楚了解後所做的選擇和決定，尤其是面對媒體採訪新聞揭露後可能產生的影響。NASW《社會工作倫理守則》中提及：社會工作者在回應媒體成員的要求時應保護個案的機密；社會工作者應該在塑造社會政策和制度的情況下促進公眾的知情參與。

此外，不只媒體在報導弱勢者會有不適當的情況，社會福利機構本身也可能違反倫理。由於社會福利機構為了募集資源，利用媒體進行募款或提高知名度，但卻將個案曝光，成為募款的主角，這絕對是違反專業倫理（林萬億，1998）。社會福利機構不能將個案資料外洩，除非教學、研究、司法以及轉介服務的必要性，且在當事人同意之下，即便如此，亦應將個人資料去識別化，修飾某些足以影響當事人被辨知的情節，社會工作者或機構如在媒體的哀求或逼迫下，甚至是主管的壓力，而屈從於人情與權力，將個案資訊外流，可能造成的後果與媒體主動披露個案隱私的情況一樣嚴重。社會工作者、社會福利機構有責任告知媒體有關社會工作專業倫理，也有責任告知接受媒體報導的當事人（案主）在面對媒體應該有的知識，才能避免造成多方面俱傷。社會工作者回應媒體應以預防當事人傷害、回歸法治為主要原則，尤其許多的社政法規中，已有對報導倫理的要求與規定，社會工作者可用以來要求媒體的行為。

前述在媒體報導個案的限制上，例如：《兒童及少年福利與權益保障法》、《兒童及少年性剝削防制條例》、《性侵害犯罪防治法》、《性騷擾防治法》等對受害人隱私權的隱私權保障，並規範政府機關、民間團體、社會大眾應履行社會工作，各類宣傳品、出版品、廣播、電視、網際網路或其他媒體不得報導或記載有被害人之姓名或其他足以識別身分之資訊；行政及司法機關所製作必須公開之文書，不得揭露足以識別前項被害人身分之資訊，及任何人不得以媒體或其他方法公開或揭露被害人之姓名及其他足以識別身分之資訊，以保障服務對象的合法權益。

## Bob Franklin & Nigel Parton之研究：國外媒體在兒童虐待案件的報導中顯示的社會工作者的形象

懦弱者、愚笨無能力者（wimps or fools）、不稱職的、對於介入可能有兒虐危機的家庭中是非常不情願的，無法有效率的將孩童自危險中救出。

**兩個形象雖成對比，但都是貶損、負面的**

恃強欺弱的人（villain or bully），大多是政府機構中的人員，因強制將孩子帶離家庭造成家庭的破裂。

## 社會工作者與媒體互動上的困境

**01** 與媒體缺乏互信基礎，擔心媒體斷章取義。

**02** 不了解媒體。

**03** 缺乏相關訓練，缺乏與媒體互動的能力。

**04** 未被授權，覺得自己的角色及公務員身分不宜發言。

**05** 保密原則與社會教育界線，拿捏不易，擔心影響機構立場、專業角色以及與案主間的信任關係。

**06** 社會工作組織內缺乏明確的媒體對應策略，不知如何因應。

應思考如何透過對話、協商，統整服務體系間不同專業的共識，並使社會工作者具備媒體知能，才能積極尋求保密倫理與新聞自由間適當的平衡點，落實維護個案倫理的價值使命。

資料來源：沈慶鴻（2007）。

# Unit 6-45
# 守則：社會工作師對社會大眾的倫理守則（續3）

■ **守則5.6**

社會工作師面對災害所致社會安全緊急事件，應提供專業服務，以保障弱勢族群免於生命、身體、自由、財產的危險與意外風險。

依世界銀行2005年出版的《天然災害熱點：全球風險分析》（Natural Disaster Hotspots: A Global Risk Analysis）報告指出，臺灣可能是世界上最易受到天然災害衝擊的地方，因為臺灣約有73%的人口居住在有三種以上災害可能衝擊的地區。首先，臺灣位於亞洲大陸東南緣，屬於歐亞大陸板塊與菲律賓海板塊的聚合交界處，為世界上有感地震最多的地區之一；其次，臺灣也位於季風氣候帶與颱風行徑的路線上，每年夏季颱風水患等氣象災害也造成的損失極為可觀；第三，其他天然災害如梅雨、寒流、乾旱等也造成臺灣經濟上不小的損失（內政部消防署。2006）。

災難管理（Disaster Management）是指從預防災難發生到災後復原、重建的一系列過程，目的是減少災難造成的傷害。通常可分為以下四個階段（林萬億編，2011）：

**一、災難預防期**

指災難發生前的防範措施，如災難性質的分析、災難風險分析、預警系統的建構、災難管理政策與規劃、防災教育、防災措施等。既然災難避不了，只好靠預防，以減輕災難的損害。此一階段又稱「減災」準備。

**二、災難整備期**

指預測災難可能發生，而先建立起因應災難的各種準備，如緊急災難應變的任務小組組成，因應災變的作業計畫與行動措施，防災與救災人員的組訓與演練，救災資源與器材的充實與管理等。

**三、災難應變期**

包括災難預警、救災資源的動員、災難現場指揮系統的建立、緊急救難行動的執行，包括財物、人員、設施的搶救，並減少二度傷害。這是真正進入災難救援階段了。

**四、災難復原階段**

指災後修復與重建，通常先讓受災地區人民生活回復到平常狀態，再進一步尋求重建與發展。復原的工作包括危險建物的清除、基礎工程建設的修建，災民救濟、災後創傷壓力的減輕，社區生活機能的重建，住宅安置或重建等。

以上四個階段環環相扣，相互影響，前階段做得好，後階段就省力；前一個災難管理得好，後一個災難就較好管理。

就社會工作者介入救災的經驗而言，第一階段是參與災難預防與整備。第二階段參與救災人員的緊急救援動員，針對災民以及救災人員進行的悲傷輔導（grief counseling）、壓力管理（stress management）、緊急安置等緊急服務（emergency services）。第三階段因救災人員已離開災難現場，進入復原階段，社會工作的災難救援進入過渡服務（transitional services），或短期安置或中繼工作，包括住宅、就業、就學、社會救助、家庭重建、創傷後壓力症候群的處理。最後階段屬長期社會暨心理重建的時期，亦即提供穩定服務（stabilization services）。創傷後壓力症候群或壓碎症候群（crush syndrome）嚴重者可能需要三、五年才能復原，輕者也要幾個月到一、二年，才可能平撫。所以，一套中長期的災後重建計畫是必要的，包括住宅安置、財務處理、社區重建、心理復健、家庭重建、失依者的長期照顧、安排易地安置等（林萬億，2002）。

## 災難管理階段

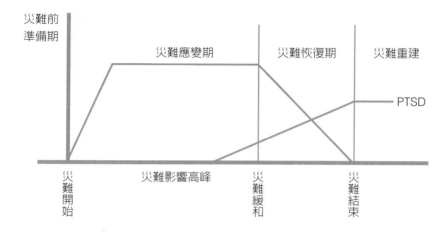

資料來源：林萬億編（2011）。

## 美國社會工作者教育委員會提出之災難救援社會工作者的七項任務

1. 界定災難與創傷事件，以及了解其性質。
2. 在災難與創傷事件發生前、救援中、復原後，將人們的文化多樣性與脆弱人口群的需求納入考量。
3. 經由協調計畫、訓練，以及其他行動，在災難發生前增強社區回應災難的效能。
4. 以知識與技巧來回應災難與創傷事件，以降低居民的痛苦。
5. 建立機構、服務輸送體系，及社區行動計畫，促進社區從災難復原中提升其生活品質。
6. 運用災難相關的知識與技巧促成政策與實務的進步。
7. 開發個人、地方、組織、區域、國家，以至跨國的災難管理策略。

# Unit 6-46
# 附則

■ 附則

一、社會工作師違反法令、社會工作師公會章程或本倫理守則者，除法令另有處罰規定者外，由違反倫理行為所在地或所屬之社會工作師公會審議、處置。

二、本守則經中華民國社會工作師公會全國聯合會會員代表大會通過後施行，並呈報衛生福利部備查，修改時亦同。

我國《社會工作師法》第六章罰則，針對社會工作師違反社會工作師法所訂之條文，針對所違反的不同條文，訂有處罰的規定，以確保受服務對象之權益。而有關社會工作倫理的規定，在《社會工作師法》第17條規定，社會工作師之行為必須遵守社會工作倫理守則之規定。前項倫理守則，由全國社會工作師公會聯合會訂定，提請會員（會員代表）大會通過後，報請中央主管機關備查。

全國社會工作師公會聯合會，其成立法源係依據《社會工作師法》第32條之規定，社會工作師公會之組織區域依現有之行政區域劃分，分為直轄市公會、縣（市）公會，並得設社會工作師公會全國聯合會。在同一區域內，同級之社會工作師公會以一個為限。同法第32條規定，直轄市及縣（市）社會工作師達十五人以上者，得成立該區域之社會工作師公會；不足十五人者，得加入鄰近區域之公會。社會工作師公會全國聯合會應由三分之一以上之直轄市、縣（市）社會工作師公會完成組織後，始得發起組織。

《社會工作師法》第34條規定，社會工作師公會，由人民團體主管機關主管。但其目的事業應受各該事業主管機關之指導、監督；同法第35條規定，社

會工作師公會之理事長及理、監事任期為三年；理事長連選得連任一次；第36條規定社會工作師公會選任職員應依人民團體法之規定辦理。

依據《人民團體法》第16條規定，人民團體會員（會員代表）有表決權、選舉權、被選舉權與罷免權。每一會員（會員代表）為一權。同法第18條規定，人民團體理事會、監事會應依會員（會員代表）大會之決議及章程之規定，分別執行職務。亦即，會員（會員代表）大會為人民團體的最高權力機構。因此，在《社會工作倫理守則》附則中規定本守則經中華民國社會工作師公會全國聯合會會員代表大會通過後施行，此即為彰顯會員（會員代表）為最高權力機構；另《社會工作師法》第17條規定，社會工作倫理守則經全國社會工作師公會聯合會訂定並提請會員（會員代表）大會通過後，報請中央主管機關備查，此在附則中亦以呈報衛生福利部備查，修改時亦同，以符社會工作師法之規範。

另在附則中，對於除法令另有處罰規定者外，由違反倫理行為所在地或所屬之社會工作師公會審議、處置，係依照《中華民國社會工作師公會全國聯合會會員倫理申訴及審議處理要點》處理。其中，針對會員倫理事件之申訴案件，採申訴、再申訴二級制，說明如下：

1. 申訴對象為縣市社工師公會時，向本會提出申訴。

2. 申訴對象為全國各縣市社工師公會之會員時，依會員籍所屬縣市之《倫理申訴與審議辦法》，向縣市公會提出申訴，若不服縣市公會之倫理審議結果者，可向本會提出再申訴。

# LAW

● 人民團體分類
　人民團體分為三種：職業團體、社會團體、政治團體。

● 發起設立
➤ 人民團體之組織，應由發起人檢具申請書、章程草案及發起人名冊，向主管機關申請許可。發起人須為成年，並應有三十人以上，且無人民團體法所訂之資格禁止事項。
➤ 人民團體經許可設立後，應召開發起人會議，推選籌備委員，組織籌備會，籌備完成後，召開成立大會。籌備會會議及成立大會，均應通知主管機關，主管機關得派員列席。
➤ 人民團體應於成立大會後三十日內檢具章程、會員名冊、選任職員簡歷冊，報請主管機關核准立案，並發給立案證書。
➤ 人民團體經主管機關核准立案後，得依法向該管地方法院辦理法人登記，並於完成法人登記後三十日內，將登記證書影本送主管機關備查。

➤ 章程
　人民團體章程應載明：1.名稱；2.宗旨；3.組織區域；4.會址；5.任務；6.組織；7.會員入會、出會與除名；8.會員之權利與義務；9.會員代表及理事、監事之名額、職權、任期及選任與解任；10.會議；11.經費及會計；12.章程修改之程序；13.其他依法令規定應載明之事項。

● 人員組成
➤ 人民團體均應置理事、監事，就會員（會員代表）中選舉之。
➤ 人民團體理事會、監事會應依會員（會員代表）大會之決議及章程之規定，分別執行職務。
➤ 人民團體理事、監事均為無給職。
➤ 人民團體理事、監事執行職務，如有違反法令、章程或會員（會員代表）大會決議情事者，除依有關法令及章程處理外，得經會員（會員代表）大會通過罷免之。
➤ 人民團體會員（會員代表）有違反法令、章程或不遵守會員（會員代表）大會決議而致危害團體情節重大者，得經會員（會員代表）大會決議予以除名。

● 會議
➤ 人民團體會員（會員代表）大會，分定期會議與臨時會議二種，由理事長召集之。定期會議每年召開一次；臨時會議於理事會認為必要，或經會員（會員代表）五分之一以上之請求，或監事會函請召集時召開之。
➤ 人民團體會員（會員代表）有表決權、選舉權、被選舉權與罷免權。每一會員（會員代表）為一權。
➤ 人民團體理事會、監事會應依會員（會員代表）大會之決議及章程之規定，分別執行職務。

第 **7** 章

# 倫理情境議題

● ● ● ● ● ● ● ● ● ● ● ● ● ● ● ● ● ● 章節體系架構 ▼

# Unit 7-1
# 助人專業的基本道德原則

學者指出，助人專業常採用的基本道德價值，說明如下（萬育維譯，2012）：

## 一、善行／善待（beneficence）

此原則主張，幫助、保護及促進案主與他人之福祉是主要的道德責任；換言之，專業人員透過「善的作用」（good works）從事「善行」（good deeds）。有時必須自我冒險或犧牲，以完成其應盡的責任義務。保護生命及關懷的法律義務與告知、通報與警告的義務，都和善行之道德價值有關。

## 二、不傷害／無惡意（nonmaleficence）

此原則主張，專業人員應該在竭誠服務過程中，盡可能避免傷害案主或他人。也因此我們常會聽到「不造成傷害（Do no harm）」，倫理守則也提醒專業人員要注意，別讓案主因為接受服務而受到不必要的傷害。

## 三、效益（utility）

此主張和「盡量避免傷害」有部分相同，因為傷害的性質和範圍必須是為了行善。基本上，效益論結合善行論與無惡意論而主張，所有的行動應以最小的傷害促進最大的善。例如：如果幫助一個人會傷及多人，那麼這助人行為是否有效益就要被質疑，這也是「無惡意論」所強調的。又例如：案主和社會工作者堅定的想要達成其目的，但這樣的堅持若涉及案主的雇主，而導致案主失去其迫切需要的工作，那麼，其造成的傷害可能就大過於能獲得的益處。

## 四、正義（justice）

正義原則主張，除非在權力或能力上導致的不平等待遇，否則，所有人都有權利要求被平等對待。正義原則考量環境的情況，其內涵是起跑點與機會的平等，因此，在此原則下的助人專業者有義務提供所有人公平和平等的待遇。在社會工作方面，正義的價值適用於個人、團體、社區及社會。事實上，不合正義的實務工作也不符合專業關懷的最基本標準。

## 五、自主（autonomy）

自主原則強調一般人有自由與自決的根本權利，他們有權管理自己的事並決定攸關己身福祉的行動。

## 六、隱私（privacy）

隱私原則部分源自於自決權，在隱私的狀況下，人們有權決定其個人生活或家庭對外公開的方式和程度。就算公開案主的名字，都是對案主隱私的一種威脅。

## 七、保密（confidentiality）

保密原則與自主、隱私原則有關，基本上，案主保有其對助人專業者所透露之資訊的擁有權，因此，未徵得案主的同意，社會工作者不得對他人公開案主的任何訊息，否則就違反了保密的法律義務。

## 八、忠誠（fidelity）

案主和其他人會期待助人專業者誠實並遵守其承諾。一般期待專業人員說真話，要避免任何形式的不誠實、詐欺及欺騙，並且履行他與案主或他人之間的約定。

## Frankena對於倫理、道德、規範之看法

- 倫理：是一個社會的道德規範系統，賦予人們在動機或行為上的是非善惡判斷的標準。
- 道德：是個體內在的品行與德性，它來自於「良心」，
- 規範：是群體得到的規範系統，它來自於「規範」，當然這個規範必須來自於道德。

## 對良心／良知（conscience）的基本知識

1. 良心是一種判別善惡的心理活動

2. 良心具有一種善惡的標準

3. 良心具有情緒作用（如熱忱、討厭）

4. 良心是意志的抉擇

良心／良知（conscience）

5. 良心是自發的而不是強迫的，是內心組織的一部分

6. 良心為心靈深處的最神聖之處

# Unit 7-2
## 倫理判斷的面向

圖解社會工作倫理

**234**

　　雖然各學者提出的倫理抉擇模式之各種步驟與過程，看起來很合理、很有邏輯，有時卻不適用於實際狀況，尤其當有些原則和義務彼此衝突時，社會工作者還是會面對倫理兩難。換言之，只要遵守某一倫理標準（如通報的義務），就會違反另一標準（如案主保密）。那麼，當倫理與法律責任相衝突時，社會工作者要如何決定該忽略何者、重視何者？

　　倫理守則與法律是一種強烈的義務論，這些規則法典化之後，就要被嚴格遵守。但社會工作強調「人在情境中」，這表示在倫理兩難的決策過程中要考慮到人的個別狀況。因此，倫理守則的運用要考慮到所運用的特定情境，以及在守則中可能衝突的價值、原則及標準。

　　在考量道德與倫理議題的脈絡或情境面向時，社會工作者要考量的面向包括動機（motives）、方法（means）、目的（ends）及影響（effects）。你要探討自己的動機、檢視你計畫提出這些議題和執行這個決定所要用的方法、預估你想像的結果，並確認你訴求行動的可能影響，而這些考量可能反映出的問題包括：目的能否證明方法的正當性？你的動機是否純正？你是否考慮到你的行動對他人潛在的影響？誰應該參與決策過程？誰應該做最後的決定？以上問題又會引起社會工作的特定議題，例如：社會工作者是否應該為達目的而不擇手段？還是應該擇善固執，不管結果多糟都要堅持善的方法？社會工作者該不該在當事人不知情、未參與的情況下做出攸關當事人的決定？社會工作者應該置倫理責任於法律義務之上，還是置法律義務於倫理責任之上？因為你的介入有可能是充權，也有可能是剝削；可能是解放，也可能是限制；可能助人，也可能傷人。因此，你要從道德和倫理的角度，有意識的、謹慎的和反思的檢討你的思想、感覺及行動。倫理判斷的面向包括動機（motives）、方法（means）、目的（ends）及影響（effects），茲分二個單元說明如下（萬育維譯，2012）：

## 一、動機（motives）

　　在探討動機時，你要思考你作為一個人和作為一個社會工作者的主要及次要目的。身為專業人員，你必須為你的專業地位、為他人和為這個社會負起相對重大的道德、倫理及法律責任。理想上，你的主要動機和那些影響你的決定與行動的動機符合專業價值與倫理（如服務、社會正義、尊重人的價值、廉潔或專業能力），但你也有個人的動機（如擔心法律行動、想要自我維護、憐憫、惋惜、怨懟）。為了使你的社會工作發揮功能，在強調你的專業動機時，你的確應該承認自己的個人動機。

　　此外，也要問問自己：假如我是案主，而我的社會工作者有這樣的動機時，我的遭遇會如何？如果所有的社會工作者都有這樣的動機，會引起社會怎樣的反應？

倫理判斷的面向

- 動機
- 影響
- 倫理判斷的面向
- 方法
- 目的

235

法律與倫理之關係

**法律與規範**
如：使用權勢開車

**一般性原則**
如：與案主有性關係

**倫理義務**
如：與案主系統有雙重關係

Venn以兩個相互重疊之圓形說明法律與倫理的交互重疊。重疊之處是二者所共有，但也各有不同之處。有些倫理守則沒有包括在法律和條例之中，反之亦同。

資料來源：曾華源等譯（2010）。

# Unit 7-3
## 倫理判斷的面向（續）

本單元接續前一單元，說明倫理判斷的方法（means）、目的（ends）及影響（effects）等面向如下：

## 二、方法（means）

方法包括決策過程與行動計畫的性質，在探討方法的時候，想想自己可能的做法，決定誰應該參與決策過程及可能如何行動。你必須問：這方法是否符合我的專業價值與倫理？這方法可不可能達成令人滿意的目的或成果？這些方法對人們及情境將產生怎樣的影響？如果這方法不符合社會工作原則或其連帶影響可能造成傷害，你要自問：我是否已真的考量過所有能達到這些目的的方法，才好繼續堅持我的專業價值與倫理？如果可被接受的方法真的不可得，你要問：能否從結果證明這些不合意的方法及連帶的影響是正當的？

你最後可能還要問：如果我是案主，而我的社會工作者採用這些方法，我會有什麼反應？這些方法若被所有社工人員慣常且普遍的使用，社會的反應會如何？

## 三、目的（ends）

思考你想像得到的目的，並確定這些是個人的還是專業的目的，然後問自己：這些目的是如何被斷定的？誰共同認定與定義這些目的？這些目的是針對誰或為了什麼？受這些目的影響的人是否注意到這些目的的存在？我是否會因為達成這些目的而感到得意？這些目的是否符合我們對這題所持有的共同了解、機構或計畫的使命。以及社會工作專業的功能？你可能也要問問自己：我若是那身處類似處境的案主，會如何回應這樣的目的？假如所有社會工作者只與其案主都追求並欲達成這些目的，社會的反應會是什麼？

## 四、影響（effects）

探討影響時，你必須看到自己的決定與行動，除了對所針對的人和情境產生的直接影響，對你自己、你的案主、其他人，以及相關的社會系統的影響又是什麼。這些被稱作「副作用」的影響可能是正面的或負面的、令人振奮或沮喪的，依這些影響的性質、強弱、持續的期間等其他因素而定。有時候，這些副作用的潛在傷害太大，以至於不管目的多麼正確，都不能輕率行事。例如：有位社會工作者發現一份文件，這份文件可能成功的證明一位成年男子虐待兒童，但物證有很高的出錯率。雖然大家都會贊成保護兒童不被虐待的目的是對的，但如果可能會冤枉了無辜，我們就必須小心檢視欲達到目的所使用的方法。

## 01 制定的程序不同

法律是由立法機構代表，或早期的議會等權力當局所制定，但是道德規範並非由單一的中央當局所制定，而是社會大眾經過一段時間經驗與理智思考所慢慢醞釀而成的。

## 02 執行力不同

法律是經由法庭、法官或公權力來執行，但是道德規範無法由公權力或法庭來執行。

## 03 刑罰的本質不同

假如是刑事犯罪，可以予以監禁，如果是不道德行為，審判經常只能依據個人的社會道德知覺。違反法律和道德的制裁者和制裁方式不同。

## 04 衝突的解決不同

法律是解決社會中人與人之間的衝突，而道德經常是去調和人們內心的衝突。

## 05 合法不一定合乎道德

法律無法涵蓋某些道德面向，法律所禁止的行為不一定是不道德。

# Unit 7-4
# 非自願性案主服務之倫理議題

　　什麼是自願性或非自願性案主？可以藉由案主與專業人員的關係來定義。自願性案主是指案主和專業人員是建立在一種自願性關係，案主自己意識到自己的問題，也有強烈動機要去改變，因此願意主動尋求專業人員之協助。自願性案主由於是自己來求助的，也認知到自己的問題，因此在與工作者共事過程中，合作性高，也很願意主動談他自己的問題，也會考慮去改變。非自願性案主是指案主和專業人員是建立在一種非自願性關係，這個專業關係是被迫促成的，如來自法律規定或是法庭裁決的，或是經由被轉介來的，如機構、學校、家人或其他的第三者轉介。

　　非自願性案主服務的實施目標，必須兼顧法律上（legal）、倫理上（ethical）、有效性（effectiveness）三項議題。非自願性案主的個案來源是經由法庭裁決轉介過來，因此有所謂法律上要求必須介入的考量；然而社會工作倫理又要求社會工作者必須尊重案主自決、人格及其獨特性；同時，社會工作者要自覺其父權主義（paternalism）是否正在干預案主的自由，因此與執行法律的要求恐有衝突；另社會工作的介入最終目的乃在促使「改變」有效達成。兼顧合法性、倫理要求及有效性，也就成為社會工作者介入非自願性案主服務的難題。

　　在法律的議題層面，非自願性案主服務之介入目標應建立在法律要求及保護案主的前提下，因此社會工作者對於案主所享有的各項權利應予以告知，不可無故忽視或故意隱瞞，諸如公開聽審、聘請法律顧問（律師）、傳喚證人、探親權、甚至上訴等。其次，社會工作者介入計畫的模式與過程，以及相關的費用、案主利益等，社會工作者應事先告知案主，並取得案主同意。再者，對於各項案主資料與判決紀錄，社會工作者應謹守保密原則，未經案主同意不可隨意公開媒體、民意代表或學者等從事報導、作秀或研究用。最後，社會工作者應維護與保障案主在法律規範下的自由權，並減少不當之裁決及處遇的可能性（周月清，2011）。

　　在倫理議題層面，倫理議題主要涉及父權主義及案主自決等。在案主自決方面，社會工作者不僅應尊重案主在不違反社會規範及法律要求下，或妨礙他人自由下的自決權，同時應積極提供案主相關知識、技能及資源，以強化案主的自決能力。其次，社會工作者應避免掉入父權主義的陷阱，亦即社會工作者應避免故意或不自覺地，以其個人來自宗教道德意識或是主流社會的價值觀而替案主做決定（如社會工作者好像變成案主的父母或生活導師，教導或是要求案主應該如何行事等），社會工作者應適切地提供案主各項資訊並尊重案主的個人意願。事實上，這一點亦建立在尊重案主自決的基礎上（周月清，2011）。

　　身為一個社會工作者，應當小心意識到自己是否成為社會控制的工具，而忽略了社會工作是為案主利益維護的專業。當社會工作者夾處在倫理與法律之間的一致（兩者兼顧）或兩難關係時，有四種狀況：1.合乎法律和倫理要求；2.合法但不合乎倫理；3.合乎倫理要求但不合法；4.不合法又不合乎倫理要求。

　　在有效性議題層面，則聚焦於非自願性案主服務「有效性」達成，包括促使案主有合作的態度及發展其有接受處遇的意願，此亦為非自願性案主服務「有效性」與否之關鍵，同時也是最困難的一部分，因為要兼顧合法性、倫理及有效性。

## 非自願性案主服務之法律、倫理與有效性三者兼顧

### 非自願性案主服務目標

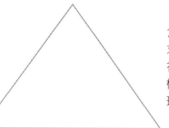

介入目標必須達到法律上的要求,及保護案主免於受到傷害為原則——合法性的實務

介入必須符合倫理要求,包括案主自決及社會工作者適當的父權主義等——符合倫理要求的實務

介入必須符合服務有效性的目標——有效性的實務

資料來源:Rooney(1992)。

## 法律與倫理議題關係之矩陣

|  | 符合倫理要求 | 不符合倫理要求 |
|---|---|---|
| **符合法律要求** | 合乎法律與倫理要求<br>● 澄清權利、責任和角色為何<br>● 區分不能妥協的要求和自由選擇 | 合乎法律但不合乎倫理要求<br>● 藉由內部倡導與外部組織地動員,從事法律或政策的改革<br>● 明示的或隱含的抗拒政策<br>● 選擇離開機構或該組織 |
| **不符合法律要求** | 合乎倫理要求但不合法<br>● 執行案主有被告知和行使同意權的權利,及依據合法的司法手續作為介入的原則<br>● 使用倫理層面的思考來說服案主<br>● 提供誘發性的策略來影響案主的選擇<br>● 倡導對案主之非法性的傷害 | 不合乎法律與倫理的要求<br>● 以「消極自決」方式行動,避免在選擇上的限制或壓迫(「消極自決」是指個人在沒有壓力的情況下,可以自由選擇及行動的權利)<br>● 考慮利用「積極自決」原則達成目標(「積極自決」是指個人擁有知識、技巧和資源去實現個人目標) |

資料來源:Rooney(1992)。

## Unit 7-5
# 器官捐贈之倫理議題

在器官捐贈的服務上，社會工作者主要的執行角色，包括：勸捐者、協調者、資源連結者、教育者、評估者等。但在這些角色的執行過程中，社會工作者經常會面臨倫理的議題。茲綜整規範倫理學、生命倫理學、德行倫理學的觀點，說明如下（溫信學，2021）：

### 一、規範倫理學

(一) 義務論：義務論者以行為本身的價值為考量。義務者關注的是行為本身的對、錯。因此，如果器官捐贈家屬在認知上認為，器官捐贈是符合其道德價值標準，他們就會同意捐贈。相同地，若是社會工作者抱持著相同的觀點，便會積極地投入勸募工作，特別是對於「腦死判定」所採取的移植方式，不會認為是不道德的，反而認為器官捐贈是項具「高尚道德」的價值行為。

(二) 目的論：目的論強調行為的「目的」或「結果」。例如：倘若器官捐贈可以使得捐贈者本人或其家屬獲得「至善」的境界，那他將會對捐贈有高度的動機，因為這是利人又利己的行為。另一方面，對社會工作者而言，若他認為器官捐贈是一種應該積極推廣的觀念與活動，他的行動目的就會採取各種可能的方式，對潛在勸捐個案家屬進行遊說工作，因為既然病人己身已無法延續生命，何不將可用的器官捐出，這是一種可以促進他人善的行為，所以也會促使社會工作者的行為更積極主動。

### 二、生命倫理學（bioethies）

生命倫理學是指在醫療保健、生命科學和醫藥科學和科技所涉及的倫理議題。生命倫理學的一個重要課題是，如何進行道德判斷？亦即如何指引需要做道德抉擇的人做出應有的道德判斷。知情同意是生命倫理學中最被重視和討論最廣泛的一個道德規則。這個原則是要保護當事人的自主自律權利，因而要求對加諸當事人身上的行動或決策，必須得到當事人的自願同意。對於活體器捐的捐贈者而言，他們是有權表達自己的意願，但對於已腦死但病前曾表達願意器官捐贈的當事人來說，家屬的意願必須被徵詢，社會工作者對器官捐贈的充分說明就顯得相當重要。另外，保護主義原則亦是生命倫理學的重要原則，此原則主要是在當事人不能行使自律原則所保障的自主自律行為時，所應用的一項重要規範。在當事人在有自主自律能力時所做的相關決定，如器官捐贈和所謂「預立意向」（living will）等先前的決定，此亦是保護當事人的最佳權益之做法。但在臨床上最常被問及的就是：如果簽署器官捐卡的法律效用為何？個人的意識表示能否被執行？就此問題，實務上僅能視為是對器官捐贈此一理念的支持表示，一旦當事人因病確認處於腦死狀態時，其實他的決定權已轉移至家屬身上，所以社會工作者要告知家屬，病人在之前對於器官捐贈的意識表達，並詢問家屬，是否要完成其遺志？這是一種消極的保護主義形式。

### 三、德行倫理學

德行倫理學批評西方傳統的功利主義與義務論，忽視了道德判斷或表現，並不能脫離行動者的道德情感和動機來衡量。德行對於一個人在面臨道德抉擇時，常是一個重要的決定因素。這種因素反映在道德人格的養成，它所包含的道德經驗、各種道德抉擇的磨練和培養的道德情感等。例如：在器官勸捐過程中，勸捐者常會以「化小愛為大愛」、「遺愛人間」等說詞激發潛在捐贈者家屬的捐贈動機，而在反覆的分析說理中，文化性與社會道德價值的期待便會不斷出現。

## 目的論：按照「應該促進誰的善」問題之不同解答的分類

**01** 主張「凡人應該做促進他自己最大善之事」者，稱為「倫理自我主義」（Ethical Egoism）。

**02** 主張「最大普遍善」（the greatest general good）是應積極致力者，稱為「倫理普遍主義」（Ethieal Universalism）或「效益主義」（Utilitarianism）。

**03** 主張「應促進他人的善」者，稱之為「倫理利他主義」（Ethical Altruism）。

## 保護主義原則的特色

1. 代當事人做出決定，例如：當事人在昏迷中或精神不正常的狀態下。這是因為當事人缺乏自主能力，以及無法接收和理解相關的資訊，乃由第二法人來為他們做決定，這第二法人通常是當事人的監護人或法院所指定的法定代理人。
2. 第二法人的決定上要是保護當事人的權益，即要為當事人的最佳利益做選擇。

# Unit 7-6
## 信任關係與保密原則之倫理議題

圖解社會工作倫理

242

社會工作者與案主之間的信任乃是治療的要件。沒有這樣的信任，任何助人專業都不可能有成功的治療。唯有在信任的氣氛下，求助者才會表露自己的秘密，並表達他們的希望與期待。社會工作者應當以一種能讓案主感覺有益的方式，來對案主的利益作出回應，其治療過程必須以信任為基礎（田秀蘭、彭孟堯譯，2011）。

Levy認為社會工作者與案主之間的關係可以視為一種信託關係。「信託」概念源自於拉丁字fiducia，意思是指：信任是社會工作者與案主之間關係的主要核心。這概念包括：案主的自主權、隱私權，以及可能有的風險。這些都是案主珍視的，也是在求助時冒的最大風險。他們信任社會工作者，知道社會工作者不會濫用這信任關係。案主沒有比發現這信任關係被濫用要更為失望的（Lecy, 1976）。

當社會工作者與案主之間信任關係的建立，有助於專業關係的發展。但案主向社會工作者坦承有欺騙的行為，例如：案主表面上符合社會救助申請補助的條件，但實際上社會工作卻發現案主有故意隱匿財產的情況，而這些行為均與現行的法規不符，社會工作者在此時，面臨的保密的原則，或是要不予核准或通知相關社政單位處理。或是案主告知社會工作者的內容，案主希望社會工作者保密，但社會工作者面臨對第三人的忠誠，例如：青少年案主告訴社會工作者她懷孕了，但是希望社會工作者不要告訴家人，社會工作者在面臨青少年父母諮詢青少年案主諮詢案主相關問題時，該如何進行倫理抉擇。

保密是社會工作者必須履行的專業信託義務，也是專業關係中互信的基礎，惟在保密的工作前提下，案主才會卸下防衛的心防，因此保密包含了專業職責、倫理與法律責任，是重要之倫理課題，也是帶給專業助人者最多困難的兩難抉擇議題。面對前述的社會工作者該不該保守一個詐欺的秘密，或是對於青少年案主懷孕要求不告知其父母的保密要求，社會工作者可從倫理理論中以不同的角度評估，例如：選擇義務論的觀點，社會工作者的第一個義務與責任，便是尊重案主的隱私權並守密；但社會工作者亦有可能採取效益論的觀點，將理論目標放在大多數人利益上，例如：如果對於詐領社會救助補助之案主之情況給予保密，無疑地，將使得其他人的申請社會救助時，有可能因資源的減少而無法申請，影響公共福利，因此，必須避免詐欺，案主違法詐領社會救助，不應成為其他人的標準，因為如果其他接受福利的人也這麼做，是會造成不可挽回的傷害。而相同地，如果青少年案主懷孕，社會工作者選擇不向其父母透露，但在現法律架構下，青少年在未成年前，其父母具有監護權，則有違反對第三人忠誠的義務。

前述的案例，社會工作者可以思考諸多的倫理決策模式，以作為處遇抉擇的選擇，例如：Reamer的倫理抉擇模式過程的七個步驟（參本書5-1單元）。社會工作者唯有透過周延的倫理抉擇思考，才能在倫理兩難中，在該情境中做出較為適宜倫理抉擇。

## 情境思考：信任關係與保密原則之倫理議題

**情境
1**

你是位服務低收入戶的社會工作者，在會談過程中，得知你的案主為了遠離長期毆打她的先生，想帶著小孩獨立生活。因此，故意隱匿財產所得以便取得低收入戶的資格。面對這個案例，請分析你可能面臨哪些倫理兩難？又你將會如何進行倫理抉擇？

資料來源：103年公務人員高考試題。

**情境
2**

社會工作價值主張人應該被尊重與信任，而案主也往往被鼓勵爭取權益。如果有一位案主表面上符合申請補助的條件，但實際上卻被社會工作者發現案主有隱匿收入的情況，因此社會工作者考慮不予核准。但案主卻用「如果政府不給我福利補助，我就死給你看」等語要脅社會工作者。試分析此案中的社會工作者面臨哪些專業倫理兩難？以社會工作者進行倫理抉擇的步驟來看，社會工作者應如何因應？

資料來源：101年公務人員高考試題。

**情境
3**

一位國中女生告訴你（社會工作師），她被男朋友約會強暴而懷孕，為此事她很想自殺，她不想讓家人、朋友、老師知道，請問：
(1) 這個個案涉及哪些社會工作倫理？
(2) 你的社會工作倫理考慮是什麼？為什麼？
(3) 社會工作機構應該如何處理這類案件可能碰到的社會工作倫理議題？

資料來源：86年專技社工師試題。

**情境
4**

你是位在青少年輔導中心服務的社會工作者，在一次會談中得知目前正就讀於國中的案主懷孕了。她要求你別告訴單獨扶養她的媽媽。有天，你接到這位母親電話，希望知道她小孩現況和問題。請問在這案例中，你會遭遇到何種社會工作倫理兩難？這些兩難會如何影響社會工作者與案主之間的專業關係？

資料來源：105年公務人員地方三等特考試題。

# Unit 7-7
## 案主自決與專業父權的倫理議題

圖解社會工作倫理

244

案主的「自決權」是身而為人被賦予一項基本且不可剝奪的權利，有責任去實現自己構想的生活目標，選擇和執行自己命運的方式。亦即，案主有權為自己做決定再付諸行動，這是社會工作實務中相當重要的實施原則。

在許多的文獻中指出，當社會工作者面臨案主身體健康狀況不佳時，案主的決定權利是常見的兩難議題，社會工作者會因為案主決定能力不佳，或是缺乏適性決策的能力，使決策偏向社會工作專業導向，或是社會工作者容易以保護案主權利或福利為名義，未將其意見或是最大利益納為考量，而陷入案主自決與專業目標之兩難。例如：當遊民在因為健康因素送醫時，在其適當恢復後，案主希望能返回街頭，但如果以一般人的角度評估案主的身體狀況，並不符合重返街頭的，因為會對其身體健康的恢復與照護形成不利的危險因子。因此，社會工作者在評估遊民出院準備服務時，會認為其因缺乏生活自理能力及健康因素，常有不顧案主自主權益，並以安全為由從中干涉，而聯繫長期照顧機構進行安置。此種決策模式，社會工作者如在處遇擬定並未事前徵詢服務對象之意見，而是趨向於自身專業行事等情境，多會影響到服務對象之自決權利。而前述的社會工作者決策，多會以慈善父權作為倫理抉擇的理由，認為這項的抉擇對案主是較佳的。但反面思考，此時，社會工作者的專業父權，是否可以凌駕於案主的自決權，是社會工作者在進行倫理抉擇時必須深思的課題。

此外，在案主自決過程中，如果案主是未成年人，社會工作者如何在尊重案主自決，以及符合兒童最佳利益的原則下，做出適當的倫理抉擇，亦是考驗社會工作者抉擇思考的一項課題。在1989年制定的《聯合國兒童權利公約》中，指出「兒童最佳利益」是決定攸關兒童的任何問題時的主要標準。其主要概念最初是源自於法律上對於父母離婚後對子女監護權之判定原則，兒童之最佳利益是思考兒童相關事務的一個決策原則，對於兒童最有利的安排指涉最能滿足兒童福祉（child well-being）的環境，而兒童福祉則是對於兒童權利的具體表現。但當面對父母離婚時，兒少案主表示要留下來照顧離婚後較弱勢一方的父母時，此時即面臨了兒童少年家庭照顧者（young carers）的議題。

Becker等人指出，在一般的狀況下，兒童少年家庭照顧者包括幾項特徵：1.通常是18歲以下（跟隨著兒童的法定地位）；2.他們其中一位家長、或父母雙方、或其他家中親屬有疾病或身心障礙的狀況；3.他們通常負擔一系列的責任與角色，因此造成生活上的影響；4.他們是有著不同角色的兒童；5.在這種角色任務中，因外在支持系統的欠缺或失敗，對孩子產生了某些限制。當社會工作者面臨案主的父母親離婚，案母從事的行業複雜，想爭取監護權，案父則因酗酒因素，身體健康狀況不佳，案主想要留下來照顧案父，不願意接受安置，如果以專業父權的角度，安置案主或許是現階段較佳的處遇，但若從尊重案主自決權的前提下，尊重案主留下照顧案父，才是其自決權的表現，但又面臨案母爭取監護權的問題。社會工作者在面臨前述多重複雜的倫理決策情境，社會工作者不論選擇哪種處遇，應該敏感的覺察自我價值對於處遇之影響。

## 情境議題：案主自決與專業父權的倫理議題

**情境 1**

倫理議題與兩難是實務工作者時常會面對的難題，而Reamer曾針對倫理兩難議題提出檢視步驟，請針對下列案例說明每個步驟需要評估之內涵。

案例：個案是一名未婚60歲男性，罹患思覺失調症，父母親過世，由大哥與小弟協助安置於精神護理之家12年。個案基本自我照顧能力尚可（如盥洗、沐浴），但因較為懶散，需要照服員在旁不斷督促後才勉強完成，平常可與照護團隊對談，但言談結構較鬆散、缺乏邏輯性。個案近期時常對外陳情，陳情內容與多年前已判決被告無罪之司法案件相關，且不斷向照護團隊表示想離開機構至社區生活，照護團隊協助個案與大哥、小弟會談，但兩人皆表示個案過去於社區生活時，因未規則就醫，出現社區干擾行為，且兩人各有家庭，無法兼顧個案社區生活。照護團隊面對家屬擔憂與個案自立生活權益出現兩難議題。

資料來源：107年公務人員地方三等特考公職社工師試題。

**情境 2**

案主為44歲罹患肝癌的遊民，酗酒路倒被送至醫院，自訴曾假結婚，案妻未出境，但行蹤不明；案父母雙亡，案兄50歲獨居，車禍導致重度肢體障礙，被社會局安置，案兄表示案主為中度精神障礙，但身心障礙手冊過期後即未再申辦。案主經常路倒送醫，出院後重複遊民生活，借住土地公廟、有人給錢就喝酒、喝酒過量就吐血送醫，無其他家屬可連絡。案主身體虛弱，無立即生命危險，也無福利身分，但其對機構安置態度反覆，傾向返回土地公廟居住。請以自我決定權（Self-Determination）的運用，提出公職社工師的專業倫理判斷。

資料來源：100年公務人員地方三等特考公職社工師試題。

**情境 3**

「78歲的黃先生不願入住長期照顧機構，但社工評估其有長期照顧需求且居住環境不佳；黃先生的女兒已婚並未與黃先生同住，其照顧能力也相當有限」。根據此案例，請討論臺灣社會工作倫理守則中對於案主自我決定權的規範？以及社工在考量黃先生的自我決定權時會面臨那些倫理兩難（ethical dilemmas）？

資料來源：107年第一次專技社工師試題。

**情境 4**

社工師依據專業倫理守則提供助人專業服務時，經常會面臨倫理難題。下列案例，社工師可能面對那些倫理兩難？如何抉擇？為什麼？

大華今年10歲，父母離婚，由父親取得監護權。父親有酗酒習慣，最近工作不順利，也不願讓大華上學，又沒有其他親友可以協助。社工師認為大華的父親沒有能力照顧，應該要提供大華安置服務；但是大華覺得父親很可憐，若他離開家，就沒有人照顧父親，不想離家。大華的母親表示想爭取監護權，但是從事酒廊公關，且與男友同居。

資料來源：110年公務人員高考公職社工師試題。

# Unit 7-8
## 專業界線與揭發同僚之倫理議題

圖解社會工作倫理

246

社會工作者與案主之關係係建立在「專業關係」之上，「專業關係」的形成涉及互動雙方應有的社會規範和各種規則，其實是為了有效協助案主解決問題。因此，它是一種有目的、兼具情感和工具性、暫時性、不平等與非互助關係。當社會工作者與案主或同僚產生一種以上的關係（如社交性、性關係、宗教性或商業性關係），就稱之為「雙重」或「多重」關係。

雖非所有的雙重關係都是不符合倫理的，不過在雙重或多重關係中，如果面臨利益衝突時，就會產生專業界線不清的難題。例如：在專業關係意外的商業利益行為，如案主為仲介人員，社會工作者透過案主尋屋或購屋等，此種情境即已跨越了專業關係，並有影響服務之利益衝突情形。社會工作倫理守則中提及，社會工作者應與案主維持正常專業關係，不得與案主有不當關係或獲取不當利益，當社會工作者跨越專業關係時，社會工作者已經難以維持專業關係，因此應考慮終止與案主的專業關係，轉由其他同僚接案進行服務，且社會工作師基於倫理衝突或利益迴避，須終止服務案主時，應事先明確告知案主，並為適當必要之轉介服務。同樣的，社會工作者透過案主的關係收養嬰兒，亦違反利益衝突迴避原則。

此外，在諸多的跨越專業關係的界線案例中，與案主發生金錢、性關係，亦為常被社會工作討論的議題之一。無論社會工作者與案主金錢上的往來，或是有性關係，已經逾越了專業關係，除當事的社會工作者違反《社會工作倫理守則》應受懲戒外，同一機構中事前已知情的其他社會工作者，將面臨是否揭發同僚不當行為之抉擇，這是社會工作者及其他助人專業可能面臨的一件兩難，在於是否該向督導或機構主管報告其同事有不當的個人或專業行為。

揭發同僚的倫理議題，涉及到「告發。「告發」摧毀不僅是同事的專業生涯，也包括他的社會及家庭生活。因此。告發者在每個地方都令人討厭。然而，社會工作者必須了解，在某些狀況下，有責任通報當局。社會工作者必須衡量告發的正反理由，當社會工作者發現在服務內或服務外發生了錯誤的行為或不當執業的現象時，如前述的金錢來往、性關係等，此時，社會工作者面臨的雙重忠誠兩難都會一再出現，如何做決策從來就不是一件容易的事。

在思考是否應該告發時，採義務論的社會工作者主張專業人員禁止發生某些形式的不當執業，因此，社會工作者有責任去發現並通報，不需要考慮通報的後果。但若是採受目的論的社會工作者，最有可能會在採取行動之前，先檢視通報可能會有的結果，他們會依證據顯示結果是受益或多於損失之後才行動，因此，如果證據顯示，對於該社會工作者的生涯及機構的損害，大於告發帶來的利益，此時，社會工作者會主張告發並沒有合理的依據，因為如果告發機構督導對機構的損害大於利益，則不會進行告發。

在揭發同僚前，社會工作者是很難做出決定的。同僚的不當執業及告發，對於所有涉入的人或單位都有傷害。社會工作者必須記得其專業的責任與義務，其行為必須是合乎倫理的正確方式，並且與社會工作專業標準與規範是一致的。

## 情境議題：專業界線與揭發同僚之倫理議題

情境
1

社工員新開案的服務對象是一位單親的母親，在房屋仲介公司上班；而社工員正好有她個人的問題，因她即將結婚故急需購置房屋，她和她的未婚夫到處尋找房子，找的相當辛苦，試回答下列問題：

⑴試問社工員能否請她的案主協助買房子？試以社工倫理中的專業界線（或稱專業分際）與利益衝突的原則討論之。

⑵那些類型的社會工作者與案主之雙重或多重關係也應受到此倫理原則之規範？

資料來源：94年專技社工師試題。

情境
2

某社會福利機構有一女性社工，自己患了不孕症，很想收養一個小孩。恰巧在某次會談中，案主無意間提到他的母親是產科診所的護士，前幾天向他父親透露她曾經將一個未婚媽媽所生嬰兒介紹給朋友的親戚收養，賺了一個大紅包。這個社工聽了之後，開始認真思考是否也請案主轉告他的母親幫她介紹一個嬰兒，紅包一定少不了。這個案例涉及社工專業界線與利益衝突的倫理議題，試略述社工面對此倫理兩難情境如何作適當的抉擇

資料來源：97年公務人員高考公職社工師試題。

情境
3

社會工作者無意中從案主口中得知，機構督導和這位案主在私底下不但有金錢上的往來，而且還發生多次的性關係。社會工作者在震驚之餘，於揭發同僚不當行為之前，要考慮那些事項？採取那些行動？

資料來源：104年公務人員地方四等特考試題。

# Unit 7-9
## 業務過失處理之倫理議題

Reamer將業務過失（malpractice）分爲瀆職、怠職、濫權等三種形式（曾華源等，2021）。業務過失被認爲是一種忽視行爲的表現，結果顯示專業人員的行爲侵犯到案主的權利，或是未完成特定職責之結果。瀆職（malfeasance）是業務過失的第一種形式，瀆職是指錯誤或不合法的行爲，如侵吞或挪用案主錢財之行爲、對疑似受虐者未通報主管機關。或是在知悉案主受虐時，未依法定程序通報主管機關；此外，機構督導如知悉機構之各類法定通報之助人者未依法通報時，機構督導亦未主動通報主管機關，亦涉及瀆職。

業務過失的第二種形式是怠職（nonfeasance）。怠職是指遺漏或未完成專業上期待應做的行爲，或是沒有做同意要做的事情。例如：撰寫紀錄是助人工作的專業技巧和職責之一，服務紀錄應依法令及相關規範正確、客觀的記載。因此，如果助人工作者在訪視、服務紀錄中，並未覈實紀錄案主的情況，只是簡略寫在訪視紀錄中，則涉及怠職；而社會工作督導在個案服務過程中，並未透過督導機制發現助人者所犯的錯誤，未能予以糾正，亦涉及怠職。至於濫權（misfeasance）則爲業務過失的第三種形式，係指以錯誤的方式，或傷害的方式表現行爲，或做出某些「不適當的行爲」，但是卻合於法律的行爲，例如：故意疏忽而洩漏應保密的資訊。

無論是有意、無意的違反倫理規範，或是不當實務的瀆職與怠職，皆稱爲「倫理問題」。不當行爲被視爲「實務工作者的疏忽而無法提供專業要求應該提供的照顧。社會工作師應盡義務範圍的違法訴訟，大致可分爲兩個部分：其中一種是未遵守法律，用不合法的手段達到目的或不法行爲，例如不適當地對待案主、沒有接受足夠訓練就使用某種治療技術、性剝削、錯誤安置、毆打、違反保密原則、錯誤的同儕評鑑、不當的結案等，此稱爲「瀆職」；其二是依據專業標準，社會工作者沒有盡到應盡義務。換句話說，就是應該爲而沒有作爲，例如：社會工作者未經案主的同意洩漏案主秘密、未能預防案主自殺、案主需要服務時未到場、未能防止第三者受到傷害、未能適當地監督案主，未能轉介適當資源給案主等，此稱之爲「怠職」。這二類都統稱爲「不當行爲／業務過失」（胡中宜，2005）。

在處理與預防不當行爲上，於實務工作者應理解專業服務的義務、目標、法律、角色，以及個人價值在與服務對象接觸過程中所產生的效力，對預防實務的倫理問題與不當行爲有相當助益。在社會工作實務部分，機構當提供價值檢核表，協助社會工作者檢查服務程序中，是否出現疏失或提醒自己應表現的專業行爲；機構應持續舉辦有關倫理決策的繼續教育訓練課程，以增強倫理思考能力，以使得在面對業務過失處理之倫理議題上，能夠符合社會工作倫理之規範。

## 情境思考：業務過失處理之倫理議題

**情境 1**

○○市○姓社工，利用關懷安置癌末婦人的機會，盜領婦人百萬存款買遊戲點數，銀行主管察覺異狀向社會局反映，該社工還一人分飾二角想掩蓋真相，但最後仍露餡被逮，○○地檢署依侵占、詐欺取財等罪將該社工起訴。起訴書指出，該社工負責獨居老人、身心障礙和兒少個案的關懷工作，該社工因協助無親友照料的癌末婦人住進護理之家，取得婦人的銀行存摺、印章、提款卡和密碼。本案例之業務過失為何？違反哪些社會工作倫理？如果你是該社工的同僚，於事前已略有知悉相關情事，你是否會舉報？

資料來源：改寫自108.7.2聯合新聞網「社工 侵占癌末婦人逾百萬存款」報導。

**情境 2**

○○縣私立○○教養院，發生自閉院生遭社工及行政人員毆打致死的案件，涉虐員工遭停職，縣府對機構未善盡保護及監督管理責任，導致員工對服務對象身心虐待，且未第一時間通報縣府，裁罰30萬元，並緊急安排院內其他10名院生安置到其他機構。經了解發時，遭施暴的院生疑因吵鬧被教養院2名員工拖到房內管教，並以鐵管、拍拉棒毆打。到了下午3點多，該院生被發現翻白眼失去呼吸心跳，院方自行送醫不治，醫院察覺有異通報警方；檢警相驗後，涉嫌施暴的教養院○姓社工、○姓行政助理移送地檢署。本案例之業務過失為何？違反哪些社會工作倫理？如果你是該教養院的主管，在之前即已知悉該社工曾有虐待情事，你是否會舉報？或是為了機構的聲譽，僅要求該社工自行離職，以息事寧人？

資料來源：改寫自110.7.31鏡週刊新聞網「社工員棍棒亂毆私立教養院員工虐打院生致死」報導。

# Unit 7-10
# 文化關係難題之倫理議題

社會工作者在專業關係中，常會面對人情社會親密的朋友的請託，此一文化難題的決策與行動，可採以下方式進行（白倩如，2020）：

## 一、階段一：倫理—文化議題指認

以人情社會親密的朋友立場來說，如果不是強制性期待是可以有商量空間，然而，如果就職業立場和專業角色來說，這樣的請求會使社會工作者陷入忠誠可信、互惠情義，公平和自主、業務過失等價值與倫理難題。許多利弊得失的分析，取決於社會工作者對事情的利弊分析和個人價值偏好。

## 二、階段二：倫理—文化難題辨明

### （一）明確指認涉及對立之價值／守則

1. 檢視社會文化規範與專業倫理之潛在議題：當社會工作者面臨社會文化規範倫理與專業倫理衝突時，要斟酌只考量人情關係而忽視違反專業倫理帶來的傷害性。再者，要考量處理案主需求之困境是否還有協商之可能性。
2. 檢視相間的倫理原則、倫理守則、機構規則與法律：對於社會工作者應與案主維持正常專業關係，不得有不當關係或獲取不當利益，以及基於倫理衝突或利益迴避，須終止服務之相關配套措施；或是給予適當的轉介、轉銜等。即使直接對有私交的朋友和服務對象，也應適當加以說明清楚。
3. 不同倫理學視角之分析：應從義務論、效益主義（行動效益、規則效益）、關懷倫理，以及德行論等不同倫理視角加以分析，以從中找出較為適合的倫理決策。
4. 專業理論與知識觀點分析：社會工作者可採取生態系統的觀點，分析系統並引介系統的資源給予協助；且當社會工作者因徇私而違反機構的規定時，在機構系統中許多因素交互影響，均會影響此事的處理。
5. 歸納倫理與文化爭議點：基於人情而提供超出專業關係的服務，並未簽訂服務協議書，如有事故發生，對案主、社會工作者均沒有任何保障；對機構來說，社會工作者為機構專職人員，不僅牽涉個人職務忠誠、可靠之外，還讓機構面臨管理不善與服務輸送之風險，而傷害機構系統之利益。且一旦成為援引案例，機構後續將很難處理，形成以私害公。

### （二）諮詢專家和利害關係者意見

提供超出機構服務功能的服務是違反誠信原則，也未能全然保障案主最佳利益；再者，當機構服務規定被違反而不做積極處理，將使機構管理和服務品質受到影響。因此，此涉及許多複雜的系統決策，應可先諮詢專家和利害關係者意見後，並與機構系統進行討論後，再做決策和處理。

## 三、階段三：研判價值與倫理優先性和可能的行動選項

依案主自決原則、社會工作者的價值觀、機構的規定、合法性、妥適性等做出行動選項。當組織利益和社會工作者個人利益發生衝突時，如何做出適當倫理抉擇，考驗個人品德與智慧。因此，傾向儘快研商合法化協助是最佳方案。

## 四、階段四：確認倫理決策與研擬行動計畫

如經評估應拒絕案主的要求，較為常見的方式是把責任「推」給機構，由機構出面代為了解和處理。

## 五、階段五：實踐倫理行動計畫與反思

可以暫時性的決定以爭取機構同意為優先行動方案，但替代方案也要同時進行，由機構出面溝通。整體說來，並非一定是直線進行倫理析辨與抉擇。許多情況是會因為系統的互動和情況的演變，彼此對事情要如何處理都會帶來影響，因此，對案情要保持變動性的理解，並加入整理脈絡和結構中，進行分析和調整對應方案。

圖解社會工作倫理

## 情境議題：文化關係難題之倫理議題

**情境 1**

林姓社會工作者（以下簡稱林社工）在機構任職多年，與機構主任私交很好。李小姐是林社工的鄰居和同學，彼此關係熟識，常相互串門子，且彼此有金錢往來。李小姐母親（以下稱李媽媽）自去年起，在林社工任職的養護機構接受日間照顧服務。一年下來，李媽媽習慣了機構的生活，林社工也與她建立信任關係，常用小名稱呼林社工，並常說林社工就像自己的女兒一樣。李小姐計劃今年暑假出國，林社工建議可以讓李媽媽短期安置到另一家全日照顧之養護中心。但是李小姐表示媽媽可能無法適應，希望林社工晚上到家裡幫忙照顧。林社工在難以拒絕請求下答應。事後機構同事王社工得知林社工晚間到府提供照顧服務，其實是私下收了李小姐的金錢，但對外說這是朋友之間的幫忙，是私事。請問王社工應有何倫理和文化考量？應如何做倫理判斷和決定是否舉報？

資料來源：108年第二次專技社工師試題。

**情境 2**

某一縣府兒童保護社會工作人員接獲兒童虐待通報前往訪視評估時，發現此一個案父母是過去來往熟悉的鄰居。十歲兒童身上有一些新舊傷，父母辯解是孩子跌倒所致。但社會工作人員確認孩子畏懼父母的表情和行動，反而內心認為安置可以確保兒童不受傷害之疑慮。但是考量目前不容易找到適當安置機構，又是過去熟識的鄰居，而且父母強烈反對孩子被帶走，保證沒有虐待，孩子也強烈表達不願意被安置，再加上父母請託的議員已經到場前來聲援。由於近期其他縣市也有類似事件上了新聞版面，因此社會工作人員打電話尋求督導意見；但督導只說：「好好處理，不要讓事情鬧大就好。」你認為社會工作人員面臨那些倫理困境？在做倫理抉擇的決策時，對於是否要安置，你考量的倫理原則和優先順序為何？

資料來源：101年公務人員地方三等特考試題。

# Unit 7-11
# 媒體關係經營之倫理議題

圖解社會工作倫理

252

　　由於媒體競爭加劇，因此媒體商業化愈趨明顯，在追求點閱率的前提下，部分的報導凌駕在專業邏輯之上，而這樣商業化的趨向，讓媒體應過分重視收益而扭曲了應有的新聞價值。尤其是當社會發生重要的不幸事件，例如：兒童虐待、性侵案件，或重大社會安全事件等。媒體對於政府部門，乃至於不當機構的指責，常使社會福利部門、民間機構、社會工作者視媒體爲之卻步，與媒體之關係亦無正面之互動基礎。

　　社會工作與媒體傳播兩個專業，在互動時會遇到三個問題，包括：1.利益衝突，如機構過去曾指出媒體不合法的情形而遭到媒體抵制報導，和獨家報導的衝突；2.社會工作倫理的違反，不只是媒體的報導不當，機構本身也可能將個案當作商品推到螢光幕前。因強調自由報導的媒體與社會工作者倫理對案主隱私權的保護可能會對衝，是互動時會產生矛盾的地方；3.權力平衡的問題，由於社福機構希望媒體報導，常讓媒體認爲機構是有求於他而造成了權力的不平等（陳杏韻，2000）。

　　其中關於個案曝光的議題，即使是案主自願，讓個案曝光是否合適？許多社福團體會使用「個案策略」，因爲較吸引人且上報率高，而這策略的方式包括三種：個案曝光、議題加個案、個案直接面對媒體。不只是媒體在報導弱勢者會有不適當的情況，社會福利機構本身也可能違反倫理。機構因爲資源匱乏，會想盡辦法利用媒體公關來募款或打知名度，但卻將個案曝光，成爲募款的主角，而這絕對是違反專業倫理。當

社會工作者在媒體苦苦哀求下，甚至是主管的壓力，而屈從於人情與權力，將個案資訊外流，可能造成的後果與媒體主動披露一樣嚴重（林萬億，1998）。

　　然而當有事件發生或曝光時，機構不得不接受採訪時，Walder（1991）認爲一項很重要的就是「必須設法運用媒體」。Walder指出，當有危機發生，機構在回應媒體問題時有三項非常基本但很重要的原則：1.媒體的問題必須被認眞的對待，而機構的回應必須非常迅速；2.機構可能會接觸到不好的媒體；3.對媒體必須是「開誠布公的（open up）」。Walder建議主動先跟媒體接觸，告訴媒體有關的狀況，而非等待媒體來爆發內幕，如此媒體比較容易站在社會工作者或機構的立場，而社會工作者或機構亦可決定由誰接受媒體訪問。社會工作者或機構要試著利用媒體，盡可能傳達正面的資訊，將潛在的壞故事（bad story）轉變成對機構本身有益。Walder認爲個案不幸或危機的事件可以教育大眾，而社會工作者或機構則維持開放及誠實政策，及當社會工作者或機構面犯錯，就應承認錯誤並且道歉，但若報導錯誤，社會工作者或機構也要據理力爭。

　　社會福利機構有責任告知媒體有關社會工作專業倫理，也有責任告知接受媒體報導的當事人（案主）使用媒體應該有的知識，才不致兩敗俱傷，因此，社會福利機構使用媒體應該注意的四項原則作爲，包括：1.吸引媒體關注弱勢團體；2.協助媒體接近弱勢者；3.主動與媒體建立良好關係；4.與媒體共同辦理關懷弱勢者活動（林萬億，1998）。

## 情境思考：媒體關係經營之倫理議題

**情境 1**

你是一位社會工作者，有一位國中模樣的女生前來您的辦公室指控她的老師藉機撫摸她的胸部，並威脅不可以告訴別人，否則會當掉她。此時，正好有位報社女記者在您的機構採訪，目睹這位女生前來求助。這位記者一再打聽案情，且要求與這位國中女生談話，請問從社會工作倫理的考量：
(1) 您要怎麼回應這位女記者的要求。（她對貴機構很熟悉且非惡意）。
(2) 您要如何處理記者採訪女學生的提議。

資料來源：87年專技社工師試題。

**情境 2**

一位身心障礙者長期接受居家照顧服務。因為早年家庭的衝突恩怨而受家人虐待，居家照顧服務員雖然知情，卻沒有通報，只是簡略寫在訪視紀錄中。最近有鄰居看不下去而爆料給地方一名資深記者。該名記者找到負責居家照顧業務的社會工作督導者，詢問他案家的私人資訊（如家人過去的外遇、婆媳衝突等隱私恩怨）。該名記者告訴社會工作督導者，新聞報導的焦點會放在這戶家庭的故事上，好讓社會不注意居家照顧服務員和社會工作督導者的可能過失。請問本案例涉及那些倫理規範？有何可能的業務過失議題？

資料來源：109年第一次專技社工師試題。

**情境 3**

社會福利機構為了募款的需要是否可以將個案紀錄公開，以引發捐款人的同情？如果可以，其理由安在？如果不可以，又為什麼？請從社會工作倫理的角度加以討論。

資料來源：88年第二次專技社工師試題。

# 參考書目

## 中文部分

中華民國社會工作師公會全國聯合會（2022）。檢索自：https://nusw.org.tw
　　/%E7%A4%BE%E6%9C%83%E5%B7%A5%E4%BD%9C%E5%80%AB
　　%E7%90%86/。2022/3/9作者讀取。

內政部消防署（2006）。災害防救與復健統計資料專刊（2006）。內政部消防
　　署。

牛格正（1991）。《諮商專業倫理》。五南。

方志華（2001）。〈關懷倫理學相關理論鷗晨在社會正義及教育上的意涵〉，
　　《教育研究集刊》，1（46）：31-51。

臺北市社會工作師公會（2022），檢索自https://www.tpcsw.org.tw/about/
　　ethics/4/123。2022/3/9作者讀取。

古允文等（1998）。〈臺灣社會工作教育倡導取向之分析：以三本常用的社會工
　　作概念教科書為例〉，《思與言》，36：85-158。

白倩如（2020）。《人情社會與社會工作專業倫理實踐：困境與出路》。洪葉。

田秀蘭、彭孟堯譯，David Guttmann（2011）。《社會工作倫理》。學富。

巨克毅（1994）。〈當代社會正義理論之研究〉，《國立中興大學共同學科期
　　刊》，3：255-276。

包承恩、王永慈譯，Frederic G. Reamer著（2009）。《社會工作價值與倫理》。
　　洪葉。

李宗派（1999）。〈討論社會工作之倫理與原則問題〉，《社區發展季刊》，
　　86：47-53。

李增祿（2012）。《社會工作概論》。巨流。

李易駿（2017）。《社會福利概論》。洪葉。

李易駿等譯，Pete Alcock ,Angus Erskine & Margaret May著（2006）。《解讀社會
　　政策》。群學。

李自強（2004）。〈告知義務對法庭強制性案主處遇的相關倫理議題〉，《社區
　　發展季刊》，166：383-391。

沈慶鴻（2003）。〈由北縣保護性服務爭議事件思考社工組織之公共關係〉，
　　內政部家庭暴力及性侵害防治委員會等主辦，「家庭暴力防治工作實務研
　　討——司法、媒體、社工面對性侵害亂倫案件之省思」，臺北：2003.2.26-
　　27，42-46。

林火旺（2018）。《倫理學》。五南。

林勝義（2013）。《社會工作概論》。五南。

林勝義（2017）。《社會福利行政》，五南。

林萬億（1998）。從社會工作角度看媒體對弱勢者的報導。讓愛更有智慧──從大眾傳播與社會工作角度探討弱勢者媒體曝光的效應與適當性研討會。

林萬億（2002）。〈災難救援與社會工作實務探討：以臺北縣921社會暨心理救援與重建模式為例研究報告〉。臺北縣政府委託研究。

林萬億編（2011）。《災難管理與社會工作實務手冊》。巨流。

林萬億（2021）。《當代社會工作：理論與方法》。五南。

林美珠、田秀蘭譯，Clara E. Hill著（2013）。《助人技巧：探索、洞察與行動的催化》。學富。

黃源協（2007）。〈專業主義、新管理主義與最佳價值──社會工作專業教育的挑戰與回應〉。《社區發展季刊》，120：85-105。

黃源協（2021）。《社會政策與社會立法》。雙葉。

黃源協、莊俐昕（2020）。社會工作管理。雙葉。

黃志忠等譯（2012），Nell Gilbert & Paul Terrell著。社會福利政策。雙葉。

吳老德（2001）。《正義與福利國家概論》。五南。

吳秀瑾（2006）。〈關懷倫理的道德蘊涵：試論女性主義的道德知識生產與實踐〉，《國立政治大學哲學學報》，16：107-162。

周月清（2002）。臺灣社會工作專業發展的危機與轉機：社會工作教育與實務的省思，《社區發展季刊》，99：90-125。

周月清（2011）。《家庭社會工作：理論與方法》。五南。

周采薇譯，Sarah Banks著（2014）。《社會工作倫理與價值》。洪葉。

胡中宜（2005）。〈社會工作師執業的倫理規範與不當行為之探討〉，《社區發展季刊》，110：465-475。

胡永崇（2013）。〈告知後同意的理念及其在特殊教育之應用〉，《特教論壇》，15：11-17。

胡慧嫈、曾華源（2002）。〈社會工作專業告知義務倫理議題之探討〉。收錄於王永慈、許臨高、張宏哲、羅四維編，《社會工作倫理：應用與省思》。輔仁大學出版社。

徐震（1995）。《社區與社區發展》。正中。

徐震、李明政（2004）。《社會工作思想與倫理》。松慧。

曾華源等譯，Dean H. Hepworth等著（2010）。《社會工作直接服務：理論與技巧》。洪葉。

曾華源等（2011）。《社會工作專業價值與倫理概論》。洪葉。

曾華源等（2021）。《社會工作專業價值與倫理：社會脈絡下的倫理實踐》。洪葉。

陳政智（2005）。〈社會工作師勞動條件之探討：以高雄市社會工作師公會會員為例〉，《社區發展季刊》，109：475-486。

陳秉璋、陳信木（1990）。《價值倫理學》。桂冠。

陳麗欣（2007）。〈臺灣社工大學畢業生專業勝任能力完備性與機構實習成效之研究〉，《復興崗學報》，96：155-186。

陳杏韻（2000）。《民間社會福利團體與媒體互動關係之研究》。臺灣大學社會研究所碩士論文。

溫信學（2021）。《醫務社會工作》。洪葉。

許臨高等（2016）。《社會個案工作：理論與實務》。五南。

趙敦華（1998）。《勞斯的「正義論」解說》。遠流。

梁文韜（2005）。〈論米勒的制度主義社會正義論〉，《臺灣政治學刊》，9（1）：19-198。

詹火生等（2010）。《民眾對社會公平正義的看法》。行政院研究發展考核委員會委託研究。

張英陣（2016）。〈愛與正義：社會工作教育實踐社會工作價值的挑戰〉，《社區發展季刊》，155：51-61。

楊錦青等（2021）。〈我國社會工作專業制度的建立與未來發展〉，《社區發展季刊》，173：7-19。

潘淑滿（2000）。《社會個案工作》。心理。

潘淑滿等編（2013）。《新移民社會工作實務手冊》。巨流。

潘淑滿、林怡欣（1999）。〈醫療體系中社會工作專業倫理發展趨勢的反思〉，《社區發展季刊》，86：96-108。

劉世慶（2005）。〈從義務與效益的平衡——看商業行為〉，《應用倫理研究通訊》，34：56-63。

萬育維（2003）。《社會工作概論：理論與實務》。雙葉。

萬育維譯，Barry R. Cournoyer著（2012）。《社會工作實務手冊》。洪葉。

鄭怡世（1999）。〈社會工作人員倫理困境與決策模式初探〉，《社區發展季刊》，86：244-261。

謝秀芬（1977）。〈案主自我決定原則的再探討〉，《東海學報》，18：183-197。

謝秀芬（2016）。《社會個案工作：理論與技巧》。雙葉。

鄭麗珍、江季璇（2002）。〈社會工作倫理的基本議題〉，收錄於徐震、李明政編《社會工作倫理》。五南。

鐘育譯，F. M. Loewenberg and R. Dolgoff 著（1992）。《社會工作的倫理批判》。桂冠。

## 英文部分

Abramson, M. (1985). The Autonomy-Paternalism Dilemma in Social Work Practice. *Social Casework: The Journal of Contemporary Social Work*, 66(7), 387-393.

Bartlett(1970).*The Common Base of Social Work Practice*, p.82.

Biestek(1957).*The Casework Relationship*. Loyola University Press.

Biestek.(1975) .Client self-determination. *Self-determination in Social Work*. pp.17-42.

Clifford, D.J.(1995). *Methods in oral history and social work, Journal of the Oral History Society*, 23(2),112-123.

Clifford, D. & Buke, B.(2005). Developong anti-oppressive ethics in the new curriculum. *Social Work Education*, 24(6),677-692.

Cooper, F. (2012).*Professional boundaries in social work and social care: A practical guide to understanding, maintaining and managing your professional boundaries*. Jessica Kingsley .

Cooper, F. (2012).*Professional boundaries in social work and social care: A practical guide to understanding, maintaining and managing your professional boundaries*. Jessica Kingsley .

Corey, Gerald/ Corey, Marianne Schneider/ Corey, Cindy(2001). *Issues & Ethics in the Helping Professions*. Cengage Learning Press.

Craig, G. (2002). Poverty, social work and social justice. *British Journal of Social Work*. 32 (6), 669-682.

Davidson, J. C. (2005). Professional relationship boundaries: A social work teaching module. *Social Work Education*, 24 (5), 511-533.

Doel, M., Allmark, P., Conway, P., Cowburn, M., Flynn, M., Nelson, P., & Tod, A.(2010). Professional boundaries: Crossing a line or entering the shadows? *British Journal of Social Work*, 40 (6), 1866-1889.

Dubois, B. & Miley, K. (2008). *Social Work: An Empowering Profession 6th ed* .Boston: Prentice Hall.

Freud, S., & Krug, S. (2002). Beyond the code of ethics, part II: Dual relationships revisited. *Families in Society*, 83 (5-6), 483- 492.Gabbard.

Gabbard, G. O., Kassaw, K. A., & Perez-Garcia, G. (2011). Professional boundaries in the era of the internet. *Academic Psychiatry*, 35(3), 168-174.

Joseph, V. (1985). A Model for ethical decision-making in clinical practice. In C. B. Germain(ed.), *Advances in Clinical Social Work Practice*. pp.207-217. Sliver Spring, MD: NASW.

Holland, Thomas P. & Kilpatrick, A.C. (1991).Ethical issues in social work :Toward a grounded theory of professional ethics. *Social Work*, 36 (2).

Kagle, J. D., & Giebelhausen, P. N. (1994). Dual relationships and professional boundaries. *Social Work*, 39 (2), 213-220.

Kadushin & Kadushin(1997). *The social work interview: A guide for human service professional*. Columbia University.

Kane, R. A. (1982). Lessons for social work from the medical model: A viewpoint for practice. *Social Work*, 27 (4), 315-321.

Lehavot, K., Barnett, J. E., & Powers, D. (2010). Psychotherapy, professional relationships, and ethical considerations in the MySpace generation. *Professional Psychology: Research and Practice*, 41(2), 160-166.

Levy, C. S.(1974). *Advocacy and the inju stice of justice. Social Service Review*, 48(1), 39-50.

Levy, C. S. (1976). *Social work Ethics*. NY : Human sciences Press.

Levy, C. S. (1984). "Values and Ethics." In S. Dillick, ed., *Value Foundations of Social Work*, pp. 17-29. Detroit: School of Social Word, Wayne State University.

Loewenberg, F. M. & Dolgoff, R. (1985). *Ethical Decisions for Social work Practice*. Itasca, IL: F. E. Peacock Publishers, Inc.

Mattison, M(2000). *Ethical decision making: The person in the process. Social Work*, 45(3), 201-212.

Mattison, D., Jayaratne, S., & Croxton, T. (2002). Client or former client? Implications of ex client definition on social work practice. *Social Work*, 47 (1), 55-64.

Mishna, F., Fantus, S., & McInroy, L. B. (2017). Informal use of information andcommunication technology: Adjunct to traditional face-to-face social work practice. *Clinical Social Work Journal*, 45, 49-55.

Moore, H. E.(1978). *A validation of an ethical judgment scale for counselors. Dissertation Abstracts International*, 38, 3906A.

O'Hagan, M. (1996). Social work competence: An historical perspective. In Kieran, O. (Ed). *Competence in social work practice: A practical guide for professionals*, p.9.

O'Hagan, K. (2007). *Competence in Social Work Practice : A Practical Guide for Students and Professionals*. London: Jessica Kingsley Publishers.

O'Leary, P., Tsui, M.S., & Ruch, G. (2011). The boundaries of the social work relationship revisited: Towards a connected, inclusive and dynamic conceptualization. *British Journal of Social Work*, 14 (8), 1-19.

Reamer , F. G. ( 1983 ).Ethical dilemma in social work practice. *Social Work*, 28 (1) , 31-35.

Reamer, F. G. (1998). The evolution of social work ethics. *Social Work*, 43(6),488- 500.

Reamer, F. G. (2001). *Tangled relationships*. Columbia University Press.

Reamer, F. G. (2003). Boundary issues in social work: Managing dual relationships. *Social Work*, 48(1), 121-133.

Reamer, F. G. (2012). *Boundary issues and dual relationships in the human services* (2 ed.). Columbia University Press.

Reamer, F.G. (2015). Clinical social work in a digital environment: Ethical and risk management challenges. *Cline Soc Work*, 43(2), 120-132.

Regehr, C., & Antle, B. (1997). Coercive influences: Informed consent in court-mandated social work practice. *Social Work*, 42(3), 300-306.

Rhodes, M. (1986). *Ethical Dilemmas in Social work Practice*, Boston, MA, Routledge & Kegan Paul.

Ringstad, R. (2008). The ethics of dual relationships: Beliefs and behaviors of clinical practitioners. *Families in Society the Journal of Contemporary Social Services*,89 (1), 69-77.

Stanto, G. (1989). Curriculum implication. In J.W. Burke(Ed.). *Competency based education learning*. The Falmer Press.

Rooney,R. H. (1992). *Strategies for work with involuntary client*. New York: Columbia University Press.

Strom Gottfried, K. (2000). Ensuring ethical practice: An examination of NASW code violations, 1986 97. *Social Work*, 45 (3), 251-261.

Siporin(1975). *Introduce to Social Work Practice*, p. 31.

Steinman, S. O., Richardson, N. F., & McEnroe, T(1988). *The Ethical Decision-Making Manual for Helping Professionals*. California: Brooks/Cole Publishing Company.

Walder, L. (1991). Public relations and social service: a view from the statutory sector. *Social work, The media and public relations*, (pp.208-217). NY: Routledge.

圖解社會工作倫理

國家圖書館出版品預行編目資料

圖解社會工作倫理/陳思緯著. -- 初版.
-- 臺北市 ： 五南圖書出版股份有限公司，
2022.11
　面；　公分
ISBN 978-626-343-415-8(平裝)

1.CST: 社會工作倫理

198.547　　　　　　　　111015557

1JOW

# 圖解社會工作倫理

作　　　者－陳思緯

發 行 人－楊榮川

總 經 理－楊士清

總 編 輯－楊秀麗

副總編輯－陳念祖

責 任 編 輯－李驊梅、李敏華

封面設計－姚孝慈

出 版 者－五南圖書出版股份有限公司

地　　　址：106臺北市大安區和平東路二段339號4樓

電　　　話：(02) 2705-5066　傳　　真：(02) 2706-6100

網　　　址：https://www.wunan.com.tw

電子郵件：wunan@wunan.com.tw

劃撥帳號：01068953

戶　　名：五南圖書出版股份有限公司

法律顧問　林勝安律師事務所　林勝安律師

出版日期：2022年11月初版一刷

定　　價　新臺幣380元

※版權所有·欲利用本書全部或部分內容，必須徵求本公司同意※

全新官方臉書

五南讀書趣

WUNAN Books since1966

**Facebook** 按讚

👍 1秒變文青

★ 專業實用有趣
★ 搶先書籍開箱
★ 獨家優惠好康

不定期舉辦抽
贈書活動喔！！

f 五南讀書趣 Wunan Books 🔍

# 經典永恆・名著常在

## 五十週年的獻禮——經典名著文庫

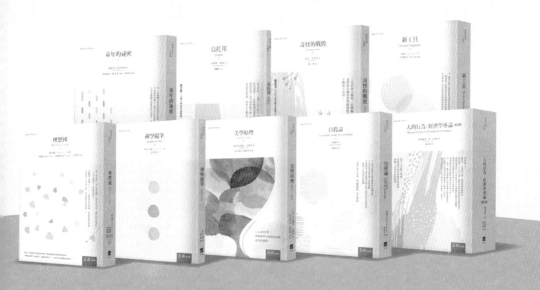

五南，五十年了，半個世紀，人生旅程的一大半，走過來了。

思索著，邁向百年的未來歷程，能為知識界、文化學術界作些什麼？

在速食文化的生態下，有什麼值得讓人雋永品味的？

歷代經典・當今名著，經過時間的洗禮，千錘百鍊，流傳至今，光芒耀人；

不僅使我們能領悟前人的智慧，同時也增深加廣我們思考的深度與視野。

我們決心投入巨資，有計畫的系統梳選，成立「經典名著文庫」，

希望收入古今中外思想性的、充滿睿智與獨見的經典、名著。

這是一項理想性的、永續性的巨大出版工程。

不在意讀者的眾寡，只考慮它的學術價值，力求完整展現先哲思想的軌跡；

為知識界開啟一片智慧之窗，營造一座百花綻放的世界文明公園，

任君遨遊、取菁吸蜜、嘉惠學子！